山东耕地质量评价与应用丛书

临朐耕地

王花亭　张西森　贺　键　主编

山东大学出版社

图书在版编目(CIP)数据

临朐耕地/王花亭,张西森,贺键主编.—济南:
山东大学出版社,2013.9
ISBN 978-7-5607-4917-4

Ⅰ.①临…
Ⅱ.①王… ②张… ③贺…
Ⅲ.①耕地资源—资源评价—临朐县
Ⅳ.①F323.211

中国版本图书馆CIP数据核字(2013)第237636号

责任策划:赵 岩
责任编辑:李 港
封面设计:张 荔

出版发行:山东大学出版社
社 址 山东省济南市山大南路20号
邮 编 250100
电 话 市场部(0531)88364466
经 销:山东省新华书店
印 刷:山东鸿杰印务集团有限公司
规 格:787毫米×1092毫米 1/16
9.5印张 10插页 228千字
版 次:2013年9月第1版
印 次:2013年9月第1次印刷
定 价:38.00元

《临朐耕地》编委会

主　　任	孙启军
副 主 任	王明成　刘福亮　王成平
主　　编	王花亭　张西森　贺　键
副 主 编	于西亮　潘云平
编　　委	于西亮　王花亭　王洪敏　王国静　冯　瑞 张西森　贺　键　高　芹　韩克武　潘云平
采样调查	于西亮　马玉键　马庆东　王花亭　王洪敏 王国静　王玉联　王世芳　王文波　刘兴军 李宪和　衣学智　张召富　张秀丽　张兆静 张秀华　林　青　侯星田　贺　键　高　芹 高明贵　郭立华　夏顺增　韩克武　曾庆港 魏　健
数据统计	王国静　贺　键
样品化验	于西亮　王花亭　王洪敏　王国静　冯　瑞 孙凤华　贺　键　高　芹　韩克武
试验示范	于西亮　王花亭　王洪敏　王国静　侯星田 贺　键　高　芹　韩克武

序

耕地是农业生产的基础，是人类赖以生存的重要资源，它关系到国家的粮食安全、社会的和谐稳定和经济的长远发展。只有合理利用和切实保护好我们有限的耕地，才能保障社会和国民经济的可持续发展。新中国成立以来，历届临朐县委、县政府都十分重视耕地的保护、利用和改良工作。1983年开展了土壤普查工作，对土壤资源进行了质量评价，基本查清了土地资源，土壤类型、面积及分布，对当时及以后一段时间耕地资源的合理利用、施肥制度改革发挥了重要作用，也为提高农产品产量和农民增收作出了积极贡献。

临朐县位于鲁中山区东北部边缘、潍坊市西南部，属典型的农业大县。农业种植以小麦、玉米、花生、黄烟、红薯、苹果、蔬菜等为主，农产品非常丰富。近年来，临朐县步入了发展的快车道，经济及社会事业迅猛发展，人民生活日益改善，对农产品质量的要求也不断提高。面对人口、资源、环境等发展要素带来的压力，以及改革开放以来农业和农村经济结构、耕作制度、种植制度的变化，加之化肥、农药等农业投入品的使用，使我县的耕地质量发生了很大变化。人们对提高农业生产经济效益、农产品数量和质量越来越重视，对耕地的要求也越来越高，过去掌握的耕地资料已远远不能满足现代农业发展的需要。

面对新形势、新变化和新要求，2005年农业部、财政部适时启动了全国测土配方施肥资金补贴试点项目，我县成为2006年试点县(市)之一。按照农业部的统一部署，在山东省和潍坊市农业部门的大力支持和帮助下，临朐县农业局组织全县农业科技人员，历经六年多的艰苦努力，完成了耕地土样采集、施肥及生产调查、科学化验分析等工作，并精心汇总整理，编写了《临朐耕地》这部全面反映临朐耕地状况的专著。

《临朐耕地》的出版发行，是临朐农业发展史上的一件大事，标志着我县的农业科技水平又上了一个新台阶。该书理论与实践相结合，内容丰富，针对性强，是一本难得的农业工具书，希望全县广大农业、科技、行政工作者和农民朋友认真阅读、借鉴和应用。同时，也希望临朐县农业局及该书的编著者根据读者提出的意见和要求，不断对该书进行补充、更新、充实和完善，使其更加具有针对性和指导意义，为推广新技术、新品种提供准确依据，为我县农业增效、农民增收、农村经济社会的发展作出更大的贡献。

临朐县人民政府县长 刘裕斌

2013年3月

前 言

耕地是重要的农业生产资料，是具有一定地力与质量特点的自然资源。耕地质量是在多种自然条件作用下形成的，直接影响农作物产量、品质。耕地资源对农业生产的发展，以及对人们物质生活水平的提高，乃至对整个国民经济的发展都有着巨大的影响力和不可替代性。因此，开展地力环境调查与质量评价工作，摸清耕地质量状况，加快测土配方施肥技术的推广利用，对提高农业综合生产能力，改善农业生态环境，促进农业的可持续发展具有举足轻重的作用。

为了贯彻落实《中华人民共和国基本农田保护条例》，切实加强耕地质量保护，临朐县农业局2006年依照《测土配方施肥技术规范》实施了国家测土配方施肥补贴项目，同时开展了临朐县耕地地力调查与质量评价。调查采用了现代信息技术，充分利用了第二次土壤普查成果，并取得了一系列的成果。查清了临朐县耕地基础生产能力、土壤肥力状况、土壤障碍因素，分析研究了耕地退化原因，对耕地质量进行了分等定级，提出了耕地资源合理利用与改良对策，为制订粮食发展规划与农业结构调整规划、耕地质量保护与建设、耕地改良利用、科学施肥以及节水农业、生态农业等提供了科学依据。

基于耕地地力调查与质量评价工作形成的一些宝贵的技术资料，我们建立了临朐县耕地地力基础属性信息数据库、基础空间数据库。整理编绘了20种1∶50000比例尺的图件，包括地理底图、耕地地力调查点位图、土壤图、灌溉分区图、地貌图、坡度图、土地利用现状图7种基础图件；绘制了土壤pH分布图以及有机质、全氮、碱解氮、有效磷、速效钾、缓效钾、有效铁、有效铜、有效锰、有效硼、有效锌含量分布图和耕地地力评价等级图13种成果图件。

临朐县的耕地地力调查与质量评价工作，受到了山东省土壤肥料总站李涛研究员、郭跃升研究员和潍坊市土壤肥料工作站张西森研究员、潘云平研究员的悉心指导，山东农业大学资源与环境学院、山东天地亚太国土遥感公司的有关专家在图件制作中也提供了帮助，全县农业科技工作者在土样采集和调查工作中也付出了艰辛的劳动，在此一并表示感谢。

在开展测土配方施肥和耕地地力调查与质量评价工作的基础上，我们编写了本书，目的就是为临朐县的农业科技工作者、农村基层干部指导农业生产提供参考，为临朐县发展高产、优质、高效农业提供帮助。由于耕地地力调查与质量评价涉及多个专业领域，加之我们水平有限，书中难免有错误和疏漏之处，敬请读者批评指正。

编 者

2013年3月

目录

第一章　自然与农业生产概况

临朐县位于鲁中山区东北部边缘、潍坊市西南部，地处北纬 36°04′～36°37′、东经 118°14′～118°49′，北邻青州市，南靠沂水县、沂源县，东连昌乐县、安丘市，西接淄博市。全境南北长 61.86km，东西宽 53.25km，总面积为 1834km^2，占全省总面积的 1.2%。境内群山起伏，沟壑纵横，地貌类型丰富多样，适宜农、林、牧等各业发展。2008 年底，乡镇合并设城关、东城两个街道办事处，有 8 个乡镇、937 个行政村，人口为 85 万，其中农业人口 74.1 万，约占全县人口的 90%。全县山地丘陵占 87.3%，耕地面积为 4.92×10^{4}hm^2。

第一节　自然条件

一、农业气候

临朐县属暖温带半湿润季风气候区，随太阳的南北回归，一年之中寒暑交替，四季分明。冬季，高空西风带南移，干冷的极地气团和变性极地气团不断侵入；夏季，高空西风带北去，常受热带海洋性气团的影响。因此，临朐县的气候特点是：冬季寒冷干燥，夏季炎热多雨，春季冷暖无常、雨少干旱，秋季天气晴朗、温和凉爽。

（一）气　温

临朐县年平均气温为 12.8℃，1 月最冷，平均气温为－3.2℃，7 月最热，平均气温为 26.1℃，年温差达 29.3℃。极端最低气温为－20.9℃（1983 年 1 月 27 日），极端最高气温为 40.5℃（1968 年 6 月 11 日）。日均温高于 0℃的时间共 282 天，积温为 4740.8℃，日均温高于 5℃的时间共 204 天，积温为 4245.1℃，日均温高于 15℃的时间共 155 天，积温为 3545.9℃，日均温高于 20℃的时间共 104 天，积温为 2579.3℃。多年平均无霜期（按地面温度≥0℃）191 天，80%的保证率为 184 天，最长无霜期 223 天（1977 年），最短无霜期 166 天（1979 年）。

（二）地　温

多年平均 5cm 地温为 14.1℃，比气温高 1.3℃。从各月情况看，1 月最低，均温为－1.6℃，7、8 月最高，均温为 27.9℃，其变化趋势基本与气温一致。

(三)降　水

临朐县多年平均降水为 709.8mm，最大年降水量为 1215mm，最小年降水量为 306.4mm，最大年降水量为最小降水量的 3.965 倍。由于受季风气候影响，一年四季降水量分布极不均匀，主要集中在夏季(6～8 月)，占全年降水量的 63%(见表 1-1)。

表 1-1　　临朐县降水量分布表

季　节	降水量(mm)	%
全年	709.8	100
春季(3～5 月)	92.2	13
夏季(6～8 月)	447.2	63
秋季(9～11 月)	138.9	19.6
冬季(12～2 月)	31.5	4.4

(四)日　照

临朐县全年日照时数平均为 2514.1h，全年日照时数最多为 5 月，日照时数为 272.1h，最少为 2 月，日照时数为 180.8h。

二、地形、地貌和水文地质

(一)地形、地貌

临朐县地处沂蒙山区边缘，境内山峦起伏，沟壑纵横，是一个中低山、丘陵、平原交错的地区。其中山地占 55.9%，丘陵占 31.3%，平原占 12.8%。主要山脉分布在南部，因而形成了南高北低的地势。南部、西南部的九山、沂山、寺头、五井等乡镇(街道办事处)海拔为 300～500m，而北部的城关、东城、龙岗等乡镇(街道办事处)海拔仅 100～200m。全县有大小山峰 2000 余座，其中较大的有 180 余座，海拔在 700m 以上的有沂山、崮山、大崮山、嵩山大崮、狮子崮、歪头崮等 21 座，大都系泰山山脉的沂山支脉。最高峰沂山位于县境南部，雄踞临朐、沂水两县界，主峰玉皇顶海拔 1032m，素有“小泰山”之称，为本县群山之冠，是弥河、汶河、沂河、沭河的发源地。根据全县地貌特征，大体分为 2 个地貌类型、8 个微地貌单元。

(二)水　文

临朐县河流分属弥河、汶河两大水系。弥河发源于沂山西麓的“天齐湾”，纵贯全县南北，流经 6 个乡镇(街道办事处)、91 个村庄，在龙岗镇半截楼村西侧出境入青州市，大小支流共 36 条，较大的有寺头石河、五井石河、丹河等。弥河上游常年流水，中部建有大型水库——冶源水库，主要支流上建有嵩山、丹河两座中型水库，共控制灌溉面积为 $2\times10^4 hm^2$。汶河发源于沂山东麓，经沂山镇入昌乐县境，较大的支流有蒋峪河、庙山河、孟津河、蒲沟河、常庄河等，汶河上游建有沂山、大关两座水库。

县内河流多数积水面积小，流程短，落差大，受降水影响，雨季洪涝，旱季干枯，以排涝泄洪为主。

山丘地区为鲁中隆断区的一部分，岩层断裂发育，潜水岩层较少，特别是西部石灰岩由喀斯特发育，造成地下水深埋，地下水源较缺乏。平原地区地下水资源较丰富，潜水埋深多在 5m 以下。

全县水质较好，pH 为 6.5～8，总硬度为 0.8～3.7mmol/L，属于软水～硬水，矿化度为 250～300mg/L，绝大部分水源水质在二级以上，适宜于生活用水及长期农业灌溉。

(三)岩　石

临朐县地处沂沭断裂带以西、鲁中隆断区东部，地质构造复杂。按岩石裸露情况，可分为三大部分：西部为寒武——奥陶系沉积石灰岩，面积为 $506km^2$，主要包括冶源、寺头、五井等乡镇(街道办事处)的大部分和九山、城关等乡镇(街道办事处)的小部分，龙岗、东城、辛寨等乡镇(街道办事处)有零星分布；东北部为第三系玄武岩区，面积为 $160km^2$，包括龙岗的大部分及东城、柳山、辛寨等乡镇(街道办事处)的少部分；南部及东部丘陵地区以片麻岩、花岗片麻岩和花岗岩等为主，其次还有白垩系火山碎屑岩、侏罗系沙砾岩、第三系砂岩、黏土岩等的零星分布，此区包括九山、沂山、寺头、柳山、辛寨等及东城等乡镇(街道办事处)的大部分，面积为 $991km^2$ 左右，占全县总面积的 54%。

(四)植　被

由于长期垦殖，原始森林已毁灭殆尽，荒山坡多为次生灌丛草地。落叶灌丛主要有胡枝子、荆条、酸枣、护山棘、紫穗槐等，草类以地柏、黄被草、狗尾草、结缕草、羊胡子草、蒿类等为主。平原地区为人工栽植树种，主要有杨、柳、榆、梧桐、刺槐、枰柳、楸树、松、柏等，经济林有桑、枣、香椿、桃、苹果、杏、核桃、山楂、板栗、柿子等。全县森林覆盖率为 35.6%，区域性差别很大。以地形部位划分，山丘中下部覆盖率较高，上部林木较少，多为杂草。不少山头岩石裸露，杂草也很稀疏，覆盖率极低。

第二节　农村经济与农业生产情况

一、农村经济情况

以建设林果和畜牧“两个强县”为目标，大力推进农业产业化、标准化、国际化，农业和农村经济稳步发展。2008 年，全年实现农村经济总收入 213.578 亿元，农业产业结构调整成效显著。以建设优质干杂果、优质苗木、奶畜、食用菌、中药材“五大基地”为目标，加快农业标准化体系的实施，“名优稀特”畜禽产品、水产品、无公害农产品、绿色食品和有机食品产量明显增加，区域化布局、专业化分工、规模化生产的趋势逐步显现，一些具有特色的作物带、产业带逐步形成。粮食播种面积逐年增加，粮经比例达到 44∶56，林果生产稳步发展。2008 年，新发展经济林 $0.33\times10^4hm^2$，其中新建黄金梨基地 $0.027\times10^4hm^2$，引进、推广具有国际、国内领先水平的果树良种 36 个，绿化荒山荒滩 $0.12\times10^4hm^2$，新建、完善农田林网和农林间作 $0.26\times10^4hm^2$，扩大封山育林面积为 $0.33\times10^4hm^2$。畜牧业生产发展良好。以建设畜牧强县为目标，以发展奶牛、家禽为重点，食草畜禽、禽蛋、奶和特色优质畜产品发展迅速，畜牧业成为农民增收的重要来源。

农产品产量稳定增长。2008 年，全县粮食播种面积为 $7.91\times10^4hm^2$，比上年增加 $0.15\times10^4hm^2$，粮食总产量为 33.9 万吨，增产 2.8 万吨。全县果园面积为 1.45

$\times10^4hm^2$，果品产量为24.4万吨，增加0.2万吨。“四大产业”规模不断膨胀，新发展大棚果$0.054\times10^4hm^2$，总面积发展到$0.253\times10^4hm^2$，实现产量2.5万吨，收入2.5亿元，被评为“中国优质果品基地重点县”。

林业建设步伐加快。2008年，造林绿化面积为$1\times10^4hm^2$，栽植各类苗木3600余万株，四旁植树556万株，森林覆盖率达35.6%，比上年提高1.2%。

畜牧业生产发展良好。到2008年末，全县奶牛存栏3.95万头，全年奶类产量为11.1万吨，增长2.8%；禽蛋产量为4.6万吨，增长2.2%；肉类产量为13.4万吨，增长21.8%；蚕茧产量为550吨。全年畜牧业总收入59.2亿元，增长7.3%。

渔业生产平稳增长。2008年，全县水产品产量达1.41万吨，比上年增长7.2%。

新农村建设扎实推进。2008年，新建设农村公路258条、567km，新增加通柏油路行政村80个，受益人口16万人，行政村柏油路通村率达到97%，基本实现“村村通油路”的目标。新建成户用沼气池7200座，总数达到3.2万座。通自来水的自然村新增加120个，通村率达到82%，受益人口比上年增加6万人。

农业标准化水平不断提高。在原有无公害农产品认证7个、基地$0.8\times10^4hm^2$和绿色食品认证3个、基地$0.133\times10^4hm^2$的基础上，2008年新认证绿色食品4个，建设基地$0.267\times10^4hm^2$。新获批市级重点龙头企业5家，全县市级以上重点龙头企业达25家，其中省级2家。2008年年末，全县农机总动力达4.43×10^5kW，比上年增长5.5%。

二、农业生产情况

从近十年农业生产情况看，粮、油、烟都有较大幅度的增长。粮食产量每亩稳定在390kg以上，但在总的增长趋势中，仍存在着大起大落的不稳定现象，各乡镇（街道办事处）也存在着不平衡的情况。凡是环境条件比较好、肥力因素比较协调的乡镇（街道办事处），不论丰年还是歉年，其产量水平始终高于全县平均水平，反之则低于全县平均水平，说明各乡镇（街道办事处）之间产量还很不平衡。年际产量水平的波动在很大程度上与气候有关，但在同一丰年或同一歉年内，各乡镇（街道办事处）之间产量水平的高低除受人为管理措施的影响，土壤质量的好坏也是一个十分重要的因素，因而改善低产土壤条件，促进均衡生产，有很大的潜力。

农业生产中存在着两大问题：

一是农业生产后劲不足，农业结构调整规模较小，农民收入持续增长的长效基础仍不稳固。农业生产基础依然薄弱，抵御自然灾害的能力较低；农业劳动者素质不高，随着农村劳动力外出务工人员的不断增加，滞留在农村的大多是文化水平不高、年龄较大的农民，“老人农业”问题十分突出。

二是近年来大棚果、奶畜有较大发展，并形成一些有特色的生产基地，总体规模较大，对农业和农村经济结构产生重大影响。但农资价格持续攀升，提高了农民的种田成本，影响了农民收入的提高，同时也抵消了国家惠农政策给予农民的部分好处；畜牧业养殖成本上涨，影响了农民的养殖积极性，畜牧业经济受到较大影响，农民收入持续增长的长效基础仍不稳固。

第三节 农业基础设施情况

农业的发展、农业生产力水平的逐年提高，是与不断改善生产条件分不开的。农业生产条件的变化，突出表现在三个方面：一是土壤改良利用初见成效。全县已有 $1.34\times10^4 hm^2$ 耕地整平了地面，做到了渠系配套，实现了园田化。$1.34\times10^4 hm^2$ 近山阶地、坡麓梯田整修了地堰，实现了梯田化种植，加深了土层，减少了水土流失。山区和河滩共植树造林 $3.19\times10^4 hm^2$，这些林区对防洪护坡、保持水土、增加土壤养分含量，已初步发挥效益。二是水利建设初具规模。从 1958 年到现在，已建成冶源、嵩山、丹河、沂山、大关 5 座大中型水库，建成小(一)型水库 24 座，小(二)型水库 126 座，塘坝 585 座，蓄水总量达 $4.013\times10^8 m^3$，可利用水量为 $1.877\times10^8 m^3$；另外，还有截流引河工程 45 处，扬水站 289 处，机井 2220 眼，喷灌点 17 个，喷灌面积为 $750hm^2$。全县水浇面积已达 $2.89\times10^4 hm^2$，其中旱涝保收田 $1.34\times10^4 hm^2$，占耕地面积的 24.9%，从而减轻了旱灾对农业生产特别是粮食生产的威胁。三是农业机械发展迅速。20 世纪 50 年代，全县农业机械基本为零，从此开始添置农业机械，20 世纪 70 年代迅速增加，到 2008 年，全县共有农业机械总动力 442537kW，其中农用拖拉机 7575 台(81114kW)、农用运输车 6445 辆(93040kW)、农用汽车 1406 辆(58803kW)。另有排灌机械 13249 台(套)，配套动力 96689kW，喷灌机械 896 套，还有农用载重汽车 1406 部，脱粒机、花生脱壳机、播收机械等 5204 台，磨面机、轧花机、粉碎机等加工机械 5350 台，全县农机作业水平已达到：机耕面积为 $4.35\times10^4 hm^2$，机播面积为 $2.22\times10^4 hm^2$，机收面积为 $2.99\times10^4 hm^2$，机电灌溉面积为 $2.62\times10^4 hm^2$，机械植保面积为 $1.88\times10^4 hm^2$，机械脱粒粮食 28.16 万吨，机械化秸秆还田 $1.99\times10^4 hm^2$，机械化秸秆青储 4.301 万吨。

第二章　土壤与耕地资源状况

第一节　土壤类型与分布

根据《全国第二次土壤普查暂行技术规程》和《山东省土壤工作分类暂行方案》及补充规定，按照土壤发生学观点，采用土类、亚类、土属、土种、变种五级分类制进行土壤分类，并采用连续命名法命名。现将临朐县的土壤分类情况及分布状况作简要介绍。

一、棕壤土类(A)

棕壤是临朐县最大的一个土类，共 $8.48\times10^4 hm^2$，占全县土壤面积的 52.47%。棕壤土是在暖温带湿润、半湿润气候条件下发育形成的土壤类型，通体以棕色或棕褐色为主，有明显的淋溶和淀积作用，通体无石灰反应，pH 为 6～6.5。临朐县棕壤土类有棕壤性土、棕壤和潮棕壤 3 个亚类。

(一)棕壤性土(Aa)

棕壤性土俗称“马牙砂土”“红砂土”等，广泛分布于临朐县南部砂山丘陵和东部山丘中上部，面积为 $6.36\times10^4 hm^2$，占土壤面积的 39.36%。由于其母岩、土体构型不同，分为 2 个土属、9 个土种(见表 2-1)。

表 2-1　棕壤性土亚类各土种一览表

代　号	连续命名	俗　称	面积(hm^2)	占土壤面积(%)
$Aa_1\ \frac{1}{5}$	粗砂土表薄层酥石硼酸性岩棕壤性土	薄砂土	22164.78	13.72
$Aa_1\ \frac{1}{6}$	粗砂土表中层酥石硼酸性岩棕壤性土	马牙砂土	15153.19	9.38
$Aa_1\ \frac{5\Delta_2}{5}$	中砾质壤质土表薄层酥石硼酸性岩类棕壤性土	岭砂土	22243.17	13.77
$Aa_1\ \frac{5\Delta_2}{6}$	中砾质壤质土表薄层酥石硼酸性岩类棕壤性土	岭砂土	574.73	0.36
$Aa_2\ \frac{2}{3}$	石碴土表薄层硬石底基性岩类棕壤性土	石皮土	47.33	0.03
$Aa_2\ \frac{3}{3}$	石碴土表中层硬石底基性岩类棕壤性土	石皮土	1637.67	1.01
$Aa_2\ \frac{5\Delta_1}{2}$	少砾质壤质土表薄层硬石底基性岩类棕壤性土	坡小红土	962.67	0.59

续表

代　号	连续命名	俗　称	面积(hm^2)	占土壤面积(%)
$Aa_2\frac{5\Delta_2}{2}$	中砾质壤质土表薄层硬石底基性岩类棕壤性土	坡小红土	636.83	0.39
$Aa_2\frac{5\Delta_2}{3}$	中砾质壤质土中层硬石底基性岩棕壤性土	坡小红土	161.79	0.11
小计			63582.16	39.36

1. 粗砂土表薄层酥石硼酸性岩类棕壤性土$\left(Aa_1\frac{1}{5}\right)$

代表剖面:(8)—213 辛寨镇庞家河北 66°西 1200m。

0～9cm,棕色,砂土,粒状结构,润、松,孔隙多,根系多,有蚯蚓穴,无石灰反应。19cm 以下为风化母岩。砾石含量为 45%,土壤容重为 1.5g/cm^3,总孔隙度为 44.7%,通气孔隙度为 21.4%,毛管孔隙度为 23.3%。

该土分布在岭坡梯田上,坡度较大,土质松,砾石多,水土流失严重,主要种植花生、红薯等耐旱作物,干旱年则可绝产。应退耕还林,封山护坡,保持水土。

2. 中砾质壤质土表中层硬石底基性岩类棕壤性土$\left(Aa_2\frac{5\Delta_2}{3}\right)$

代表剖面:(10)—258 辛寨镇泥沟北 200m。

0～25cm,黄棕色,壤质土,砾石含量为 10%,粒状结构,松、润,孔隙多,无石灰反应。

25～45cm,红棕色,壤质,块状结构,有铁子存在,紧、润,孔隙少,无石灰反应。

该土表层含砾石,质松坡大,水土流失较重,土壤养分含量较低,磷不足,仅适应红薯、花生、谷子等耐旱作物,一年一作,产量低而不稳,应修堰护坡,防止水土流失,增施有机肥和磷肥,实行有机旱作制。

(二)棕壤(Ac)

全县棕壤亚类面积为 $1.96\times10^4hm^2$,占土壤面积的 12.15%,分布于南部近山阶地和辛中洼、盘阳洼等地,成土母质多为洪积物,表层多为轻壤,耕性较好,心层以下多有黏土层和铁子等,具备棕壤特征,适于各种作物生长。本亚类共有 2 个土属、6 个土种(见表 2-2)。

表 2-2　棕壤亚类各土种一览表

代　号	连续命名	俗　称	面积(hm^2)	占土壤面积(%)
$Ac_2\frac{3}{1}$	沙壤土表均砂质洪积棕壤	透砂土	80.51	0.05
$Ac_2\frac{4}{1}$	轻壤土表均壤质洪积棕壤	棕黄土	8200.57	5.08
$Ac_2\frac{5}{1}$	中壤表均壤质洪积棕壤	黄立土	9127.98	5.65

续表

代 号	连续命名	俗 称	面积(hm^2)	占土壤面积(%)
$Ac_2\frac{5}{3\#}$	中壤土表厚黏心洪积棕壤	僵瓣棕黄土	268.87	0.17
$Ac_2\frac{5}{5\#}$	中壤土表厚黏腰洪积棕壤	蒙金棕黄土	1403.39	0.87
$Ac_8\frac{5}{3\therefore}$	中壤土表厚砂心人工堆积物棕壤	砂心垫黄土	541.42	0.33
合计			19622.74	12.15

1. 轻壤土表均壤质洪积棕壤$\left(Ac_2\frac{1}{4}\right)$

轻壤土表均质壤质洪积棕壤俗称“棕黄土”。

代表剖面:9—114 蒋峪镇贺家洼北偏东 45° 150m。

0～21cm,棕色,轻壤,粒状结构,湿润、松,孔隙多,根系多,有蚂蚁穴、蚯蚓穴,无石灰反应。

21～70cm,浅棕色,轻壤,粒状结构,润湿、稍松,孔隙稍多,有植物根系、蚯蚓穴,无石灰反应。

70～100cm,浅棕色,中壤,块状结构,有铁锰胶膜,紧密,孔隙少,无石灰反应,根系少。

100～150cm,暗棕色,中壤,柱状结构,有铁锰胶膜,紧密,孔隙少,无石灰反应。

该土种表层疏松,耕性好,但中部质地松,保肥水性能稍差,土壤含磷量很低,应增施有机肥和磷肥,调整氮磷比,并实行分次追肥。

2. 中壤表厚黏腰洪积棕壤$\left(Ac_2\frac{5}{5\#}\right)$

中壤表厚黏腰洪积棕壤俗称“蒙金棕黄土”。

代表剖面:(10)—253 辛寨镇古城南偏西 20°200m。

0～25cm,暗棕色,中壤,块状结构、润、松,孔隙多,根系多,有蚯蚓穴,无石灰反应。

25～65cm,暗棕色,中壤,块状结构,润、松,孔隙多,无石灰反应。

65～150cm,暗棕色,重壤,块状结构,有胶膜,湿、紧,孔隙少,根系少,无石灰反应。

该土种耕层厚,质地中壤,耕性较好,腰土层以下为重壤,保肥水性能好,属蒙金型土壤,应进一步增施有机肥和磷肥,调整氮磷比。

(三)潮棕壤(Ae)

潮棕壤俗称“潮黄土”“夜潮土”,分布于棕壤区近河处较低洼地带,潜水位一般在 1～5m,土层较深厚,剖面中下部位不同程度地受地下水潜育化影响,有锈纹、锈斑和铁锰胶膜等,面积共 $0.16\times10^4 hm^2$,占全县土壤面积的 0.96%,有 1 个土属、3 个土种(见表 2-3)。

中壤表均质洪积冲积潮棕壤$\left(Ae_3\frac{5}{1}\right)$俗称“潮棕黄土”。

表 2-3　潮棕壤亚类各土种一览表

代　号	连续命名	俗　称	面积(hm^2)	占土壤面积(%)
$Ae_3\frac{4}{1}$	轻壤土表均壤质洪积冲积潮棕壤	潮黄土	676.51	0.42
$Ae_3\frac{5}{1}$	中壤土表均壤质洪积冲积潮棕壤	潮棕黄土	635.27	0.39
$Ae_3\frac{3}{1}$	沙壤土表均砂质洪积冲积潮棕壤	潮透砂土	234.2	0.15
合计			1545.98	0.96

代表剖面:(9)—267 沂山镇陈家庄北 17°东 300m。

0～20cm,棕色,中壤,团粒结构,湿润、松,孔隙多,根系多,有蚯蚓穴,无石灰反应。

20～45cm,淡棕色,中壤,块状结构,润、稍紧,孔隙多,有蚯蚓穴,无石灰反应。

45～150cm,黄棕,中壤,块状结构,有锈纹、锈斑,湿、紧,孔隙少,无石灰反应。

该土种理化性状较好,但含速效磷较低,应增施磷肥,并搞好灌溉设施,防止季节性干旱威胁。

二、褐土土类(B)

褐土土类分布于临朐县西部及北部低山丘陵区及冶源灌区,面积共 $7.438\times10^4hm^2$,占全县土壤面积的 46.04%,是仅次于棕壤的第二大土壤类型。褐土土类剖面通体以褐色为主,层次发育明显,通常由耕层、淀积层和钙积层三个基本层段组成,石灰反应一般较强烈,土壤呈中性至微碱性反应,分别形成了不同亚类。临朐县主要有褐土性土、淋溶褐土、褐土、潮褐土 4 个亚类,分布于褐土地带山丘中上部,俗称“石碴土”。

(一)褐土性土(Ba)

褐土性土亚类面积共 $3.442\times10^4hm^2$,占土壤面积的 21.18%,分为 2 个土属、9 个土种。由于其性态特征差异不大,仅母岩不同(见表 2-4)。

表 2-4　褐土性土亚类各土种一览表

代　号	连续命名	俗　称	面积(hm^2)	占土壤面积(%)
$Ba_2\frac{3}{2}$	石碴土表薄层硬石底基性岩褐土性土	石皮土	34.8	0.02
$Ba_2\frac{5\Delta_2}{2}$	中砾质壤土表薄层硬石底基性岩类褐土性土	岭坡小红土	4.1	0.01
$Ba_2\frac{5\Delta_2}{3}$	中砾质壤土表中层硬石底基性岩类褐土性土	岭坡小红土	5534.23	3.42
$Ba_3\frac{3}{2}$	石碴土表薄层硬石底钙质岩褐土性土	石碴土	7851.04	4.68
$Ba_3\frac{5\Delta_1}{2}$	少砾质壤土表薄层硬石底钙质岩褐土性土	岭坡红土	5238.69	3.24
$Ba_3\frac{5\Delta_2}{2}$	中砾质壤土表薄层硬石底钙质岩褐土性土	岭坡红土	1515.93	0.94

续表

代　号	连续命名	俗　称	面积(hm^2)	占土壤面积(%)
$Ba_3\ \frac{3}{3}$	石碴土表中层硬石底钙质岩褐土性土	岭坡红土	3446.87	2.13
$Ba_3\ \frac{5\Delta_1}{3}$	少砾质壤质土表中层硬石底钙质岩褐土性土	石碴土	5123.4	3.17
$Ba_3\ \frac{5\Delta_2}{3}$	中砾质壤质土表中层硬石底钙质岩褐土性土	岭坡红土	5467.65	3.39
小计			34216.71	21.18

1. 中砾质壤土表中层硬石底基性岩类褐土性土$\left(Ba_2\frac{5\Delta_2}{3}\right)$

中砾质壤土表中层硬石底基性岩类褐土性土俗称“小红土”“红石碴土”。

代表剖面:(18)—211 龙岗镇两县大队北偏东 75° 500m。

0～17cm,黄褐色,壤质土,粒状结构,砾石含量在 10%左右,润、松,孔隙、根系多,有蚯蚓穴,无石灰反应,pH 为 6.9。

17～40cm,褐色,中壤,块状结构,湿、稍紧,孔隙少,根系多,有蚯蚓穴,无石灰反应,pH 为 6.7。

该土种分布于临朐县东北部玄武岩或火山灰砾石岩形成的山丘中下部坡麓上,含有机质较丰富,通透性好,但速效磷较缺乏,且由于坡度大,土壤侵蚀较重,地下水源缺乏,受干旱威胁较大,应修堰护坡,整平地面,防止水土流失,并增施有机肥和磷肥,改耕种耗水少的作物,实行有机旱作。

2. 石碴土表薄层硬石底钙质岩褐土性土$\left(Ba_3\frac{3}{2}\right)$

石碴土表薄层硬石底钙质岩褐土性土俗称“石碴土”。

代表剖面:(5)—135 五井镇史家庄北偏东 20° 200m。

0～25cm,褐色,壤质轻砾石土,粒状结构,干、稍紧,孔隙少,根系多,石灰反应强烈,pH 为 7.2,土壤容重为 1.26g/cm^3,总孔隙度度为 50.46%,毛管孔隙为 40.16%,通气孔隙度为 10.3%。

该土种多处于山丘中上部,坡度大,土层薄,水土流失严重,已垦殖土地仅能种植高粱、谷子、红薯等作物,产量低而不稳。应退耕还林,或种植多年生牧草,发展林牧业,保持水土。

(二)淋溶褐土(Bc)

淋溶褐土俗称“二性黄土”,淋溶作用强烈,1m 土层内脱钙,无石灰反应,与棕壤的主要区别是 pH 高,一般在 6.5～7 及以上。此类土壤面积共 1.308×10^4hm^2,占土地面积的 8.1%,主要分布在冶源、五井两镇南部,杨善西部,城关北部,东城街道办事处西部等,共分为 1 个土属、3 个土种(见表 2-5)。

表 2-5　淋溶褐土亚类各土种一览表

代　号	连续命名	俗　称	面积(hm^2)	占土壤面积(%)
$Bc_2\frac{4}{1}$	轻壤表均质洪积淋溶褐土	透黄土	3627.8	2.24
$Bc_1\frac{5}{1}$	中壤表均质洪积淋溶褐土	黄土	3417	2.12
$Bc_2\frac{5}{3\#}$	中壤表厚黏心洪积淋溶褐土	黏心二性土	6037.33	3.74
合计			13082.53	8.1

1. 轻壤表均质淋溶褐土$\left(Bc_2\frac{4}{1}\right)$

轻壤表均质淋溶褐土俗称“透黄土”。块状结构，湿，稍紧，孔隙小。该土种耕性较好，养分含量不丰富，应增施有机肥和磷肥。

2. 中壤表均质洪积淋溶褐土$\left(Bc_2\frac{5}{1}\right)$

中壤表均质洪积淋溶褐土俗称“黄土”“坡黄土”。该土种耕性强，保肥水性能好，土壤养分含量较丰富，适于高产栽培。但应深耕深翻，打破犁底层，并搞好排灌设施，缩短轮灌期。

3. 中壤表厚黏心洪积淋溶褐土$\left(Bc_2\frac{5}{3\#}\right)$

中壤表厚黏心洪积淋溶褐土俗称“黏心二性土”。该土耕层理化性状较好，但耕层以下有 10cm 犁底层，影响作物根系下扎和水、肥、气、热通行，心土层出现重壤，但部位较深，有利于保水、保肥，适于作物高产栽培，但土壤养分含量不丰富，应增施土肥和磷肥，培肥地力，协调氮、磷、钾，以利高产。

(三)褐土(Bd)

褐土俗称“黄土”，面积共 $2.541\times10^4 hm^2$，占全县土壤面积的 15.7%，分布于城关、冶源、五井、寺头等乡镇(街道办事处)坡麓梯田以下及东城、龙岗等乡镇(街道办事处)西部，九山北部近山阶地，其成土母质为洪积物，表层多为中壤，熟化度高，耕性较好，土体深厚，耕层、黏化层、钙积层三个基本层次比其他亚类明显。褐土亚类共分 2 个土属、9 个土种(见表 2-6)。

表 2-6　褐土亚类各土种一览表

代　号	连续命名	俗　称	面积(hm^2)	占土壤面积(%)
$Bd_2\frac{4}{1}$	轻壤土表均质洪积褐土	坡黄土	6150.59	3.81
$Bd_2\frac{5}{1}$	中壤土表均质洪积褐土	白毛黄土	16164.36	10.01
$Bd_2\frac{5}{3\#}$	中壤土表厚黏心洪积褐土	浅黏二性土	1561.85	0.96

续表

代号	连续命名	俗称	面积(hm^2)	占土壤面积(%)
$Bd_2\frac{5}{5\#}$	中壤土表厚黏腰洪积褐土	蒙金黄土	660.87	0.41
$Bd_2\frac{4}{3\therefore}$	轻壤土表厚沙心洪积褐土	蒙头轻沙土	121.75	0.08
$Bd_2\frac{5}{3\triangle}$	中壤土表厚砾石心洪积褐土	砾石心黄土	180.57	0.11
$Bd_2\frac{5}{5\diamond}$	中壤土表厚砂姜腰洪积褐土	干勾腰黄土	167.32	0.1
$Bd_6\frac{5}{7}$	中壤土表中层人工堆积物褐土	垫黄土	339.76	0.21
$Bd_6\frac{5}{5\therefore}$	中壤土表厚砂腰堆积物褐土	砂腰垫黄土	62.63	0.04
小计			25409.7	15.73

1. 中壤土表均壤质洪积褐土$\left(Bd_2\frac{5}{1}\right)$

中壤土表均壤质洪积褐土俗称“黄土”“白毛黄土”。该土理化性状较好，适于一年两作高产栽培，应进一步加深耕层，增施有机肥，培肥地力。

2. 中壤土表厚黏腰洪积褐土$\left(Bd_2\frac{5}{5\#}\right)$

中壤土表厚黏腰洪积褐土俗称“蒙金黄土”。该土理化性状和保肥水性能好，为临朐县较好的农业用地土壤类型，由于常年一年两作，养分消耗多，土壤中氮、磷等偏低，应增施有机肥和磷肥，实行配方施肥和用养结合，防止土壤养分衰竭，以保持长期高产稳产。

3. 中壤表厚砾石心洪积褐土$\left(Bd_2\frac{5}{3\Delta}\right)$

中壤表厚砾石心洪积褐土俗称“砾石心黄土”“石练层黄土”。该土处于洪积扇上缘，由于洪水的分选作用，土体内含砾石层，并随地势下降砾石层变薄，覆土加深。由于砾石层的障碍作用，土壤水分上下不通，根系不能下扎，怕涝怕旱，产量低而不稳。

(四)潮褐土(Bf)

潮褐土俗称“夜潮土”“潮黄土”，是临朐县较好的土壤之一，但面积较小，共 0.167 $\times 10^4 hm^2$，占土壤面积的 1.03%，仅分布于柳山镇柳山寨南孟津河两岸，龙岗镇西部和东城街道办事处西南牛寨一带。其成土母质为洪积冲积物，表层至心土层多为中壤(见表 2-7)。

1. 轻壤表均壤质洪积冲积潮褐土$\left(Bf_2\frac{4}{1}\right)$

轻壤表均壤质洪积冲积潮褐土俗称“潮黄土”，面积为 790hm^2，占土壤面积的 0.49%，分布在柳山镇孟津河上游沿岸等。

该土理化性状较好，为高产土壤，应进一步增施有机肥和磷肥，培肥地力，并逐步深耕深翻，打破犁底层。

表 2-7　潮褐土亚类各土种一览表

代　号	连续命名	俗　称	面积(667m²)	占土壤面积(%)
$Bf_2\frac{4}{1}$	轻壤表均壤质洪积冲积潮褐土	潮黄土	792.39	0.49
$Bf_2\frac{5}{1}$	中壤表均壤质洪积冲积潮褐土	潮黄土	452.8	0.28
$Bf_2\frac{5}{3\#}$	中壤表厚黏心洪积冲积潮褐土	黑潮土	425.09	0.26
合计			1670.28	1.03

2. 中壤表均壤质洪积冲积潮褐土$\left(Bf_2\frac{5}{1}\right)$

中壤表均壤质洪积冲积潮褐土俗称“夜潮土”“潮黄土”。分布于东城街道办事处西南部西寨一带，面积仅 450hm^2，占全县土壤面积的 0.28%。该土理化性状基本与$Bf_2\frac{4}{1}$相同，仅有效磷较高，有机质偏低，应增施有机肥，实行用地养地相结合，进一步提高地力，并打破犁底层，增加活土层。

三、潮土土类(C)

潮土是直接发育在河流沉积物上，并受潜水作用形成的一类土壤。其剖面层理明显，中下部土层有明显的锈纹、锈斑，或有铁锰结核，pH 一般较高。临朐县仅有石灰性河潮土一个土属，分布在弥河下游两岸和汶河自大关水库以下至高崖水库以上河流两岸。面积共 $0.23\times10^4hm^2$，占全县土壤面积的 1.43%，分为 7 个土种(见表 2-8)。

表 2-8　潮土土类各土种一览表

代　号	连续命名	俗　称	面积(hm^2)	占土壤面积(%)
$Cb_4'\frac{4}{2}$	轻壤表厚砂心石灰性河潮土	浅砂淤土	265.67	0.17
$Cb_4'\frac{4}{4}$	轻壤表厚砂腰石灰性河潮土	砂腰淤土	130.69	0.08
$Cb_4'\frac{4}{19}$	轻壤表均壤质石灰性河潮土	河淤土	584.18	0.38
$Cb_4'\frac{5}{19}$	中壤土表均壤质石灰性河潮土	河淤二合土	21.43	0.01
$Cb_4'\frac{2}{19}$	紧砂土表均砂质河潮土	河沙土	527.07	0.32
$Cb_4'\frac{3}{19}$	沙壤土表均砂质河潮土	透砂淤土	722.72	0.45
$Cb_4\frac{4}{4}$	轻壤土表厚砂腰河潮土	砂腰淤土	57.13	0.04
合计			2308.89	1.43

1. 轻壤表均壤质石灰性河潮土$\left(Cb_4{}'\frac{4}{19}\right)$

轻壤表均壤质石灰性河潮土俗称“河於土”。该土以轻壤为主，虽通透性强，但保肥水能力差，宜种植蔬菜，并实行小水勤浇和多次少施的追肥方法，同时应增施有机肥，改良土壤。在地下水位浅的地方，宜发展速生丰产林或种植苇、藕等。

2. 紧砂土表均砂质河潮土$\left(Cb_4{}'\frac{2}{19}\right)$

紧砂土表均砂质河潮土俗称“河沙土”。该土通体为紧砂土，土质差，保肥水性能不良，地下潜水在2m左右，不宜种植农作物，应改种西瓜等，并注意增施有机肥和磷肥，同时搞好排水系统，或挖塘养鱼，也可种苇、藕等。

四、砂姜黑土土类(G)

临朐县砂姜黑土分布于龙岗镇龙岗村以北低凹处，属湖沼相沉积物，是经长期排水耕作脱沼泽化过程而形成的土壤类型，俗称“干勾黑黏土”，面积仅90hm^2，占全县土壤面积的0.06%，其主要剖面特征是表层为长期耕种改良熟化的壤质土，下部为黑色重壤或黏土层，底部有灰白色土层，并含有砂姜，土壤透水性差，耕性差，干时硬，湿时黏，理化性状不良。

临朐县砂姜黑土土类仅有1个亚类(砂姜黑土亚类)、1个土种，即中壤表厚黑土心厚层黄土复盖石灰性砂姜黑土。该土耕层为中壤土，耕性良好，理化性状也良好，但心层以下为重壤，通透性差，对根系发育不利，应加深耕作层，增施有机肥培肥地力，并注意排水畅通。雨后及时中耕松土，并应改进灌溉方法，改长畦漫灌为短畦快浇或喷灌等。

第二节　土地利用现状

一、耕地利用现状

根据临朐县2008年统计年鉴数据，全县总面积为1834km^2，耕地总资源面积为5.8168×10^4hm^2，耕地面积为4.92×10^4hm^2，耕地面积占土地面积的比重为29.4%，其中旱地3.97×10^4hm^2；水浇地1.85×10^4hm^2。旱田主要坐落在低山丘岭的中上部，各乡镇(街道办事处)都有分布，水源缺乏的九山、沂山、柳山、辛寨、五井等乡镇(街道办事处)面积较大；一般水浇田主要分布在低山丘岭的中下部，是较好的丘陵地；保浇田主要分布在城关、冶源等乡镇(街道办事处)的平原洼地和部分乡镇(街道办事处)的沟川沿河平地上。全县共有未利用土地4.925×10^4hm^2，占总面积的26.1%，其中荒草地2.37×10^4hm^2，主要分布在九山、沂山、柳山等山区中上部，由于土壤条件差，常年只生长野生杂草。山丘地区受地形、土壤等因素的限制，农业开发利用程度较低，是园地和林地的主要集中地，平原地区由于农业发展历史悠久，土地资源基本都已开发利用。

林业用地面积为7.78×10^4hm^2，森林覆盖率为35.6%。其中灌木林面积为0.223×10^4hm^2；疏林地面积为0.1×10^4hm^2，未成林造林地面积为0.193×10^4hm^2，无林地和

苗圃地为 $1.8\times10^4 hm^2$。水域流域面积为 $0.74\times10^4 hm^2$，占土地面积的 3.9%。国家基建占地 $20hm^2$；乡村集体占地 $30hm^2$；退耕还林 $160hm^2$。

2008 年，全县农作物总播种面积为 $7.91\times10^4 hm^2$，其中粮食作物总播种面积为 $6.37\times10^4 hm^2$，平均单产为 $366.6kg/667m^2$，总产量为 33.93 万吨；秋粮播种面积为 $3.36\times10^4 hm^2$，平均单产为 $366.6kg/667m^2$，总产量为 18.4688 万吨；花生播种面积为 $0.44\times10^4 hm^2$，平均单产为 $207kg/667m^2$，总产量为 1.3109 万吨；蔬菜播种面积为 $0.56\times10^4 hm^2$，平均单产为 $2173.6kg/667m^2$，总产量为 18.3394 万吨；瓜类播种面积为 $0.25\times10^4 hm^2$，平均单产为 $2910.2kg/667m^2$，总产量为 10.8651 万吨；果品总面积为 $1.46\times10^4 hm^2$，果品总产量为 24.425 万吨，其中苹果 9.4383 万吨，梨 0.4373 万吨，葡萄 2.5483 万吨，桃 4.7176 万吨，柿子 1.1419 万吨，山楂 3.7479 万吨，樱桃 0.5992 万吨。干果类0.9吨。全县农业总产值为 429765 万元，其中农业增加值达 215179 万元。

二、土地利用中存在的问题

首先是土地资源利用不够充分。全县荒岭坡和多数沟、路、河渠、塘库旁尚未被充分利用，植树造林和发展畜牧业尚有较大空间。城区周围有撂荒现象，浪费了宝贵的土地资源，应加以制止。其次是农作物布局尚需调整。近几年农作物布局取得了重大成效，全县粮经比例日趋合理，但粮菜比例仍有很大的调整余地，主要是旱地退耕还林、还果。山区发展干果，既能抗旱，又有较高的经济效益。据调查，正常年份干果产值是粮食产值的 4～8 倍，干旱年份是粮食产值的 5～10 倍。应积极稳妥地在山区推行退耕还果，在平原区扩大蔬菜、果品面积。最后是水肥理念和施肥技术落后。平原地区蔬菜、果树地年平均每亩施用有机肥 5000kg，施用化肥实物量 400kg，根据多种蔬菜平均吨产量需氮、磷、钾的比例(1∶0.34∶1.23)衡量，氮和磷相对过量，钾偏少。同时总施用量大大超过蔬菜吸收量，既破坏了土壤结构和土壤养分平衡，又导致土壤酸化和盐渍化。山地丘陵区粮田年平均施用有机肥 $250kg/667m^2$，年施用有机肥的农户仅占调查总户数的 25.4%，有 74.6% 的农户不施有机肥，只施用氮、磷肥料，忽视了补充钾肥，不仅影响了土壤肥力的提高，而且还导致了土壤养分失衡，应逐步加以改进。部分山丘区粮油种植部位过高，土壤翻动次数频繁，不利于水土保持，必须从大农业观点出发，因土种植，提高生态效益和经济效益。

第三节 耕地利用与管理

一、耕地利用与管理简要回顾

1959 年，临朐县进行第一次土壤普查，全面总结了当时农业生产的先进经验，较详细地分析了临朐县的各种土壤类型，对当时的土地平整、氮素化肥的施用起到了积极推动作用。1983 年进行了第二次土壤普查，系统地划分了临朐县土壤类型，分析论述了自然条件和人为生产活动对土壤发生发育的影响，以及各类土壤的生成、发育、特性、分类及分布，全面评述了土壤肥力状况和生产性能，科学地对土壤资源进行了质量评价，分析了存在的问题，制订了土壤改良利用分区规划和因地制宜土壤改良培肥的措施，并认真总结了形成高产田的土壤条件，为其后磷肥的大面积推广应用、氮磷配合施用、配方施肥和秸秆还田技术的推广应用提供了科学依据，实现了农产品产量的第二次飞跃。

第二次土壤普查之后，临朐县政府非常重视耕地地力调查，分别于1989年、1995年两次拨款进行土壤养分普查。每次养分普查一般取耕层土壤农化分析样品1300个，挖剖面50个左右，化验分析有机质、全氮、全磷、碱解氮、速效磷、速效钾等6个养分项目和部分氯离子、pH、微量元素。每次土壤养分普查结束后，向县政府提交《临朐县土壤养分普查报告》，其中包括全县的土壤养分含量状况、分布规律以及变化动态，当前影响农业生产的障碍因素、培肥改良措施、配方施肥建议等，并编绘1∶50000耕层土壤有机质及全氮含量分布图、土壤碱解氮含量分布图、土壤速效磷及全磷含量分布图、土壤速效钾含量分布图等成果图。同时，将文字和图件资料发放到每个乡镇(街道办事处)，为科学施肥、培肥土壤、充分发挥土地潜力提供了科学依据。根据土壤养分普查成果，临朐县土肥站在全县范围内先后开展了土壤养分丰缺指标研究、配方施肥、优化配方施肥、平衡配套施肥、秸秆还田等技术推广工作，为农业生产的快速发展作出了贡献。

20世纪80年代中后期，临朐县逐年加大对农业的投入，组织实施了旱作农业示范县、生态农业示范县和农业综合开发等重大建设项目，对临朐丘陵地进行了大面积土地改良、开发利用、综合治理。近年来，通过国家农业综合开发项目的实施，解决了农田排灌问题，实现了旱能浇、涝能排；通过土地平整，田间面貌整齐美观，农业生态环境良好，田间小气候得到改善。抗御低温、霜冻、风、雹、旱、涝等自然灾害的能力显著增强，土地风蚀化问题得到部分解决，土壤结构改善，养分含量提高。同时，农业产业化程度明显提高，农业生产条件得到根本改善，可持续发展能力显著增强，基本实现了农田林网化，农药、化肥施用标准化，水土流失、水资源紧缺等环境危害得到扭转。

近年来，结合国家生态环境建设、商品粮基地建设、农业综合开发、旱作农业示范区建设等重大建设项目，全县实施了新一轮土地改良利用综合治理活动。山区进行了塘坝截留，修建囤、池集雨设施，大部分流域内实现了一峪一囤、一园一池，最大限度地改善了山区旱地的水浇条件，同时通过封山育林，退耕还林、还果，整修地堰等综合治理措施，达到了泥土不下山、雨水不乱流、抗旱保水土、粮果双丰收的效果。平原推广了秸秆过腹还田、深耕改土、林田路渠综合配套及微灌、喷灌、滴灌等节水灌溉技术，有效地提高了土壤地力和抗旱能力，促进了全县农业生产的稳产、高产、高效益。2000年，旱作农业示范区建设项目制定了《坡改梯生土熟化技术规程》等技术规程8项，在旱作农业区内实施了坡改梯田，机械深耕、深松，小麦、玉米秸秆还田，增施有机肥，平衡配套施肥等内容。

20世纪90年代，随着农业产业结构的调整，全县保护地面积大幅度增加。大棚果、大棚菜每亩投入有机肥8000kg以上、化肥500kg以上。大量化肥和有机肥的投入，使部分地块土壤板结、酸化和盐渍化，养分比例开始失调，病害加重，导致大棚果产量降低且品质变劣，部分品种消费者不敢问津。一些农产品由于质量问题，出口甚至出省受阻。蔬菜、果品外观不美，口味不佳，有害物质时有超标。保护地土壤退化、生产力降低已成为人们关注的、亟待解决的一个大问题。因此，开展耕地地力调查和质量评价，特别是开展地力调查和质量评价，对于提高人们的生产质量和健康水平、保持耕地持续利用和农业持续发展具有重要意义。

二、存在的主要障碍因素

从当前土地利用现状来看，土地利用中存在的主要问题是耕地日益减少且后备土地资源质量较差，土地生产力较低。

（一）土壤养分不够丰富，土体结构破坏，地力下降

土壤养分是土壤肥力的重要因素之一，是评价土地生产力水平高低的根本依据。第二次土壤普查结果为：有机质 9.8g/kg，全氮 0.64g/kg，碱解氮 58mg/kg，速效磷 4mg/kg，速效钾 134.5mg/kg。全县土壤中，除速效钾表现较为丰富，有机质、碱解氮、速效磷均表现为缺乏，氮、磷、钾三要素的比例为 14.5∶1∶33，而土壤中氮、磷、钾的比例为 5∶1∶4 时，对作物的生长发育较为有利，耕地中耕层土壤养分总的情况则是：有机质缺乏，氮素不足，严重缺磷，局部缺钾，氮磷比例不协调。

1995 年，对全县灌区土壤进行了抽样化验，有机质 12.2g/kg，碱解氮 71.8mg/kg，速效磷 13.7mg/kg，速效钾 141mg/kg，根据作物的需肥规律看，养分含量为中等水平，氮磷比例趋于协调，但仍不能满足高产栽培的要求。

2006 年以来，对全县 7223 个土壤样本进行了化验，粮田土壤养分情况为：有机质 12.88g/kg，碱解氮 87.41mg/kg，速效磷 23.31mg/kg，速效钾 135.12mg/kg，果树土壤养分情况为：有机质 17.59g/kg，碱解氮 88.4mg/kg，速效磷 66mg/kg，速效钾 235.23mg/kg。根据作物的需肥规律看，粮田养分含量为有机质偏低，氮不足，磷中等偏下，钾中等，氮磷比例趋于协调，但仍不能满足高产栽培的要求。果树养分较高，而氮、磷、钾养分不协调，营养不平衡。

土体结构破坏：在蔬菜、果树生产上过量施用化肥，导致土壤结构被破坏，土壤板结。20 世纪 90 年代，随着农业产业结构的不断调整，农业由数量型逐步向效益型转变。果树、蔬菜面积大幅增加，特别是保护地果树、蔬菜的发展和大面积种植，极大地丰富了人们物质生活的需求，为消费者提供了大量应时反季节的新鲜蔬菜、果品，丰富了人们的生活，鼓起了农民的钱袋子。但是由于高投入、高产出会带来高效益，引发了农民不管地力水平、生产性能、产量水平、管理水平而加大施肥数量、增加投入、加大生产成本，既浪费了肥料，又污染了环境。

地力下降：在粮食作物生产上，由于农业可比利益低，经济效益不高，挫伤了农民种粮的积极性，在对土地的投入上出现了下滑趋势，肥料施用参差不齐。主要存在以下几个方面的问题：一是施肥数量不足，品种不全；二是重化肥施用，轻有机肥施用；三是重氮、磷肥施用，轻钾肥施用；四是重大量元素肥施用，轻中微量元素肥施用等。这些导致部分粮田土壤有机质不高，地力下降。

总的来看，全县土壤有机质不足，部分粮田表现为低磷，土壤中氮磷比例不够协调，土地生产力较低。而大部分果树、蔬菜及高产作物，磷过量，影响氮、钾及中微量元素的吸收。

（二）山丘地区水土流失严重

水土流失是临朐县山丘地区长期存在的问题，特别是山坡地，因植被稀少，经雨水冲刷，土壤侵蚀和剥离严重，年深日久，造成沟壑纵横，岩石裸露，成为不毛之地，使原来的生

态平衡遭到破坏，恶化了地域小气候，减弱了抗御旱涝等自然灾害的能力。

根据调查结果，全县水土流失面积达 1381.6km^2，占土地总面积的 75.33%，平均每年土壤被侵蚀 2.33mm，最严重的坡地高达 11.11mm。其中轻度侵蚀面积为 1061.97km^2，中度侵蚀面积为 444.3km^2，重度侵蚀面积为 330.98km^2。由于土壤被侵蚀、植被稀少、顺坡种植、陡坡开荒及地堰失修等原因，全县水土流失严重，无雨旱灾，雨大水灾，冲刷携带，土随水走，遇有暴雨则造成上冲下刷、毁田决河的严重灾害。据 2003 年辛庄水土保持试验站测定，石家河南部小流域范围 1～10 月累计输沙模数为 2540 吨/km^2，大体换算为全县 100km^2 山坡地土壤表面每年被冲刷剥离 0.2cm，坡度较大的地面可达 1cm 左右，一年流失土壤在 254 万吨以上，等于损失有机质 25400 吨、全氮 3500 吨、全磷 2500 吨，速效钾 120 吨，相当于各种化肥 2 万余吨，价值 600 余万元，并使下游河道堵塞、河床抬高、生态失调、环境恶化。全县由此造成的土壤沙砾化面积达 $3.93\times10^4 hm^2$，土地资源在逐年退化减少。

（三）土层浅薄，含砾石多

全县有 $1.47\times10^4 hm^2$ 山坡土层厚度小于 30cm，不适于种植农作物，还有 $1.33\times10^4 hm^2$ 耕地土层在 30～60cm，保水肥性能差，受干旱威胁大，农业生产得不到保证，同时全县有 $1.24\times10^4 hm^2$ 表层土壤中砾石含量为 1%～5%的砾石土，砾石含量大于 30%的砂石土和粗砂土近 $0.4\times10^4 hm^2$。

由于土层浅薄，砾石含量较多，土壤保肥、保水能力极差，遇大雨或暴雨，土、肥随水流失，雨水少时则旱，干旱时间稍长即造成绝产。

（四）灌溉条件差

全县水源不足，农田灌溉条件较差，主要表现在两个方面：一是灌溉水源不足，除冶源水库和嵩山水库灌区的冶源、城关、五井、东城等乡镇（街道办事处）有较好的自流水灌溉，其他山丘地区无灌溉条件。二是降水量少，一般在早春晚秋季节，遭受干旱较重，特别是东南部山地丘陵地区，既无大型水库，又无充足的地下水源，受干旱威胁更大。在全县 $5.824\times10^4 hm^2$ 耕地总资源中，水浇地面积为 $1.81\times10^4 hm^2$，仅占 31.1%，其中有些还不能保证常年灌溉。因此，水源不足、降水少、灌溉条件差成为影响农业生产的重要因素。

第三章　农业生产施肥概况

第一节　测土配方施肥技术推广回顾

测土配方施肥是以肥料田间试验和土壤测试为基础，根据作物需肥规律、土壤供肥性能和肥料效应，在合理施用有机肥料基础上，提出氮、磷、钾及中微量元素等肥料的施用品种、数量、施肥时期和施用方法的一套施肥技术体系。

我国测土施肥的研究与推广工作在20世纪70年代中期前仅是初步探索，测土技术体系注重用简单速测法进行测试、指导施肥。20世纪70年代末到80年代末，即第二次土壤普查实施阶段，是快速发展时期，我国测土施肥工作得到快速发展。1986年在山东省召开了全国配方施肥技术经验交流会，制订了配方施肥工作要点用于指导全国配方施肥工作。这一时期的测土施肥研究与推广在我国农业生产中发挥了重要作用。20世纪90年代发展相对较慢。在20世纪末期，我国初步建立了适合我国农业状况和特点的土壤测试推荐施肥体系。常见的土壤测试推荐施肥方法主要有土壤养分丰缺指标法、养分平衡法、肥料效应函数法、作物营养诊断法等，其中养分丰缺指标法在我国进行了大范围的推广应用。目前，土壤养分丰缺指标法仍是测土施肥的主流方法，也是比较适合我国国情的方法。

肥料是植物的粮食，合理使用有机肥料和化学肥料，对不断培肥地力和提高作物产量起着重要的作用。因为肥料不仅能营养作物，而且能协调土壤中水、肥、气、热条件，提高土壤肥力、农作物产量和农产品品质。新中国成立以来，临朐县农业生产的提高与增施肥料、扩大施肥面积密切相关，肥料在农业生产中的投入比例占50%。但是，施入土壤的化学肥料大部分不能被作物吸收。一般情况下，氮肥的当季利用率为28%～30%，磷肥为18%～23%，钾肥为50%左右。未被作物吸收的肥料，在土壤中发生挥发、淋溶和固定。肥料的损失很大程度上与不合理施肥有关。如何减少肥料的浪费，对提高农业生产效益相当重要。施肥的目的是为了营养作物，而作物营养又是指导施肥的理论依据。但是作物生长发育与它的外界环境条件密切相连。因此，施肥不仅要根据作物营养特点，而且还要考虑到外界环境条件，包括生物、土壤、肥料、水利及栽培技术等因素，要把它们当作一个整体，运用现代科技来研究合理施肥的理论和技术，以发挥肥料增产的最大效益。

第二节　测土配方施肥技术开展情况

一、成立组织机构，实行合同管理

测土配方施肥补贴资金项目是国家农业部和财政部在全国实施的重点支农惠农项目之一，为加强项目领导和协调，确保项目顺利实施，临朐县委、县政府专门成立了由分管县长任组长，农业局、财政局和各乡镇（街道办事处）领导长组成的项目领导小组，负责项目组织实施和协调工作。领导小组办公室设在县农业局，由农业局局长兼任办公室主任。同时，成立了项目技术小组，由农业局分管副局长任组长，土肥站、农技站、蔬菜站、植保站等有关业务站的业务骨干、各乡镇农技站长任成员。技术小组下设综合组、采样组、化验组、田间试验组、宣传培训组、配肥供应组等6个专业小组，专业小组实行岗位目标责任制，各小组组长为该项工作的责任人，负责带领其他技术人员完成好目标任务。配备专兼职化验员8人，土肥站由原来的4人增加到10人，全面负责项目的具体实施，及时解决实施过程中出现的技术问题。为切实把这一惠农政策落实好，县政府与山东省农业厅签订了项目合同，同时县政府与各乡镇（街道办事处）的政府一把手签订了《项目责任书》，各乡镇（街道办事处）也相应成立项目技术小组，明确了部门任务，各司其职，各负其责，保证了各项工作顺利开展。

二、加大力度，搞好宣传培训

只有全方位的加强培训宣传，让农民真正了解党和国家扶持农业的政策措施，掌握测土配方施肥技术要点，真正地渗入到测土配方施肥的工作中，项目才能达到预期的目的，主要采取三点措施。

一是利用多种媒体和渠道广泛宣传。按照山东省农业厅和潍坊市农业局的工作部署，在2006年和2007年秋种前开展了“测土配方施肥秋季行动”，并在2006年7月、2007年和2008年8月开展了“宣传月”活动。通过广播、电视、报纸、明白纸、标语、张贴技术挂图、宣传车、赶科技大集等形式加强宣传发动，共宣传报道35期，印制测土配方施肥技术简报28期、明白纸6.4万份，出动宣传车流动宣传280次（辆），张贴测土配方施肥技术挂图5000余份，发放技术光盘80张，印制《测土配方施肥技术手册》10000册。大大提高了广大农民的测土配方施肥意识，普及了科学施肥技术知识，使农民学了能用、用了能富，做到了户户有明白纸、家家有明白人。

二是加强技术培训。重点抓住小麦秋种前、玉米套种和果树管理的关键季节，结合新型农民科技培训工程，组织全县技术人员、肥料营销人员、乡镇脱产干部、村两委成员进行集中培训，内容包括小麦、玉米、果树等科学测土配方施肥技术、土样采集知识、土壤肥料检测与农业标准化体系建设及农作物的科学施肥技术，培训技术骨干2890人次。

三是深入村头田间做好指导工作。通过对技术人员进行综合考核，选出30名技术骨干组成科技服务队，深入到全县10个乡镇（街道办事处）的行政村举办培训班168期，科技下乡赶集74场次，直接培训村级技术员、示范户及农民21650余人次。

三、落实配肥企业，组建供肥网络

按照配方肥供应主要采取“统一招标、统一包装标示、统一监管、省县配合”的原则，选择了信誉高、质量可靠的全国化工企业莱州金兴化工企业集团作为配肥企业。项目期间推广施用配方肥6000吨，其中小麦配方肥N_{12} ∶ P_{17} ∶ K_{16}总含量45%的3500吨，N_{18} ∶ P_{10} ∶ K_{12}总含量40%的2500吨。

在配方肥推广过程中，以乡镇农技站和县配方肥配送中心为依托，直接供肥到村，减少中间环节，每吨比同类产品让利200元以上。

四、建立项目进度定期报告制度

按照省里统一要求，设立了专人负责项目进度报告制度，同时实行项目进展月报、季报制度，努力做到上报及时准确。

五、档案管理

建立健全项目档案，是建立测土配方施肥长效机制的基础性工作。按照项目要求，购置了资料档案橱、统一的档案盒，并配备了计算机，健全了纸质档案和电子档案。按照项目分类要求，将所有文件、会议纪要、合同书、工作方案、宣传培训材料、实验方案、观测数据、施肥建议卡、销售台账、图片、数据库相关资料、图纸、工作总结、技术总结、有关名册等内容分类归档，项目共建档100册，并安排专人负责，建立完善档案管理制度。

临朐县自2006年开始实施测土配方施肥项目以来，取得了显著的经济效益和社会效益。共计完成大田、蔬菜大棚、果园采集土样7223个，完成7223个土样的碱解氮、速效磷、速效钾、pH、有机质及部分土壤全氮、全钾、缓效钾、钙、镁、硫等养分化验测定，2000多个土样的微量元素测定工作，共计测试6.3万余项次；推广配方肥6000余吨，施用面积为$6.67\times10^4 hm^2$，指导施肥面积为$8\times10^4 hm^2$。与常规施肥相比，实施测土配方施肥技术，每亩减少不合理用肥7.88kg(折纯)，农作物增产5.2%，每亩均节本增效达89.2元。累计减少不合理用肥9456吨(折纯)，粮食、果品增产1.8万吨，总节本增效5000万元。同时通过项目的实施，优化了施肥结构，提高了肥料利用率，改善了农民的施肥习惯，由盲目施肥向科学施肥转变，改善了农业生态环境，提高了耕地综合生产能力，形成了全县测土配方施肥技术网络体系，在全县各乡镇(街道办事处)、行政村建立了一支稳定的测土配方施肥技术推广队伍，初步建立了科学施肥的长效机制。

第三节 历年肥料投入状况

一、有机肥料

临朐县农家肥资源总量为239.13万吨，其中堆肥5.77万吨，厩肥158.96万吨，土杂肥17.12万吨，其他农家肥57.28万吨，全县平均农家肥用量仅为$720kg/667m^2$。

临朐县牲畜存栏量合计1373.5万头(只)，资源总量为130.8万吨，其中猪存栏37.2

万头，资源总量为40.7万吨；牛存栏6.3万头，资源总量为55.8万吨；羊存栏30万只，资源总量为21.1万吨；鸡鸭存栏1300万只，资源总量为13.2万吨。

据调查，全县小麦、玉米、大豆、花生等农作物秸秆资源总量为57.69万吨。其中小麦秸秆23.36万吨，玉米秸秆23.27万吨，大豆秸秆0.33万吨，花生秸秆0.84万吨，薯类秸秆8.91万吨，其他杂粮等秸秆0.92万吨，分别占秸秆资源总量的40.5%、40.3%、0.6%、15.1%、15.4%和1.6%。主要利用方式为直接还田、过腹还田和用作燃料焚烧还田。

(一)有机肥利用现状

1. 农家肥利用现状

养殖场的粪肥利用：一是供肥料生产企业加工有机肥，占10%；二是零售卖给农户和果农施用，占60%；三是露天堆放不加以利用，占20%；四是自用，占10%。

其他有机肥的利用：随着化学肥料用量的不断增加和农业商品化的生产发展，劳动力的价值也在逐年提高，这给有机肥的积造和秸秆还田、堆沤肥、城粪利用等多方面带来一定的困难。据农民推算，积667m^2的农家肥，需用工10多个，用这些工钱购买化肥可解决三倍地的用肥。因而，在有机肥的积造和使用上，出现了三大问题。

一是农家肥资源量不足的问题比较突出。主要原因：农民怕吃苦、怕受累，堆肥、土杂肥资源量大幅度减少；马、牛、骡、驴等大型牲畜的饲养量和猪的散养量减少，厩肥数量也随之减少。

二是施用中存在问题，有机肥施用面积越来越小。据农户调查，全县农田施用有机肥面积仅有20.5%；有机肥在不同作物的用量差别很大，有机肥主要用在了果树、蔬菜等经济效益较高的作物上，小麦、玉米、花生等主要粮油作物用量很少，且施用量逐年下降。调查发现，过去每个农户每年积攒三圈农家肥料，现在每户三年积攒不到一圈肥。许多农户不搞养殖，因而施肥量较过去下降了70%。

三是作物秸秆堆放、废弃、烧毁、浪费严重。全县小麦秸秆还田得到了很好的推广普及，但玉米秸秆直接还田面积还有待于进一步提高，玉米秸秆还田主要分布于经济较好的地区。

由于上述问题的存在，严重影响了地力培肥和农业增产。全县部分农田土壤养分检测结果表明，4%的地块土壤有机质平均低于10g/kg，土壤有机质较缺乏地块占到总面积的64.58%，土壤pH下降，酸度增强，土壤理化性状变劣，生产性能降低。群众反映土壤越来越娇嫩了，承受旱、涝、风、寒、病、虫的抗逆性越来越差，增肥不增产、增产不增收的现象越来越重。

2. 农作物秸秆利用现状

全县秸秆还田实施方式有三种：一是残茬覆盖方式，俗称“刀下留肥”，于小麦收割时，适当高留茬20cm左右，夏播作物可套种或贴茬种植，待作物出苗后，适当灭茬，根茬即可覆盖在地表；二是夏玉米收获后，趁鲜及时粉碎直接还田；三是追铺方式，即在玉米小喇叭口期前后，于植株行间每亩追铺碎麦秸200kg左右，果园每亩覆盖1500～2000kg。全县小麦高留茬面积为$1.89\times10^4hm^2$，占65.5%；玉米秸粉碎直接还田面积为$0.02\times10^4hm^2$，占0.9%；追铺碎麦秸覆盖面积为$0.63\times10^4hm^2$，占22%。

多年的秸秆还田试验、示范和大面积推广应用实践证明，秸秆还田有如下效果：

一是改善土壤物理性状，增加土壤养分含量。六年的多点试验结果表明，耕层土壤容重降低 0.08g/cm^3，比重降低 0.05，总孔隙度增加 2.15%，最大田间持水量提高1.12%，土壤吸湿水提高 0.04%，土壤有机质增加 1.9g/kg，碱解氮增加 14mg/kg，速效磷增加 2.6mg/kg，速效钾增加 21mg/kg。小麦高留茬平均每亩还田 187kg，每年增加土壤有机质 0.15g/kg；田间盖草平均每亩还田 250kg，年增加土壤有机质 0.4g/kg；果园压草每亩还田 500kg，年增加土壤有机质 3.5g/kg；鲜玉米秸秆还田平均每亩还田 550kg，年增加土壤有机质 0.15g/kg。

二是提高土壤蓄水保墒能力，增加土壤含水量。由于作物秸秆的覆盖，减少了土壤水分的扩散和蒸发，测定结果为：0～5cm 土壤含水量提高 37.4%，5～15cm 提高 17.1%，15～25cm 提高 9.3%，25～35cm 提高 4%，这对干旱缺水的丘陵山区农业生产具有重要的现实意义。

三是平抑地温。夏季测定每亩覆盖秸秆 200kg 的玉米田，5～10cm 地温平均低近 1℃。

四是有效地抑制田间杂草生长。据调查，田间杂草覆盖度降低 54%，杂草干重降低 70%以上。

五是增产增收。全县四年小麦高留茬面积为 5.8×10^4 hm^2，平均每亩增产粮食 17kg，总增产粮食 1.4807 万吨，增加纯收入 1036.49 万元；玉米田间覆盖麦草 0.56×10^4 hm^2，总增产粮食 0.1428 万吨，增加纯收入 99.96 万元；果园压草 2.1×10^4 hm^2，平均年每亩增产果品 27kg，增收 27 元，共增产果品 0.8505 万吨，增加纯收入 850.5 万元；鲜玉米秸秆直接还田 900hm^2，平均每亩增产粮食 34kg，总增产粮食 0.0442 万吨，增加纯收入 30.94 万元。以上共计增产粮食 1.6677 万吨，增产果品 0.8505 万吨，增加纯收入 2017.89 万元。

六是改善农村环境，减少了火灾隐患。通过推广秸秆还田技术，基本达到了村边、路边、地边“三清”，促进了村庄卫生文明建设，减少了火灾隐患，保护了人民群众生命财产的安全。

（二）有机肥资源利用建议

1. 加大宣传力度

通过电视讲课、实地培训、宣传画、明白纸等多渠道宣传秸秆还田、积造农家肥，形成强大的社会氛围，让农户了解、知道施用有机肥的益处，在头脑中建立施用有机肥的意识。使农民了解秸秆还田可以在减少化肥投入量的前提下同样达到增产的效果。充分调动群众积极性，把积造有机肥与用地养地等结合起来，保证施用有机肥活动经常化、制度化，防止耕地地力下降。

2. 资金补贴项目的方向要正确

秸秆还田社会效益、生态效益巨大，但群众认识性差，技术含量较高，实施难度大，费工耗力，应该是补贴的重点。此外，养殖农户环境污染严重，应加强除臭杀虫和环境污染治理补贴。

3. 加大秸秆还田支持力度

首先研究实用简便的堆腐技术和堆腐剂、相应的玉米秸秆堆腐技术以及其他促进秸秆还田的使用技术，其次在政策上要对实行秸秆还田的农户进行补贴，农户秸秆还田由政府埋单，再就是一些配套的农机具要及时跟上。国家应加大对农民购买玉米联合收割机进行财政资金补贴的政策的优惠力度。

4. 因地制宜，广辟有机肥源

一是要开展经常性的积造农家肥的活动；二是要大力推广农作物秸秆还田，加强秸秆综合利用，以规章制度防止和杜绝秸秆焚烧现象的发生；三是积极发展扩大种植绿肥，提高绿肥的综合利用效益。

5. 加大对基层技术队伍的技术指导服务

通过对技术队伍的扶持，加强畜禽粪便的腐熟检查指导，加强宣传，加强秸秆还田技术指导、秸秆还田量的检查督促等工作。

二、化学肥料

历史上，临朐县劳动人民对于肥料的施用具有丰富的经验，但在化学肥料施用方面起步较晚。在新中国成立初期，化肥用量少，粮食的增产主要依赖有机肥料。到20世纪80年代，随着化学肥料投入的不断增加，作物产量逐年提高。由此看出，肥料与农业生产的关系极为密切，但不是绝对的增产条件，因为农业是一个复杂的生产系统，系统中的诸因素如国家政策、气候条件、土壤肥力、作物品种、栽培措施、病虫防治、灌排系统等，都直接影响着农作物产量的提高。肥料的增产作用，只有在诸因素彼此协调的状态下才能得以充分发挥。

党和政府十分重视肥料工作，我国化肥工业发展迅速，由小到大，从无到有，肥料品种不仅有单质肥料、复合肥料，还有高浓度肥和长效肥等肥料新品种的研制、生产和应用。临朐县磷肥厂由于过磷酸钙原料缺乏，磷矿石需从云南购进，因而生产规模较小。磷肥主要用作基肥，使用方法为耕地前撒施2/3，耕地后垡头撒施1/3（分层施肥），增产效果明显。1973年7月，地方国营临朐县化肥厂建成，产品为氨水，含氨量为18%。1982年改产碳酸氢铵，由此，碳酸氢铵又成了当家化肥。施用方法有三种：一是先撒于地面，再通过耕地翻于地下作基肥，二是开沟施肥，施后覆土，三是部分农民雨前撒施。20世纪80年代推广施用尿素和多元素复合肥，到2008年共用化学肥料19130吨（折纯），其中纯氮8690吨、五氧化二磷1154吨、氧化钾1211吨、复混肥8075吨（见表3-1）。

表3-1　全县部分年份化肥施用量（折纯量）

年份	化肥折纯量（吨）	氮肥（吨）	磷肥（吨）	钾肥（吨）	复合肥（吨）
1990	21376	15126	2019	1078	3153
1991	20049	13866	1610	1203	3370
1992	21312	15856	1581	787	3088
1993	26109	18495	1748	1132	4734
1994	24237	16602	1939	1035	4661

续表

年度	化肥折纯量(吨)	氮肥(吨)	磷肥(吨)	钾肥(吨)	复合肥(吨)
1995	25034	16963	1985	1374	4712
1996	27613	17157	2227	2060	6169
1997	27531	17909	1587	1707	6328
1998	28837	18604	2264	1419	6550
1999	31125	20124	2484	1486	7031
2000	31105	19887	2485	1391	7342
2001	29038	19092	2041	1444	6461
2002	29326	19014	2153	1399	6760
2003	29435	18890	2265	1408	6872
2004	29512	18930	2314	1425	6843
2005	29405	18886	2269	1416	6834

20 世纪 90 年代以来，临朐县农民已普遍习惯施用化肥，很少施用有机肥，但在施肥上存在很大的盲目性，对科学施肥、配方施肥认识不足，出现肥料成本较高、肥料利用率较低以及农业面源污染等问题。实施测土配方施肥项目前，小麦种植施基肥主要有四种：一是只施二铵，占 30%，二是只施复合肥，占 20%，三是复合肥、二铵相互搭配施用，占 30%，四是钙镁磷、硫酸锌、硫酸钾与复合肥搭配施用，也占相当一部分，约 10%。施基肥方法主要是撒施，占 52%，沟施占 44%。施追肥主要是追施尿素，占到了 80%以上，其余 20%多为碳铵等，施追肥方法主要是撒施，占 50%，浇施占 20%，沟施占 30%。玉米种植上，农民施基肥主要是种肥，施复合肥 5kg 左右，施肥方式以穴施为主。90%的农户施用追肥，还有 15%的农户二次追肥；追肥以尿素为主，占 70%左右，其余为复合肥、氨水、碳酸氢铵等，施肥方式为沟施占 40%，穴施占 30%，撒施占 30%，二次追肥基本用沟施与浇施。

实施测土配方施肥项目后，小麦种植上，农民施基肥主要有 3 种：一是施配方肥，占 30%，二是只施复合肥，占 50%，三是施二铵，占 20%。施基肥方法主要是耕前撒施，占 80%，沟施占 20%。施追肥主要是追施尿素，占到了 90%，施追肥方法主要是撒施，占 60%，浇施占 40%；施肥过程中，有 80%的农户施追肥。

玉米种植施基肥主要是施配方肥，占 30%，施复合肥占 40%，施二铵占 20%，施肥方式以沟施为主，占 60%，穴施占 40%。90%的农户施用追肥，还有 20%的农户二次追肥；追肥以尿素为主，占 70%，其余为复合肥、碳酸氢铵等，施肥方式为沟施占 50%、穴施占 40%、撒施占 10%。测土配方施肥项目实施以来，部分农户改变了施肥习惯，主要作物增产增收效果明显，使用配方肥的农户普遍反映良好，经济效益显著。

肥料能提供植物正常生长的必需营养元素，并兼有改变土壤性质、提高土壤肥力功能的作用。在农业生产的发展中，肥料的作用是十分明显的。一方面它能提高作物的产量和改善作物的品质，供应人们生活需要和日益增长的工业需求，另一方面保持提高了土壤肥力，使农业生产得以持续发展。在提高农业产量的增产因素中，增施肥料占40%～60%。从临朐县历年粮食产量与化肥用量来看，也有相近的趋势。

三、施肥实践中存在的主要问题

由于过去科学施肥技术推广力度小，农民科技素质差，科学施肥技术到位率低，导致农民施肥决策不合理，肥料利用率低。从全县农户施肥调查结果中看出，依据肥料价格的占75%，按氮、磷、钾养分含量的占20%，按大、中、微量元素配合的仅占5%。农民确定施肥量依据地力的占20%，依据习惯的占50%，随大流的占30%。虽然有50%的农户知道根据地力来确定施肥量，但在实际操作中既缺乏土壤检测手段又缺乏施肥技术指导，只能进行粗略定性或定量，因而购肥、施肥带有很大的盲目性。其结果是既增加了生产成本，又降低了肥料利用率，全县氮肥当季利用率仅有28%、磷肥21%、钾肥40%。从采样点施肥调查结果看，施肥中主要存在如下问题：

(一)农民投肥比例不合理

化肥使用一味以氮为主，氮、磷、钾化肥比例是1∶0.3∶0.1，与合理施肥仍有一定的差距。由于长期以来种植业效益低下，以及大量青壮年农民工流入城市，使得种田的更多是一些老者或妇女，他们文化程度普遍不高，易受传统观念约束，种田带有很大程度的随意性和盲目性，缺乏科学施肥的理念和正确的施肥方法。

(二)重化肥、轻有机肥

临朐县近几年施用的肥料主要有有机肥和无机肥两大类。有机肥主要有土杂肥、人畜粪、猪牛栏粪、秸秆还田、沼肥、饼肥以及少量绿肥等，无机肥主要有碳铵、尿素、复合肥、磷肥、氯化钾等。通过调查发现，由于临朐县主要是山区，运输比较困难，施用有机肥的农民只占总调查户数的20%，大部分农户还是以化肥施用为主。有机肥施用量过小，全县平均不足1200kg，有机、无机施用比例失衡，影响了临朐县耕地地力水平、化肥利用率和农产品品质。

(三)化肥施用品种不合理

从调查中发现，尿素和复合肥仍是临朐县农户首选的化学肥料品种，而主动施用磷肥的农户占调查户数的30%，主动施用钾肥的农户基本没有，复合肥尽管在临朐县施用比例较高，但以中低浓度为主，高浓度复合肥只占施用比例的40%。2005年，全县施用化肥折纯量29405吨，其中氮肥18886吨，占总量的64.2%，磷肥2269吨，占7.7%，钾肥1416吨，占4.8%，复合肥6834吨，占23.3%，氮、磷、钾之比为1∶0.2∶0.15。局部地区偏施氮肥现象很严重。由于大量偏施氮肥，不仅增加成本，造成农业环境污染，而且也加重了一些病虫害的发生；同时由于作物旺长，茎秆柔软，稍遇外界不良环境极易发生倒伏，严重影响了当地粮食丰产和稳产。

(四)化肥的分配和施用不平衡，高肥区肥料报酬率递减明显

2005年，全县化肥用量为29405吨，平均每亩耕地化肥用量为30.7kg，但用肥的区域差异很大，用量最高的达55.25kg，最低的为11.82kg，高低相差4.67倍；按播种面积统计，用量最高的平均每亩20.85kg，而最低的仅为5.1kg，高低相差4.1倍。从氮、磷、钾化

肥品种分析，地区之间不平衡也十分明显，以耕地种植粮食为主的平原灌区和丘陵山区相比，平原灌区平均每亩耕地化肥用量为 49.66kg，其中氮、磷、钾肥构成分别为 44.64kg、3.62kg、1.41kg，而丘陵山区仅分别为 7.15kg、3.79kg、0.93kg；按播种面积统计，平原灌区平均每亩为 23.85kg，其中氮、磷、钾构成分别为 21.44kg、1.73kg、0.68kg，丘陵山区仅分别为 3.07kg、1.63kg、0.4kg。这种化肥分配和施用的地区性差异，不同程度地造成了农业产量的不平衡性和肥料报酬率递减。近十年来，全县化肥增长 35%，而粮食总产提高不大，单产徘徊不前。尤其是高肥区偏施氮素化肥更为明显，每千克氮素养分增产粮食，已由 20 世纪 80 年代的 10kg 下降到目前的 5kg 左右。

（五）施肥方法不合理，化肥利用率低

不少农民肥料没少施，但是产量却不高，这主要还是由于施肥方法不当造成的。不少农民仍习惯于“一炮轰”，撒施、面施肥料现象很普遍。据调查，90%以上的农民施用碳铵主要还是采用撒施和面施的方法，只有极少数的农户采用深施，大大降低了肥料利用率。全县化肥利用率为：氮肥 30%～35%，磷肥 10%～15%，钾肥 40%～50%。因此，提高化肥利用率，尤其是氮肥当季利用率的潜力很大。

（六）忽视中微量元素的施用

作物对中微量元素需要量虽然不大，但对作物生长不可或缺。如玉米缺锌产生白叶病，豆科作物缺钼产量下降，作物缺铁叶片发黄。但生产中农民对中微量元素应用不够重视。通过调查发现，施用中微量元素的农户占这次调查总户数的 5%，而作物所需要的中微量元素还是依赖于土壤自身和有机肥的投入。由于投入的不足，已经引起临朐县土壤中微量元素严重匮乏，进而影响了全县农作物的高产、稳产和农产品品质。

第四章　样品采集与分析

第一节　土壤样品的布点与采集

一、采样点布设

（一）布点原则

测土是制订肥料配方的重要依据，按照项目实施方案的要求，分别确定平原区和山区采样点，充分考虑地形地貌、土壤类型与分布、肥力高低、作物种类等，保证采样点具有典型性和代表性，同时兼顾空间分布的均匀性。采样以秋季为主，春季为辅。

（二）布点方法

耕地地力评价单元是具有相似特征的耕地单元。

将土地利用现状图与土壤图结合，叠加形成耕地地力评价单元图，应用评价单元图，综合分析全县的作物种植类型和面积，在采样总数的控制下，分配具体采样数量，并确定调查和采样点位置。样点布设具体分为室内和实地两个步骤。首先以县土地利用现状图为底图，按要求的调查点数量布设在图上，然后根据图上的点位在野外确定实际的调查点位置，并对原点位进行修正。在全县范围内布点采样时，样点布设均匀分布，点位采用4位编号，不足4位的前面补"0"。

二、土样采集

（一）采样单元

采样前详细了解采样地区的土壤类型、土地利用、肥力等级和地形因素，将测土配方施肥区域划分为若干个采样单元，每个采样单元的土壤均匀一致。

平均每个采样单元面积：平原为20hm^2一个采样点，山区为6.67hm^2一个采样点。为便于田间示范追踪和施肥分区需要，采样集中在位于每个采样单元相对中心位置的典型地块，面积为667～6667hm^2，当土地和作物田间变异很大时，可适当缩小采样单元。

（二）采样时间

在前茬作物成熟或收获后、下茬作物尚未施用底肥前采样，这样能反映采样地块的真实地力。根据临朐县的生产情况，一般大田作物在秋种前采样，小麦、玉米一年两作的耕地在秋季采样，小麦、玉米施肥根据秋季采样分析结果进行统筹安排，夏季原则上不进行采样。种植花生、甘薯的春田及部分露天菜地可在春季采集，日光温室和塑料大棚在晾棚期(6 月)采集，果园在果实采摘后、秋季施肥前采集。进行氮肥追肥推荐时，应在追肥前或作物生长的关键时期，采用土壤无机氮测试或植株氮营养诊断方法。

土壤中有效养分的含量，随着季节的改变而有很大的变化，故采取土样时要注意时间因素，同一时间内采取的土样，分析结果才能相互比较。

（三）采样周期

同一采样单元内，无机氮及植株氮营养快速诊断每季或每年采集一次，土壤速效磷、速效钾等一般 2～3 年采集一次，中微量元素一般 3～5 年采集一次。

（四）采样点定位

采样点参考县级土壤图，采用 GPS 定位，记录经纬度，精确到 0.1"。

（五）采样深度

大田土样采集深度为 0～20cm，蔬菜地为 0～25cm，果园为 0～40cm。

土壤硝态氮或无机氮含量测定时，采样深度应根据不同作物、不同生育期的主要根系分布深度来确定。

（六）采样点数量

要保证有足够的采样点，使之能代表采样单元的土壤特性。每个样品采样点的多少，取决于采样单元的大小、土壤肥力的一致性等，采样要求多点混合，每个样品取 15～20 个样点。

（七）采样路线

采样时应沿着一定的路线，按照随机、等量和多点混合的原则进行采样。随机即每一个采样点都是任意决定的，使采样单元内的所有点都有同等机会被采到；等量是要求每一点采取土样，深度要一致，采样量要一致；多点混合是指把一个采样单元内各点所采的土样均匀混合构成一个混合样品，以提高样品的代表性。为此，一般采用“S”形布点采样，能够较好地克服耕作、施肥等所造成的误差。在地形变化小、地力较均匀、采样单元面积较小的情况下，也可采用梅花形布点取样，要避开路边、田埂、沟边、肥堆等特殊部位。

（八）采样方法

每个采样点的取土深度及采样量应均匀一致，土样上层与下层的比例要相同。取样器应垂直于地面入土，深度相同。用取土铲取样应先铲出一个耕层断面，再平行于断面下铲取土。因需测定或抽样测定微量元素，所有样品必须用不锈钢取土器采样。

（九）样品量

一个混合土样以取土 1kg 左右为宜(用于推荐施肥的 0.5kg，用于试验的 2kg，长期保存备用)，如果一个混合样品的数量太大，可用四分法将多余的土壤弃去。方法是将采集的土壤样品放在盘子里或塑料布上，弄碎、混匀，铺成四方形，画对角线将土样分成四份，把对角的两份分别合并成一份，保留一份，弃去一份。如果所得的样品依然很多，可再用四分法处理，直至所需数量为止。

（十）样品标记

采集的样品放入统一的样品袋中，用铅笔写好标签，内外各放一张，注明采样地点、日期、采样深度、土壤名称、编号及采样人等，同时做好采样记录。

第二节　土壤样品的制备

一、新鲜样品

某些土壤的成分如二价铁、硝态氮、氨态氮等在风干过程中会发生显著变化，必须用新鲜样品进行分析。为了能真实地反映土壤在田间自然状态下的某些理化性状，新鲜样品要及时送回室内进行处理分析，用粗玻璃棒或塑料棒将样品混匀后迅速称样测定。

新鲜样品一般不宜储存，如需要暂时储存，可将新鲜样品装入塑料袋中，扎紧袋口，放在冰箱冷藏室或进行速冻保存。

二、风干样品

从野外采回的土壤样品要及时放在样品盘上，摊成薄薄的一层，置于干净整洁的室内通风处自然风干，严禁暴晒，并注意防酸碱等气体及灰尘的污染。风干过程中要经常翻动土样并将大土块捏碎以加速干燥，同时剔除土壤以外的侵入体。

风干后的土样按照不同的分析要求研磨过筛，充分混匀后，装入样品瓶中备用。瓶内外各放标签一张，写明编号、采样地点、土壤名称、采样深度、样品粒径、采样日期、采样人及制样时间、制样人等项目。制备好的样品要妥善储存，避免日晒、高温、潮湿和酸碱等气体的污染。全部分析工作结束，分析数据核实无误后，一般试样用磨口塞的广口瓶或塑料瓶保存三个月至一年，以备必要时查核之用。

用于控制分析质量的标准样品，可从国家标准物资中心购买。标准样品需要长期保存，不能混杂，样品瓶贴上标签后，应以石蜡涂封，以保证不变质。

（一）一般化学分析试样

将风干后的样品平铺在制样板上，用木棍或塑料棍碾压，并将植物残体、石块等侵入体和新生体剔除干净，细小已断的植物须根可采用静电吸附的方法清除。压碎的土样要全部通过 2mm 孔径筛。未过筛的土粒必须重新碾压过筛，直至全部样品通过 2mm 孔径筛为止。过 2mm 孔径筛的土样可供 pH、盐分、交换性能及有效养分项目的测定。

将通过 2mm 孔径筛的土样用四分法取出一部分继续碾磨，使之全部通过 0.25mm 孔径筛，供有机质、全氮、碳酸钙等项目的测定。

（二）微量元素分析试样

用于微量元素分析的土样，其处理方法同一般化学分析样品，但在采样、风干、研磨、过筛、运输、储存等诸环节都要特别注意，不要接触金属器具，以避免污染。如采样、制样使用木、竹或塑料工具，过筛使用尼龙网筛等。通过 2mm 孔径尼龙筛的样品可用于测定土壤有效态微量元素。

（三）颗粒分析试样

将风干土样反复碾碎，使之全部通过 2mm 孔径筛。留在筛上的碎石称量后保存，同时将过筛的土壤称量，以计算石砾质量百分数，然后将土样混匀后盛于广口瓶内，用于颗粒分析及其他物理性质测定，若在土壤中有铁锰结核、石灰结核、铁子或半风化体，不能用木棍碾碎，应细心拣出称量保存。

第三节　植株样品的采集与制备

一、植株样品的采集与制备

（一）采样要求

粮食作物样品分析的可靠性受样品数量、采集方法及分析部位的影响，因此，采样应具有：代表性，采集足够数量的样品能符合群体情况，采样量一般为1kg；典型性，采样的部位能反映所要了解的情况；适时性，根据研究目的，在不同生长发育阶段定期采样。粮食作物一般在成熟后、收获前采集籽实部分及秸秆；发生偶然污染事故时，在田间完整地采集整株植株样品；水果及其他植株样品根据研究目的确定采样要求。

（二）采集前的准备工作

（1）选择具有采样经验、明确采样方法和要领、对采样区域农业环境情况熟悉的技术人员负责采样。

（2）具有采样区域的地形图、土壤分布图、污染源分布图、粮食作物分布图、交通行政图，同时准备采样工具、采样袋（布袋、纸袋、或塑料袋）、采样记录等。

（3）进行野外实地考察，调查各种环境因素，核实合理布点。发现问题立即纠正并绘制样点分布图，制订采样计划，抓住农时及时采样。

（三）样品采集

1. 粮食作物

由于粮食作物生长的不均一性，一般采用多点取样，避开田边2m，按梅花形（适用于采样单元面积小的情况）或“S”形采样法采样。在采样区内采取10个样点的样品组成一个混合样。采样量根据检测项目而定，籽实样品一般1kg左右，装入纸袋或布袋。要采集完整植株样品可以稍多些，约2kg，用塑料纸包扎好。

2. 水果样品

在平坦果园采样时，可采用对角线法布点采样，由采样区的一角向另一角引一对角线，在此线上等距离布设采样点，采样点多少根据采样区域面积、地形及检测目的确定。在山地果园应按不同海拔高度均匀布点，采样点一般不应少于10个。对于树型较大的果树，采样时应在果树的上、中、下、内、外部及果实着生方位（东南西北）均匀采摘果实1kg左右。将各点采摘的果品进行充分混合，按四分法缩分，根据检验项目要求，最后分取所需份数，每份1kg左右，分别装入袋内，粘贴标签，扎紧袋口。水果样品采摘时要注意树龄、长势、载果数量等。

3. 蔬菜样品

蔬菜品种繁多，可大致分成叶菜、根菜、瓜果三类，按需要确定采样对象。

菜地采样可按对角线或“S”形法布点，采样点不应少于10个。采样量根据样本个体大小确定，一般每个点的采样量不少于1kg。从多个点采集的蔬菜样，按四分法进行缩分，其中个体大的样本，如大白菜等可采用纵向对称切成4份或8份，取其2份的方法进行缩分，最后分取3份，每份约1kg，分别装入塑料袋，粘贴标签，扎紧袋口。

如需用鲜样进行测定，采样时最好连根带土一起挖出，用湿布或塑料袋装，防止萎蔫。采集根部样品时，在抖落泥土或洗净泥土过程中应尽量保持根系的完整性。

市场采样可参照市场水果取样方法进行。

（四）标签内容

标签内容包括采样序号、采样地点、样品名称、作物品种、采样人、采集时间和样品处理号等。

（五）采样点调查内容

现场采样记载内容有采样序号、采样地点、样品名称、作物品种、土壤名称（或当地名称）、成土母质、地形地势、耕作制度、前茬作物及产量、化肥农药使用情况、灌溉水源、采样点地理位置简图。果树要记载树龄、长势、载果数量等。

二、植株样品的处理与保存

粮食籽实样品应及时晒干脱粒，充分混匀后用四分法缩分至所需量。需要洗涤时，注意洗涤时间不宜过长并及时风干。为了防止样品变质、虫咬，需要定期进行风干状态处理。使用不污染样品的工具将籽实粉碎，用0.5mm筛子过筛制成待测样品。带壳类粮食如稻谷应去壳制成糙米，再进行粉碎过筛。测定重金属元素含量时，不要使用能造成污染的金属器械如钢质粉碎机、金属筛等，推荐使用竹、木和石质、瓷质、塑料制品。

完整的植株样品先洗干净，根据不同污染物和粮食作物生物学特性差异，采用能反映特征的植株部位，用不污染待测元素的工具剪碎样品，充分混匀后用四分法缩分至所需的量，制成鲜样或于60℃烘箱中烘干后粉碎备用。

田间（或市场）所采集的新鲜水果、蔬菜、烟叶和茶叶样品，若不能马上进行分析测定，应暂时放入冰箱保存。

第四节　样品分析与质量控制

一、分析化验

土样的测试化验是测土配方施肥项目的重中之重，项目初期为切实做好室内化验工作，临朐县农业局整合技术力量，将土肥站工作人员由原来的6人增加到10人，化验室配备专兼职化验员8人。潍坊市土肥站派出化验专家进行了为期10天的技术培训，手把手地教，直到每个学员每项技术能够独立操作。

土壤及植株样品分析测定严格按照农业部《测土配方施肥技术规范》和山东省《测土配方施肥项目工作规范》进行。项目及测定方法：

有机质	油浴加热重铬酸钾氧化法
pH	酸度计法
全氮	半微量凯氏蒸馏法
碱解氮	碱解扩散法

速效磷	碳酸氢钠浸提—钼锑抗比色法
速效钾	乙酸铵浸提—火焰光度法
缓效钾	硝酸浸提—火焰光度法
有效锌、有效铁、有效锰、有效铜	DTPA 浸提—原子吸收分光光度法
有效硼	甲亚胺—H 比色法
有效钼	草酸—草酸铵浸提—极普法
有效硫	磷酸盐—乙酸浸提—硫酸钡比浊法
交换性钙、交换性镁	乙酸铵交换—原子吸收分光光度法

共检测样品 7223 个，50000 余项次，采用常规检测方法。全测定项目为：有效磷、速效钾、有机质；减量分析项目为：pH、碱解氮、全氮、缓效钾等，化验分析样品总量的 50%；少量分析项目为：有效硼、锌、铁、锰、铜等中量元素，化验分析样品总量的 50%；有效钼化验分析样品总量的 10%；有效硫分析 200 个；土壤交换性钙、镁分析 100 个；土壤质地全部样品均需采用手摸测定，室内分析 100 个；土壤容重分析样品 100 个；全钾、全磷分析样品 100 个。

为验证样品化验结果的准确性和科学性，对每批样品全部做了平行控制，对每天化验样品都插测了参比样，每 30～50 个加测 1 个参比样。

二、质量控制

分析质量受试样、方法、试剂、仪器、环境及分析人员素质等多方面因素制约，如造成测量误差，会影响结果的准确度和精密度。为保证化验结果的可靠性及化验室之间的可比性，必须采取严格的质量控制措施，以消除系统误差和粗差，减少随机误差。

（一）全程序空白值试验

全程序空白值是指用一方法测定某物质时，除样品中不含该测定物质，整个分析过程的全部因素引起的测定信号值或相应浓度值。每次测定两个平行样。平行测定相对偏差一般不得大于 50%。

（二）平行双样

在测定成批样品时，随机抽取 10%～20%的样品进行平行双样测定，根据平行化验结果可判断有无大误差，估计化验精密度。还可用平均值报结果，减少随机误差。

（三）加标回收率试验

取两份相同的样品，一份加入已知量的标准物，在同一条件下测定其含量，计算已知量的回收率，可作为准确度的指标：

回收率＝(测得总量－样品含量)/标准加入量×100

回收率越接近 100%，说明结果越准确，如果要求允许差为±2%，则回收率应在 98%～102%。

（四）标准曲线的绘制及线性检验

标准曲线是计算测定结果的直接依据。按统一标准方法测定绘制在线性浓度范围内的标准曲线，并在样品待检测的期限内反复测定，进行线性检验，计算 a、b、r 值，写出直线回归方程式，对一般待测组分较稳定的待测样品如微量金属元素等，一般标准曲线的相关

系数的绝对值 $|r|>0.999$,则该标准曲线可判断为合格,否则应找出原因,尽可能加以纠正,重新测定及绘制新标准曲线。

(五)精密度控制图

对控制样品进行多次重复测定,由所得结果计算出控制样的平均值 X 和标准差 S,绘制精密度控制图,纵坐标为测定值,横坐标为获得数据的顺序。将均值 X 作成与横坐标平行的中心线 CL,$X\pm 3S$ 为上下控制限 U_{CL} 及 L_{CL},$X\pm 2S$ 为上下警戒限 U_{WL} 及 L_{WL}。在进行试样例行分析时,每批带入控制样,其测定数据在控制图上打点,如果打在控制限外,叫"超控",则该批结果全部为错误结果,必须立即找出原因,采取适当措施,等"回控"后再重复测定,如果控制样的结果落在控制限和警戒限之间,说明精密度已不理想,应引起注意。

(六)质量控制样品的检测

质量控制样品的基体应尽量与监测样品基体的化学组成和物理性质相同或相似,其浓度应包括监测样品的浓度范围。质量控制样品可以本单位配置,也可购买商品标准参考物质。质量控制样品的前处理必须与监测样品的前处理同批进行,使用同一方法同时测定。质量控制样品的允许误差范围证书上都有规定。如发现质量控制样品的误差大于标准物质证书所规定的误差范围,应立即停止测定,采取措施,并对上次质量控制样品以后所测定的样品重新测定。

(七)常规监测质量控制

当常规监测样品测定结果发现异常时,应随机抽取一定数量样品进行重复测定,进一步确证测定数据的可靠性。

(八)检测后的质量控制

样品测定完毕后,必须检查数值是否记录准确,计算有无差错,结果有否复核等。原始记录上应有检验人、校核人、审核人三级签字。

为进一步核对检测结果的可靠性,技术负责人还应对检测结果进行综合审查。除审查检验工作流程及计算是否正确,还可根据土壤类型、利用状况以及检测项目间的相互关系,如碳氮比、pH 与碳酸盐之间、交换量与盐基组成之间、全盐量与分盐离子之间的关系,对检测结果进行合理性判断。

第五章　土壤理化性状及评价

土壤养分是土壤肥力的重要物质基础，是作物生长发育所依靠土壤供给的营养元素，是评价土壤肥瘠、生产水平高低的重要依据。土壤养分在保持平衡的情况下，含量与作物产量呈正相关，即养分含量高，作物产量也高，反之则低。临朐县从2006年开始实施国家测土配方施肥补贴资金项目，通过对全县耕层7223个土壤农化样的常规化验分析，基本摸清了临朐县土壤养分状况，找出了不同土壤适宜的氮、磷、钾配比及中低产田土壤在养分方面的限制因素，为合理施肥和夺取当季、全年高产及用地培肥等方面提供了科学依据。临朐县土壤样品化验数据如表5-1所示。

表5-1　　土壤样品化验数据结果汇总表

项　目	粮　田		果　园		平　均
	平均	范围	平均	范围	
全氮(g/kg)	0.92	0.25～1.91	1.02	0.25～1.75	0.94
碱解氮(mg/kg)	87.41	14～264	88.4	14～242	88.1
有效磷(mg/kg)	23.31	7～208	66	35.9～289	34.45
速效钾(mg/kg)	135.12	48～396	235.23	65～467	161.62
缓效钾(mg/kg)	811.37	311～1692	818.08	124～1379	813.9
pH	7.07	4～7.85	6.93	5.42～7.69	7.04
有机质(g/kg)	12.88	2.7～27.9	17.59	9.6～25.8	14.11
有效铜(mg/kg)	1.24	0.18～4.1	4.24	3.39～6.2	1.44
有效锰(mg/kg)	15.95	4.3～50.2	33.89	19.8～61	17.14
有效铁(mg/kg)	23.43	9.9～47.2	35.34	28.7～53	24.23
有效锌(mg/kg)	1.22	0.26～3.7	1.87	0.87～3.96	1.26
有效硼(mg/kg)	0.84	0.07	1.15	0.3～2.52	0.86
交换性钙(mg/kg)	3176.02	1165～5528			3174
交换性镁(mg/kg)	332.22	101～688			333
有效钼(mg/kg)	0.13	0.04～0.63			0.14

可以看出，全县土壤各种养分含量的变幅较大，土壤养分整体呈中等水平。与第二次土壤普查相比，耕地土壤有机质和全氮含量整体上升，碱解氮趋于提高，速效磷增幅较大，速效钾则有所下降。养分总体含量由过去的“缺磷、少氮、钾有余”变为现在的“磷低、少氮、钾中等”的状况。具体表现为：粮田养分含量为有机质偏低，碱解氮不足，速效磷中等偏下，速效钾一般，氮、磷、钾比例趋于协调，土壤大部分 pH 为 6.5～7.4，为适宜状态含量；果园养分含量为有机质中等，氮、磷、钾养分较高，但比例不协调，土壤 pH 为 6 ～7.2，部分土壤酸化现象严重。中微量元素含量水平为中等，差异较大，缺素现状明显，对作物生长发育的需要及促进平衡增产是极不利的。要充分利用有机肥源，注重平衡施肥，改进施肥方法，提高肥料利用率。

第一节　土壤 pH 和有机质

一、土壤 pH

临朐县土壤主要分为东南部棕壤性土和东北部火山灰形成的基性岩类褐土。土壤 pH 是影响作物生长的主要因素之一，是土壤肥力的主要指标之一。土壤酸碱性是土壤形成过程中受生物、气候、地质、水文等多种因素综合作用的影响下而产生的重要属性。对于耕作土壤，它还受到施肥、耕作、灌溉及排水等因素的影响。土壤的酸碱度除直接对作物产生影响，还对土壤微生物及土壤养分的状态、转化和有效性产生很大的影响，特别是对磷和微量元素的有效性有很大影响。在酸性或石灰性土壤中，磷常被铁、铝和钙固定为无效态。土壤过酸和过碱均不利于有益微生物的活动，从而影响到土壤中氮素和部分磷素养分的释放。

(一)耕层土壤 pH 及分级

临朐县耕层土壤 pH 平均为 7.04，变幅为 4～7.85，土壤 pH 分级及面积如表 5-2 所示。根据分级标准看，99.26%的耕地 pH 为 6.5～7.5。不同利用类型的土壤 pH 含量有差异，粮田土壤 pH 平均为 7.07，变幅为 5.5～7.85，土壤酸碱度属较适宜和适宜种植范围，只有少数个别地块土壤 pH 低于 5.5，属于不适宜种植范围。果园土壤 pH 平均为 6.93，变幅为 5.42～7.69，适宜范围占总样本的 87.17%，土壤酸化现象不明显，但部分地块酸化现象严重，主要原因是近年来大量施用有机肥和含硫酸盐复合肥，大棚果园建棚时间越久酸化现象越明显，有的已经影响到果树的正常生长。

表 5-2　耕层土壤 pH 分级及面积

级　别	1	2	3	4
分级标准	>8.5	7.5～8.5	6.5～7.5	5.5～6.5
耕地面积(hm^2)	0	165.06	182042.84	1192.1
占总面积比例(%)	0	0.09	99.26	0.65

（二）影响土壤酸碱度的因素

土壤酸化是一个速度非常缓慢的自然过程。最近几年来，由于人为活动的影响，土壤的酸化进程大大加快，引起土壤酸化的因素主要有成土母质、气候、生物、植被、施肥、灌溉和酸沉降等因素，其中酸沉降和不当的农田施肥措施是土壤酸化加快的主要原因。据调查，临朐县土壤酸化的主要原因是农田措施不当引起土壤酸化。部分粮田、果园施氮量超过各自需求量，如粮田、果园施氮量分别达到 24.5kg/667m^2、46.3kg/667m^2，并且主要以铵态氮肥形式施入土壤，加速了土壤酸化，施氮量与土壤 pH 呈现出负相关关系。在 20 世纪 80 年代，全县土壤 pH 为 5.9～7.5，平均为 7.09，多数为 6.5～7.5，当时施肥主要以有机肥为主；而从那以后，化肥用量逐年上升，导致目前部分土壤处于酸性状态。

（三）土壤酸碱性对土壤养分有效性的影响

土壤酸碱性通过影响矿质盐分的溶解度而影响养分的有效性，土壤中大、中、微量元素的有效性均随土壤溶液酸碱度的不同而发生着明显变化。同时土壤酸碱性还制约微生物的活动，对有机质的矿化过程也有一定的影响。有机质在酸性条件下分解较慢，但在中性和微碱性最适宜。土壤 pH 低于 5.5 时，磷酸根与铁、铝结合形成闭蓄态磷酸铁、铝而失去有效性；土壤 pH 为 5.6～7 时，磷酸盐的有效性最大。土壤酸碱性也影响着钾的吸附量，酸性土、盐基饱和度低的土壤其交换性钾含量低于中性土和盐基饱和度大的土壤。土壤酸碱度对土壤微量元素的有效性影响非常明显，硼的有效性在 pH 的一定范围内随 pH 的升高而增加，铁、锰、锌的有效性随 pH 的降低而增加。土壤 pH 大小对磷肥的肥效有直接关系。当土壤酸碱性保持在中性附近时（以 pH 为 6.5～6.8 最适宜），磷酸盐的有效性最大，过酸、过碱都易导致磷素被固定而使肥效降低。近几年来，临朐县使用钙镁磷肥较多，而这种磷肥是弱酸溶性肥料，不溶于水，在 pH 低于 5.5 的弱酸性土壤中，其肥效高于过磷酸钙；在 pH 为 5.6～6.5 的酸性土壤中，对当季作物的肥效与过磷酸钙相当，但后效高于过磷酸钙；在 pH 高于 6.5 的中性及石灰性土壤中，其肥效低于过磷酸钙。由于肥效发挥不好，尽管施磷肥较多，土壤速效磷仍然偏低，这是一个重要原因。

二、土壤有机质

土壤有机质是土壤的重要组成部分，与土壤演变、肥力水平和许多属性都有密切的关系。土壤有机质中含有作物生长所需的各种养分，可直接或间接地为作物生长提供氮、磷、钙、镁、硫和各种微量元素，供作物生长发育的需要；有机质能改善土壤理化性状，影响和制约土壤结构形成及通气性、渗透性、缓冲性、交换性能和保水、保肥性能，能促进土壤微生物的活动，并对作物的生长有刺激作用，是评价耕地地力的重要指标。对耕作土壤来说，培肥的中心环节就是增施各种有机肥，实行秸秆还田，保持和提高土壤有机质含量。

（一）耕层土壤有机质含量及分级

土壤中物质和能量循环的一个重要环节就是土壤有机质的积累与矿化。临朐县属暖温带半湿润季风气候区，其生物、气候条件非常有利于有机质分解，因而导致土壤有机质含量较低。根据土壤耕层养分化验数据统计，全县土壤耕层有机质含量平均为

14.11g/kg，变幅为 2.7～27.9g/kg，96.23%的面积含量在 10～15g/kg，有机质含量分级及面积如表 5-3 所示。

表 5-3　　耕层土壤有机质含量分级及面积

级　别	1	2	3	4	5	6
分级标准(g/kg)	>20	15～20	12～15	10～12	8～10	6～8
耕地面积(hm^2)	0	4163.18	142043.3	34442.52	2659.3	91.7
占总面积比例(%)	0	2.27	77.45	18.78	1.45	0.05

（二）耕层土壤有机质分布特点

根据不同利用类型土壤有机质分析，粮田土壤平均含量为 12.88g/kg，变幅为 2.7～27.9g/kg，其中棕壤和褐土平均含量分别为 12.6g/kg、13g/kg，与 1983 年第二次土壤普查时相比，分别提高了 2.9g/kg、2.7g/kg；果园土壤平均含量为 17.59g/kg，变幅为 9.6～25.8g/kg，其中露天果园、塑料大棚分别为 17.11g/kg、18.06g/kg。总的看来，临朐县粮田土壤有机质含量水平较低，而且分布存在不平衡；果园土壤有机质为适宜范围，高于粮田有机质含量。这主要是因为随着对果品等优质农产品生产要求的提高，人们注意到有机、无机肥料的配合施用，逐步加大了有机肥的投入，使果园地耕层有机质含量迅速提高。

耕层土壤有机质含量平原高于山区，北部平原的城关、东城、冶源、杨善、营子、纸坊等平均含量在 13.6g/kg 左右，南部山区的九山、寺头、大关、蒋峪、石家河等平均含量在 12.5g/kg 以下。不同质地耕层土壤有机质含量，沙壤、轻壤一般在 12.5～12.7g/kg，主要集中在南部丘陵地带。中壤在 13g/kg 左右，主要集中在北部平原地带。

（三）广辟肥源，增施有机肥，培肥地力，增加土壤有机质含量

土壤有机质泛指土壤中以各种形式存在的含碳有机化合物。有机质的含量取决于年合成量和年矿化量的相对大小，当合成量大于矿化量时，有机质含量会逐步增加，反之，将会逐步降低。土壤有机质矿化量主要受土壤温度、湿度、通气状况、有机质含量等因素影响。一般来说，土壤温度低、通气性差、湿度大时，土壤有机质矿化量较低；相反，土壤温度高、通气性好、湿度适中则有利于土壤有机质的矿化。农业生产中应注意创造条件，减少土壤有机质矿化量，适时通风降温，减少盖膜时间，将有利于土壤有机质的积累。保护地栽培条件下，作物每年要从土壤中带走大量养分，因此对土壤要在增加施肥量的基础上，重视土壤地力的培肥，不断提高土壤有机质含量，增强土壤的供肥能力，以实现作物的可持续生产。提高土壤有机质含量的主要途径有：

(1)增施有机肥。有机肥有堆肥、沤肥、饼肥、人畜粪肥、火土灰、河湖泥等。有机肥料不仅肥力持续时间长，养分全面，可以缓慢释放养分，满足作物各生长期的需求，而且能改善土壤结构，增加土壤保水、保肥能力和土壤中的空气含量，为有益的微生物菌群提供良好的生存环境，抑制致病菌的存活，促进难溶性肥料的分解，使土壤有机质不断更新，土壤理化性状得到改善。

(2)提倡秸秆还田。研究表明，秸秆直接还田比施用等量的沤肥效果更好。目前，大

力提倡以小麦高留茬为主要措施的秸秆还田技术。小麦收割时，留 20～30cm 高麦秆，经一个雨季的风吹日晒雨淋，到小麦再播种时，已变成半分解状态，成为上好的有机肥料。秸秆还田简单易行，省力省工，但在还田时，就应加施化学氮肥，避免微生物与作物争氮。

(3)粮肥轮作、间作，用地、养地相结合。随着农业生产的发展，复种指数越来越高，致使许多土壤有机质含量降低，肥力下降。实行粮菜、粮肥合理轮作、间作，不仅可以保持和提高土壤有机质含量，而且可以改善土壤有机质的品质，活化土壤微生物和腐殖质。

(4)栽培绿肥。栽培绿肥可为土壤提供丰富的有机质和氮素，改善农业生态环境及土壤的理化性状。主要品种有苜蓿、绿豆、田菁等。苜蓿可在春、夏、秋三季播种，一般每亩用种 1～1.5kg，在盛花期压青。绿豆、田菁 3～6 月均可播种，一般每亩用种 3～5kg，在初花期压青。

第二节 土壤大量元素状况

一、土壤全氮、碱解氮

土壤供氮性能通常以碳氮化和供肥强度衡量。土壤碳氮比是主要供肥指标之一，一般以 8～12 为好。过大，虽有较好的保肥性，但氮素释放慢，不能满足作物生长的需要，需补充氮素肥料；过小，则氮素释放过快，前期易发生徒长，后期又易脱肥，影响产量。1983 年全国第二次土壤普查时，临朐县碳氮比平均在 8.3～10，属适宜偏低范围，各乡镇(街道办事处)之间差别不大。供氮强度(碱解氮/全氮×100)全县平均为 9.4，各乡镇(街道办事处)之间的变动范围为 8～12.6，差异较大，这与氮素化肥施用水平、土壤保肥性能、农作物吸收都有关系。一般情况下，施肥水平较高、土壤保肥性能较强、作物长势较好的地块，供氮强度指标就高，反之则低。

(一)土壤全氮

全县土壤全氮平均含量为 0.94g/kg，变幅为 0.25～1.91g/kg，87.24%的面积含量范围在 0.75～1.2g/kg。其中粮田土壤全氮含量为 0.922g/kg，变幅为 0.25～1.91g/kg，含量丰富的占 2.59%，含量较丰富的占 32.49%；果园全氮平均为 1.02g/kg，变幅为 0.25～1.75g/kg，含量丰富的占 4.73%，较丰富的占 48%，多数面积为较丰富和丰富范围，供氮水平较好。不同土壤类型全氮分布差异不大，含量平均水平之间属较丰富范围，其中棕壤全氮含量略低于褐土，与 1983 年土壤普查全县平均为 0.64g/kg 相比，增加 0.309g/kg，含量明显提高。粮田棕壤和褐土全氮平均含量分别为 0.89g/kg、0.94g/kg，与 1983 年第二次土壤普查时相比，分别提高了 0.294g/kg、0.305g/kg；果园棕壤和褐土全氮平均含量分别为 0.99g/kg、1.04g/kg，与 1983 年第二次土壤普查时相比，分别提高了 0.307g/kg、0.316g/kg。土壤全氮含量分级及面积如表 5-4 所示。

表 5-4　　耕层土壤全氮含量分级及面积

级　别	1	2	3	4	5	6
分级标准(g/kg)	＞1.5	1.2～1.5	1～1.2	0.75～1	0.5～0.75	0.3～0.5
耕地面积(hm^2)	0	8509.76	54066.32	105931.84	14708.68	183.4
占总面积比例(%)	0	4.64	29.48	57.76	8.02	0.1

(二)土壤碱解氮

土壤中的氮素主要以有机态存在，约占土壤全氮量的90%，而这些含量的土壤氮素主要以大分子化合物的形式存在于土壤有机质中，作物很难吸收利用，属迟效性氮。其余部分则以小分子有机态或铵态、硝态和亚硝态等形式存在，一般占土壤全氮含量的10%以下，可以被植物直接吸收利用。

土壤中的铵态氮和硝态氮是被作物直接吸收的无机态氮，也称“速效氮”，通常用碱解法测定其含量，故又称“碱解氮”。它的含量水平常作为衡量土壤供氮水平的指标。土壤碱解氮含量与全氮量呈显著的正相关，但受人为施肥的影响较大。

根据农田采样检测结果，耕层土壤碱解氮含量平均为88.1mg/kg，变幅为44～264mg/kg，主要集中在两个级别间，含量在90～120mg/kg的面积占耕地总面积的32.82%，含量在75～90mg/kg的面积占耕地总面积的49.11%，含量分级及面积如表5-5所示。与1983年第二次土壤普查时相比，土壤碱解氮含量明显提高了35mg/kg。粮田和果园差异并不大，粮田平均为87.4mg/kg，变幅为44～264mg/kg，其中棕壤和褐土平均含量分别为88.23mg/kg、87.12mg/kg，与1983年第二次土壤普查时相比，分别提高了34.6mg/kg、36.7mg/kg；果园平均为88.4mg/kg，变幅为50～242mg/kg，棕壤和褐土平均含量分别为86.7mg/kg、89.2mg/kg，与1983年第二次土壤普查时相比，分别提高了35.1mg/kg、36.3mg/kg。

表 5-5　　耕层土壤碱解氮含量分级及面积

级　别	1	2	3	4	5	6
分级标准(mg/kg)	＞150	120～150	90～120	75～90	60～75	45～60
耕地面积(hm^2)	1027.04	6694.1	60191.88	90067.74	24759	660.24
占总面积比例(%)	0.56	3.65	32.82	49.11	13.5	0.36

总的看来，临朐县土壤碱解氮含量处于较低水平，而且分布存在不平衡性。北部平原区耕层土壤碱解氮含量高于南部山区，北部的城关、东城、冶源、辛寨等乡镇(街道办事处)平均含量在91.3mg/kg左右，南部山区九山、大关、蒋峪、柳山、寺头等乡镇(街道办事处)平均含量在82.5mg/kg左右。

农田土壤氮素含量高与当地氮肥施用有着直接关系。根据近三年农田施肥情况可知，小麦、玉米氮肥用量分别为23.6kg/667m^2、25.84kg/667m^2。果园氮肥用量为48.72kg/667m^2，远远高于小麦、玉米等作物的施肥量。化肥品种以尿素、碳酸氢铵、过磷酸钙和复合肥(15—15—15)为主,主要以基肥方式施入。有机肥以鸡粪、猪粪和土杂肥为主,分别占55%、25%和20%,主要以基肥撒施方式施入。农田部分地块氮肥的过量连续投入,对当地农业生产的持续发展造成一定影响,引发的土壤酸化是一个不容忽视的问题。

二、土壤有效磷

根据化验分析数据可知,耕层土壤有效磷含量平均为34.45mg/kg,变幅为7～289mg/kg,其中粮田土壤有效磷平均含量为23.31mg/kg,变幅为7～208mg/kg,分布极不平衡,城关、杨善、冶源、营子等乡镇(街道办事处)含量较高,平均在28.9mg/kg左右,辛寨、石家河、柳山、大关、寺头等乡镇(街道办事处)含量较低,平均在20mg/kg左右。果园土壤有效磷平均含量为66mg/kg,变幅为35～289mg/kg,属相对较高水平。其中露天果园为52.2mg/kg,大棚果园为81.6mg/kg。果园含量明显高于粮田,大棚果园高于露天果园。近年来,由于果园的大量施肥,土壤有效磷含量有了大幅度提高。果园种植面积大的城关、上林等乡镇(街道办事处)平均含量分别为98.7mg/kg、96.6mg/kg。耕层土壤有效磷含量分级及面积如表5-6所示。

表5-6　耕层土壤有效磷含量分级及面积

级　别	1	2	3	4	5	6	7	8
分级标准(mg/kg)	>120	80～120	50～80	30～50	20～30	15～20	10～15	5～10
耕地面积(hm^2)	861.98	1705.62	4750.06	36569.96	62521.06	63969.92	10545.5	2475.9
占总面积比例(%)	0.47	0.93	2.59	19.94	24.09	34.88	5.75	1.35

耕层土壤中的磷一般以无机磷和有机磷两种形态存在,通常有机磷占全磷量的20%～50%,无机磷占全磷的50%～80%。无机形态的磷中易溶性磷酸盐及土壤物体吸附的磷酸根离子和有机形态磷中易矿化的部分被称为"土壤有效磷",占土壤总磷量的10%左右。土壤有效磷含量是衡量土壤养分容量和强度水平的重要指标。

1983年土壤普查时,全县速效磷平均含量为4.2mg/kg,范围为0.4～45mg/kg。经过三十多年的耕作,特别是大量磷肥(过磷酸钙、磷酸二铵)的施用,导致大量磷素得以积累,极大地抬升了土壤有效磷的含量,部分地块土壤有效磷已经成为制约产量进一步提高的障碍。

三、土壤钾素

土壤钾素主要受成土母质、土壤质地及土壤黏粒组成的影响,不同类型间差异较小。土壤中含钾矿物质经过物理、化学过程,被缓慢释放,补充缓效性钾和速效性钾。

(一)土壤缓效钾

缓效性钾(缓效钾)主要指2∶1型层状硅酸盐矿物层间和颗粒边缘的一部分钾,通常占全钾量的5%,它能用HNO_3提出,这部分钾与作物吸收的钾有密切关系。全县耕层土壤缓效钾平均为813.9mg/kg,变幅为124～1692mg/kg,其中粮田土壤缓效钾平均为

811.37mg/kg，变幅为311～1692mg/kg。果园土壤缓效钾平均为818.08mg/kg，变幅为124～1379mg/kg，两者相差不大。各土壤亚类平均含量变幅为124～1692mg/kg，其变异系数也相对较小，一般在0.2以下。

土壤缓效钾随质地变黏含量提高，山区、平原之间差异不明显。含量分级及面积如表5-7所示，根据含量分级标准，99%以上的耕地缓效钾含量在500～1200mg/kg。

表5-7 耕层土壤缓效钾含量分级及面积

级　别	1	2	3	4	5
分级标准(mg/kg)	>1200	900～1200	750～900	500～750	300～500
耕地面积(hm^2)	348.46	40604.76	101640.28	40733.14	73.36
占总面积比例(%)	0.19	22.14	55.42	22.21	0.04

(二)土壤速效钾

土壤速效钾含量受人为耕作的影响较大，不同土壤类型间差异比较明显。地势平坦、耕层质地适宜、有良好水浇条件的潮褐土、湿潮土等土壤亚类，多被用于种植果树、蔬菜。由于大量施用化肥，速效钾含量相对较高，平均含量均在235mg/kg以上。分布于山丘地区的褐土性土、石灰性褐土和用作粮田的耕地，含量多在135.13mg/kg左右。速效钾一般占全钾的1%～2%，能在短期内被作物吸收。

全县耕层土壤速效钾含量平均为161.62mg/kg，变幅为48～396mg/kg。粮田速效钾平均为135.1mg/kg，变幅为48～325mg/kg。果园地速效钾平均为235.23mg/kg，变幅为54～396mg/kg。其中露天果园平均为215.7mg/kg，大棚果园平均为273.4mg/kg，果园明显高于粮田，与有效磷变化规律一致。含量分级及面积如表5-8所示，根据含量分级标准，98%以上的耕地速效钾含量在75～200mg/kg。

表5-8 耕层土壤速效钾含量分级及面积

级　别	1	2	3	4	5	6	7
分级标准(mg/kg)	>300	200～300	150～200	120～150	100～120	75～100	50～75
耕地面积(hm^2)	0	825.3	32333.42	56688.94	46767	45189.76	1595.58
占总面积比例(%)	0	0.45	17.63	30.91	25.5	24.64	0.87

耕层土壤速效钾含量受人为活动的影响，各地差异较大，龙岗、杨善、蒋峪等平原蔬菜种植乡镇(街道办事处)，平均含量在140mg/kg以上，寺头、九山、大关等山区乡镇(街道办事处)普遍在120mg/kg左右。具体变化是：粮田棕壤和褐土速效钾平均含量分别为128.54mg/kg、137.89mg/kg，与1983年第二次土壤普查时相比，分别提高了2.6mg/kg、4.8mg/kg；果园棕壤和褐土速效钾平均含量分别为232.27mg/kg、236.5mg/kg，与1983年第二次土壤普查时相比，分别提高了95.6mg/kg、107.4mg/kg。从全县情况看，速效钾属相对较高水平以上的占50%。总的看来，临朐县粮田土壤速效钾含量处于中等水平，果园土壤速效钾含量在较高水平，而且分布存在不平衡性。

第三节　土壤中量元素状况

一、土壤交换性钙

（一）土壤交换性钙含量分级与分布

临朐县土壤交换性钙含量平均为3174mg/kg，变幅为1165～5528mg/kg，因全县土壤主要由石灰岩母质形成，所以交换性钙含量一般较高。平原耕地土壤交换性钙含量高于山区，其中城关、营子、辛寨等乡镇（街道办事处）平均含量为3673mg/kg，五井、蒋峪、大关等乡镇（街道办事处）平均含量为2786mg/kg。同一地区交换性钙含量随质地变黏而降低，沙壤土为3954mg/kg，轻壤土为3412mg/kg，中壤土为3048mg/kg。交换性钙含量与土类有密切关系，但同一褐土土类中，各亚类间差异不明显。土壤交换性钙含量与酸碱度有密切的关系，pH高，交换性钙含量一般较高。

（二）土壤交换性钙在农业生产中的作用

钙是作物生长必需的营养元素之一，从土壤交换性钙含量看，不存在缺钙土壤。据研究报道，土壤交换性钙对防治苹果的腐烂病和保鲜储存有重要作用，但是在土壤交换性钙含量过高的情况下，钙营养过剩，导致土壤中其他营养元素有效性降低和pH升高，不利于某些嗜酸作物的生长。土壤交换性钙对磷素和微量元素的有效性以及存在形态有很大影响，在石灰性土壤中，磷以磷酸钙盐为主，其含量一般占无机磷总量的50%以上，并且土壤交换性盐含量愈高，磷酸钙盐含量愈高，无机磷总量也高。在富含交换性钙的土壤里，磷酸钙盐以磷酸三钙、磷酸八钙、磷酸十钙形式存在，磷素养分被固定量也就愈大。所以在富含交换性钙的土壤中，应采取穴施或沟施磷肥，以减少磷素养分的固定，在磷肥的品种上宜施用偏酸性品种。土壤交换性钙含量增加可使土壤pH提高，除了可以提高钼的有效性，其他微量元素都降低了有效性。一方面，交换性盐含量增加，土壤中的铁、锰、锌、铜都可以和交换性钙结合，生成难溶性的交换性盐，降低它们的有效性。另一方面，钙对硼的影响除了生成溶解度很小的含钙硼酸盐，更重要的是钙的存在促进了其他元素对硼的固定。

二、土壤交换性镁

全县粮田土壤交换性镁含量平均为333mg/kg，变幅为101～688mg/kg，94%的面积含量在150～500mg/kg。北部平原区土壤交换性镁含量高于西南山区。果园地平均为305mg/kg，由于样品数少，代表性不足。土壤交换性镁含量与交换性钙含量有密切的关系。一般说来，石灰性母质形成的土壤，碳酸盐含量丰富，交换性钙含量高，交换性镁含量亦较高，其溶液中的有效态镁离子，已足够植物生长的需要。交换性镁的变化规律及在农业生产中的作用与土壤交换性钙相一致。

三、土壤有效硫

全县耕地土壤有效硫含量平均为39.3mg/kg，变幅为10.4～100.4mg/kg，95%的面积含量低于75mg/kg。粮田土壤有效硫平均为39.9mg/kg,变幅为10.38～100.39mg/kg。耕地土壤有效硫含量各地差异较大,区域变化不明显。土壤硫主要来自成土母质、灌溉水、大气干湿沉降以及施肥等。土壤母质中硫含量高,可以为其形成的土壤提供丰富的原始硫化物来源。在许多复合肥(复混肥)中含有硫元素,随着日光温室和塑料大棚等保护地栽培中各种含硫肥料的大量施用,一定数量的含硫化合物残存在土壤中,导致土壤酸化,这是近年来保护地栽培土壤酸化的一个重要原因。

四、土壤有效硅

硅是植物体重要的组成元素,是继16种营养元素之后,被人们研究发现的又一个对植物生长有益的元素。按其需要量,与钙、镁、硫统称为"中量元素"。近年来硅钙肥的推广应用表明,在连续种植大棚内施用,有一定的增产效果,其增产效果随土壤酸化程度增加而明显。全县耕地土壤有效硅平均为317mg/kg,变幅为270～386mg/kg。土壤有效硅受土壤母质、pH及人为活动的影响。

第四节 土壤微量元素状况

一、土壤有效锌

临朐县耕层土壤有效锌含量平均为1.26mg/kg,变幅为0.26～3.96mg/kg。各地含量差异较大,分布极不平衡,东南丘陵区土壤有效锌含量最高,九山、五井、寺头等乡镇(街道办事处)平均在1.35mg/kg左右,自东向西、自南向北土壤有效锌含量递减,北部平原区含量最低,七贤、营子、纸坊等乡镇(街道办事处)平均在0.85mg/kg左右。与1997年化验结果相比,各地升降有别。粮田和果园地受其农业活动的不同影响,土壤有效锌含量有明显差异。粮田土壤有效锌含量平均为1.22mg/kg,变幅为0.26～3.7mg/kg;果园地锌肥投入量大,有效锌含量平均为1.87mg/kg,变幅为0.87～3.96mg/kg。试验表明,锌肥增产效果明显,在生产中应适当考虑锌肥的施用。有效锌含量分级及面积如表5-9所示,根据含量分级标准,93.78%的耕地有效锌含量为1～3mg/kg。

表5-9 耕层土壤有效锌含量分级及面积

级 别	1	2	3
分级标准(mg/kg)	>3	1～3	0.5～1
耕地面积(hm^2)	0	171992.52	11407.48
占总面积比例(%)	0	93.78	6.22

二、土壤有效硼

土壤有效硼含量平均为0.86mg/kg,变幅为0.07～3.9mg/kg。含量分级及面积如表5-10所示,87.08%的耕地有效硼含量为0.5～1mg/kg,属土壤硼中等地区,但是分布不很均匀。上林、营子、蒋峪等乡镇(街道办事处)平均在0.95mg/kg以上,辛寨、寺头等乡镇(街道办事处)平均在0.73mg/kg左右,与1997年土壤养分普查结果相比,全县平均含量升高0.13mg/kg。粮田和果园地有效硼含量差异较大,根据化验结果分析,粮田平均为0.84mg/kg,变幅为0.07~3.9mg/kg;果园地平均为1.15mg/kg,变幅为0.3~2.52mg/kg,果园含量明显高于粮田,这是由于果园大量施肥造成的。

表5-10 耕层土壤有效硼含量分级及面积

级别	1	2	3	4
分级标准(mg/kg)	>2	1~2	0.5~1	0.2~0.5
耕地面积(hm^2)	0	22704.92	159704.72	990.36
占总面积比例(%)	0	12.38	87.08	0.54

三、土壤有效铜

全县土壤有效铜含量平均为1.44mg/kg,变幅为0.18~6.2mg/kg,绝大部分耕层土壤有效铜含量比较丰富,但分布很不平衡,果园种植面积大的寺头、五井、石家河、九山、上林等山区乡镇(街道办事处)平均含量都在2mg/kg左右,北部的杨善、冶源、营子、城关等乡镇(街道办事处)平均含量仅为1.1mg/kg左右。含量分级及面积如表5-11所示,根据分级标准,80%以上的耕地有效铜含量都在1mg/kg以上。不同利用类型的土壤含量差别较大,粮田土壤有效铜含量平均为1.24mg/kg,变幅为0.18~4.1mg/kg。果园地土壤有效铜含量平均为4.24mg/kg,变幅为3.39~6.2mg/kg,含量远远高于粮田,果园地土壤铜积累严重。含量增加的原因不仅与土壤酸化有关,而且与施用含铜杀菌剂防治病害有关。近些年,为了防治果树病害,含铜杀菌剂(如波尔多液)施用量大且频繁。据调查,果树每年喷含铜杀菌剂3~5次,造成铜的大量积累。

表5-11 耕层土壤有效铜含量分级及面积

级别	1	2	3
分级标准(mg/kg)	>1.8	1~1.8	0.2~1
耕地面积(hm^2)	5245.24	144977.7	33177.06
占总面积比例(%)	2.86	79.05	18.09

四、土壤有效锰

全县土壤有效锰含量平均为17.14mg/kg,变幅为4.3~61mg/kg,属土壤锰中等地区。含量分级及面积如表5-12所示。不同利用类型耕层土壤有效锰含量差异较大,从化验结果分析,粮田平均为15.95mg/kg,变幅为4.3~50.2mg/kg。果园地平均为33.89mg/kg,变幅为19.8~61mg/kg,辛寨、上林、营子等个别果园地有效锰含量都在50mg/kg以上,属较高水平,这与土壤酸化、土壤质地、大量施肥有关。土壤有效锰含量过高，已经引起果树微量元素中毒现象的发生。

表 5-12　　耕层土壤有效锰含量分级及面积

级　别	1	2	3
分级标准(mg/kg)	>30	15～30	5～15
耕地面积(hm^2)	36.68	123208.12	60155.2
占总面积比例(%)	0.07	67.18	32.3

五、土壤有效铁

土壤有效铁含量平均为 24.23mg/kg，变幅为 9.9～53mg/kg，属土壤铁中等地区。含量分级及面积如表 5-13 所示，根据含量分级标准看，全县 97.18%的耕地面积有效铁含量在 20mg/kg 以上。粮田和果园地有效铁含量差异较大，从化验结果看，粮田平均为 23.43mg/kg，变幅为 9.9～47.2mg/kg。果园地平均为 35.34mg/kg，变幅为 28.7～53mg/kg，其中露天果园含量平均为 32.78mg/kg，塑料大棚含量平均为 40.13mg/kg，属较高水平，这与果园注重施铁肥及土壤质地有关。

表 5-13　　耕层土壤有效铁含量分级及面积

级　别	1	2
分级标准(mg/kg)	>20	10～20
耕地面积(hm^2)	178228.12	5171.88
占总面积比例(%)	97.18	2.82

六、土壤有效钼

土壤有效钼含量平均为 0.14mg/kg，变幅为 0.04～0.63mg/kg，属土壤钼中等地区。不同利用类型耕层土壤有效钼含量差异不大，但是南部山区和北部平原地区含量有所差别，具体表现为山区低、平原高，寺头、九山、大关等山区平均含量在 0.11mg/kg 左右，北部城关、营子、杨善、纸坊等乡镇(街道办事处)平均含量在 0.16mg/kg 左右。

第五节　土壤主要物理性状

土壤理化性状是土壤肥力高低的重要指标，也是制订改良利用措施的主要依据。物理性状直接影响土壤的水、肥、气、热，是决定耕地地力的重要因素，主要包括土壤质地、土层厚度、剖面构型、土壤容重、总孔隙度、田间持水量等方面。全县选取各种土壤类型的代表剖面共 100 个，分别测定了土壤容重、总孔隙度、毛管孔隙度、田间持水量等项目，并计算了非毛管孔隙度(通气孔隙度)，基本摸清了土壤的物理状况。

一、土壤质地

土壤中所含矿物质颗粒的组合叫作“土壤质地”。土壤质地是土壤的主要物理性状之一，土壤的各种耕作性能、施肥反应以及持水、通气等特性，在很大程度上都受土壤质地的影响。

临朐县山峦起伏，地形复杂，成土母岩种类较多。各种岩石的风化速度、风化程度有较大差异。石灰岩风化物堆积形成的土壤，颗粒较细小，土壤质地多为中壤或中壤偏黏；石英含量较多的花岗岩，风化形成的土壤砂、砾较多，质地偏轻；玄武岩富含黏粒成分，其风化物形成的土壤一般比花岗岩形成的土壤黏重。各种质地土壤，以中壤最大，中砾质土次之，再次为轻砾石土、轻壤。

(一)紧砂土

共 0.53×10^4 hm^2，占土壤面积的 3.2%，主要分布在汶河两岸。这种土壤蓄水力差，养分缺乏，通透性好，土温变化快，水土流失严重，产量低，宜发展林牧业和种植瓜类。

(二)沙壤土

面积为 0.1×10^4 hm^2，占土壤面积的 0.61%。沙壤土主要分布在弥河两岸狭长地带和沂山等乡镇(街道办事处)的河流两岸。这种土壤疏松，通气、透水性能良好，易耕作，但抗旱、保肥能力差，养分含量低，没后劲，易拿苗，不发苗，作物生长不良，产量较低。有机物质分解迅速，肥效表现猛而不稳，前期劲大，后劲不足，施肥应掌握勤施少施的原则，注意防止后期脱肥。这类土壤的另一特点是昼夜温差大，有利于植物体内碳水化合物的形成积累，有利于提高薯类及其他块根作物的产量，适宜种植红薯、花生和瓜果等。种植的果树、瓜类色泽鲜艳、品质好。

(三)轻壤土

面积为 2×10^4 hm^2，占土壤面积的 12.1%，主要分布在河流两岸的狭长地带，土壤质地疏松，耕性、通透性好，适耕期长，抗涝不抗旱，保肥水能力较差，养分含量中等。种植作物一般好拿苗，但往往后劲不足，从而导致产量偏低。

(四)中壤土

面积为 4.13×10^4 hm^2，占 25.1%，主要分布在五井、城关、东城、龙岗、辛寨等乡镇(街道办事处)，其余各乡镇(街道办事处)都有零星分布。中壤土遍布全县各地，面积最大。这种土壤耕性良好，适耕期长，通透性、保肥保水能力适中，不黏不硬，抗旱抗涝，水、肥、气、热状况协调，适种各种作物。

(五)砾质土

共 6×10^4 hm^2，占 36.4%，主要分布在沂山、九山、寺头等山区乡镇(街道办事处)的山丘中下部。土层一般深 20～60cm，厚薄不均，养分缺乏，易旱，水土流失严重，应整地改土、修堰护坡，种植耐瘠作物，坡度大于 25°、土层小于 30cm 的应退耕还林。

(六)砾石土

面积为 3.73×10^4 hm^2，占 22.6%，主要分布在南部山区高坡部位。这类耕地坡度大，土壤质地粗糙，土层薄，易干旱，石头多，无水浇条件，极不抗旱。水土流失严重，不宜农作，应加强封山育林，发展林业，提高自然植被覆盖率，防止水土流失。主要种植红薯、谷子、小麦等粮食作物，一年一作或两年三作，收成无保证。

二、土体构型

土体中各层土壤的排列组合状况，叫作“土体构型”。土体构型对水、肥、气、热等各个肥力因素有调节和制约的作用，良好的土体构型是保持土壤肥力的基础，在恶劣的环境条件下更能显示出它的优越性。

全县土体构型以均质土、薄层土、中层土为主，另有小面积夹砂、夹黏土、夹砂姜、夹砾石等类型。

（一）均质土

全剖面土壤质地均一，共 $5.14\times10^4hm^2$，占土壤面积的 31.82%，其中均壤质为 $5\times10^4hm^2$，主要分布在城关、冶源、龙岗、辛寨等平原以及弥河两岸和山区沟谷梯田，山区各乡镇（街道办事处）的沿河两岸有零星分布。全剖面土体深厚，土壤质地上下各层均一，这种构型主要为壤质，土层深厚，质地适中，保肥、保水，利于作物根系伸展，养分及物理性状较好，是培育高产稳产田的基础土壤。应逐步加深耕层，熟化土壤，实行秸秆还田，培肥地力，改良土壤结构。

（二）中层土、薄层土

面积为 $9.8\times10^4hm^2$，占土壤面积的 60.76%，主要分布在山区乡镇（街道办事处）的岭坡上，土层薄，砾石多，养分低，不抗旱，水土流失严重，多数不宜农作，应植树造林，保持水土，发展畜牧业。

（三）夹砂型

面积为 $1.34\times10^4hm^2$，占土壤面积的 0.74%，主要分布在弥河沿岸。砂层出现部位分为两种：一是厚砂心，即在 20～60cm 内出现厚度大于 30cm 的砂层，这类构型面积占夹砂型的 71%；二是厚砂腰，即在 60～100cm 内出现大于 30cm 的砂层。这类构型表层质地多为轻壤，虽通透性好，利于养分的矿化释放，但漏水、漏肥，砂层越浅越严重。因此，这种构型的土壤一般养分含量低，作物生长后期易出现脱肥现象。

（四）夹黏型

在 1m 土体内有黏土层的叫“夹黏型”，这种构型表层多为中壤，面积为 $1\times10^4hm^2$，占 6.47%，主要分布在城关、冶源、沂山、辛寨等乡镇（街道办事处）。根据黏土层出现的部位分为厚黏心（20～60cm 内出现大于 30cm 黏土层）和厚黏腰（60～100cm 内出现大于 30cm 黏土层）两种。厚黏心面积为 $0.8\times10^4hm^2$，占夹黏型的 80%，这种构型由于有黏土层相隔，保水、保肥性能好，养分含量较高，但因黏土层出现部位较浅，作物根系下扎困难，降水多时则易发生解涝，对作物生长不利；厚黏腰面积为 $0.2\times10^4hm^2$，占夹黏型的 20%，这种结构因黏土层部位较深，对作物的不良影响减小，土壤上松下实，表层有较好的耕性和通透性，下部黏重，托水、托肥，有较好的保水、保肥作用，是一种较理想的土体构型。

（五）厚砂姜腰

在 60～100cm 内有大于 30cm 的砂姜层，面积为 $0.17\times10^4hm^2$，占 0.1%，主要分布在冶源镇。由于砂姜层所处地位较深，降低了不良影响，但仍属障碍层次。

（六）厚砾石心

在20～60cm内有大于30cm的砾石层，面积为$0.18\times10^4hm^2$，主要分布在城关西部。这类构型由于所处部位浅，影响作物根系伸展，不利保肥、保水，是生产上的障阻因素，只有加以改良，才能提高土壤肥力，增加产量。

三、土壤容重

单位容积原状土壤(包括孔隙)的干土重量，叫作“土壤容重”。土壤容重的大小，受土壤质地、结构性和松紧度等多方面的影响。一般情况下，砂土孔隙粗大，但总孔隙容积较小，容重较大；团聚化良好的土壤形成具有多级孔隙的团粒，孔隙度显著增加，容重则相应减小。一般认为理想的容重为$1\sim1.35g/cm^3$。

根据全县100个剖面的测定，表层土壤容重平均为$1.3g/cm^3$，属适宜范围，但变幅较大，在$0.94\sim1.49g/cm^3$，说明临朐县部分土壤过砂或土壤黏重结构不好，第二层容重比第一层稍大，平均为$1.35g/cm^3$，说明第二层土壤较表层紧密，利于保肥、保水。土壤容重是土壤松紧程度和耕性好坏的标志之一，容重在$1\sim1.35g/cm^3$较为适宜。同一质地，因耕种历史、土壤熟化程度以及施肥尤其是秸秆还田量不同，容重也有差异，耕种历史长、土壤熟化程度高、秸秆还田量大的土壤，容重小，反之则大。从土壤质地看，临朐县土壤容重基本符合一般规律。

轻壤、中壤表层容重相近，是因为轻壤是临朐县主要耕作土壤之一。由于耕作历史长，管理精细，团粒结构较好，增加了孔隙度。

不同土壤类型，其容重也有差异，这主要是与土壤母质、耕作历史及熟化程度有关。棕壤土由于含有难风化的石英砂砾较多，总孔隙少，表层平均容重为$1.33g/cm^3$，心土层为$1.37g/cm^3$；褐土较棕壤黏重，表层容重为$1.22g/cm^3$，心土层为$1.33g/cm^3$；潮土表层为$1.28g/cm^3$，心土层为$1.36g/cm^3$；砂姜黑土较上述土类黏重、孔隙多，容重最低，表层为$1.12g/cm^3$，心土层为$1.22g/cm^3$。

据测定，临朐县主要耕作土壤容重都在适宜范围内，山区土壤因沙砾含量较高而偏大。应逐步采取改良措施，防止水土流失，增加黏粒含量并注意增施有机肥料，改善土壤结构，使之尽快达到适宜范围。

四、土壤孔隙度

据不同土类统计，不同土类孔隙度也有差别。棕壤土总孔隙度为51.31%，通气孔隙度为19.43%；褐土总孔隙度为53.74%，通气孔隙度为17.19%；潮土总孔隙度为53.15%，通气孔隙度为17.02%；砂姜黑土总孔隙度为57.25%，通气孔隙度则为15.45%。棕壤土最低，砂姜黑土最高，褐土、潮土相近，这主要与土壤质地有关。土壤的通透性主要通过土壤孔隙状况来衡量。对作物生长来讲，较适宜的土壤总孔隙度一般为50%～55%，通气孔隙度为10%～20%，非毛管孔隙度和毛管孔隙度比(大小孔隙度比)为1∶(2～4)。根据测定结果，临朐县耕层平均土壤总孔隙度为52.57%，变幅为47.3%～57.5%；毛管孔隙度为36.11%，变幅为29%～43.25%；通气孔隙度为16.52%，变幅为9%～23%。亚耕层平均总孔隙度为48.68%，比表层低3.89%；毛管孔隙度为

34.65%，与表层相近，通气孔隙度为15.91%，比表层低，属适宜范围。

土壤孔隙状况与土壤质地密切相关，轻壤土土壤容重小，通气状况最好，总孔隙度和通气孔隙度较大；重壤土土壤容重较大，土质黏重，通气状况不良，总孔隙度和通气孔隙度较小；中壤土容重中等，孔隙度介于轻壤土与重壤土之间。

五、水稳性团粒

土壤固相颗粒的大小、形状及其排列方式影响作物生长所需的水分、养分的储量和供应能力，制约着土壤中的气体交换、微生物活动和作物根系的生长。在这些固相颗粒中，以水稳性团粒的影响最大。土壤水稳性团粒的形成既受环境条件的影响，也受人为活动的控制。不同土壤类型由于形成条件、耕作历史及耕作方式的不同，而有较大差异。

据耕层土样测定结果，全县耕层土壤水稳性团粒含量平均为23.4%。水稳性团粒含量随土壤质地的加重而提高，轻壤土平均含量为16.4%，中壤土为23.1%，重壤土则为50.6%。这与土壤中黏粒的多少有关，土壤黏粒多，易形成团粒，土壤黏粒少，则不易形成团粒。土壤中有机物质的存在是土壤水稳性团粒形成的主要条件之一，增施有机肥和秸秆还田，能促进有机—无机复合胶体的形成，提高土壤水稳性团粒含量。

第六章 耕地地力评价

耕地是土地的精华，是农业生产中不可替代的重要生产资料，是保持社会和国民经济可持续发展的重要资源。保护耕地是我们的基本国策之一，因此，及时掌握耕地资源的数量、质量及其变化，对于合理规划和利用耕地、切实保护耕地有十分重要的意义。在全面的野外调查和室内化验分析，获取大量耕地地力相关信息的基础上，进行了临朐县耕地地力的综合评价，评价结果对于摸清全县耕地地力的现状及问题，为耕地资源的高效和可持续利用提供了重要的科学依据。

第一节 评价的原则、依据及流程

一、评价的原则、依据

(一)评价的原则

耕地地力就是耕地的生产能力，是在一定区域内、一定的土壤类型上耕地的土壤理化性状、所处自然环境条件、农田基础设施及耕作施肥管理水平等因素的总和。根据评价的目的要求，临朐县耕地地力评价中遵循的基本原则是：

1. 综合因素研究与主导因素分析相结合原则

土地是一个自然经济综合体，是人们利用的对象，对土地质量的鉴定涉及自然和社会经济多个方面，耕地地力也是各类要素的综合体现。所谓综合因素研究是指对地形地貌、土壤理化性状、相关社会经济因素之总体进行全面的研究、分析与评价，以全面了解耕地地力状况。主导因素是指对耕地地力起决定作用的、相对稳定的因子，在评价中要着重对其进行研究分析。因此，把综合因素与主导因素结合起来进行评价，则可以对耕地地力作出科学准确的评定。

2. 共性评价与专题研究相结合原则

临朐县耕地利用存在果园、菜地、农田等多种类型，土壤理化性状、环境条件、管理水平等不一，因此，耕地地力水平有较大的差异。考虑县域内耕地地力的系统性、可比性，针对不同的耕地利用等状况，应选用统一的、共同的评价指标和标准，即耕地地力的评价不针对某一特定的利用类型。另外，为了了解不同利用类型的耕地地力状况及其内部的差异情况，对有代表性的主要类型如蔬菜地等进行专题的深入研究。这样，共性评价与专题研究相结合，使整个的评价和研究具有更大的应用价值。

3. 定量和定性相结合原则

土地系统是一个复杂的灰色系统，定量和定性要素共存，相互作用，相互影响。因此，为了保证评价结果的客观合理，宜采用定量和定性评价相结合的方法。在总体上，为了保证评价结果的客观合理，尽量采用定量评价方法，对可定量化的评价因子如有机质等养分含量、土层厚度等按其数值参与计算，对非数量化的定性因子如土壤表层质地、土体构型等则进行量化处理，确定其相应的指数，并建立评价数据库，以计算机进行运算和处理，尽量避免人为随意性因素的影响。在评价因素筛选、权重确定、评价标准、等级确定等评价过程中，尽量采用定量化的数学模型，在此基础上则充分运用人工智能和专家知识，对评价的中间过程和评价结果进行必要的定性调整，定量与定性相结合，从而保证了评价结果的准确合理。

4. 采用卫星遥感和 GIS 支持的自动化评价方法原则

自动化、定量化的土地评价技术方法是当前土地评价的重要方向之一。近年来，随着计算机技术，特别是 GIS 技术在土地评价中的不断应用和发展，基于 GIS 技术进行自动定量化评价的方法已不断成熟，使土地评价的精度和效率大大提高。本次的耕地地力评价工作将采用最新 SPOT5 卫星遥感数据提取和更新耕地资源现状信息，通过数据库建立、评价模型及其与 GIS 空间叠加等分析模型的结合，实现了全数字化、自动化的评价流程，在一定的程度上代表了当前土地评价的最新技术方法。

（二）评价的依据

耕地地力是耕地本身的生产能力，因此，耕地地力的评价依据与此相关的各类自然和社会经济要素，具体包括三个方面。

1. 耕地地力的自然环境要素

耕地地力的自然环境要素包括耕地所处的地形地貌条件、水文地质条件、成土母质条件以及土地利用状况等。

2. 耕地地力的土壤理化要素

耕地地力的土壤理化要素包括土壤剖面与土体构型、耕层厚度、质地、容重等物理性状，有机质、N、P、K、微量元素、pH、交换量等化学性状等。

3. 耕地地力的农田基础设施条件

耕地地力的农田基础设施条件包括耕地的灌排条件、水土保持工程建设、培肥管理条件等。

二、评价的流程

整个评价可分为三个方面的主要内容，按先后的次序分别为：

（1）资料工具准备及数据库建立：即根据评价的目的、任务、范围、方法，收集准备与评价有关的各类自然及社会经济资料，进行资料的分析处理。选择适宜的计算机硬件和 GIS 等分析软件，建立耕地地力评价基础数据库。

（2）耕地地力评价：划分评价单元，提取影响地力的关键因素并确定权重，选择相应评价方法，制订评价标准，确定耕地地力等级。

（3）评价结果分析：依据评价结果，量算各等级耕地面积，编制耕地地力分布图，分析耕地地力问题，提出耕地资源可持续利用的措施建议。

评价的工作流程如图 6-1 所示。

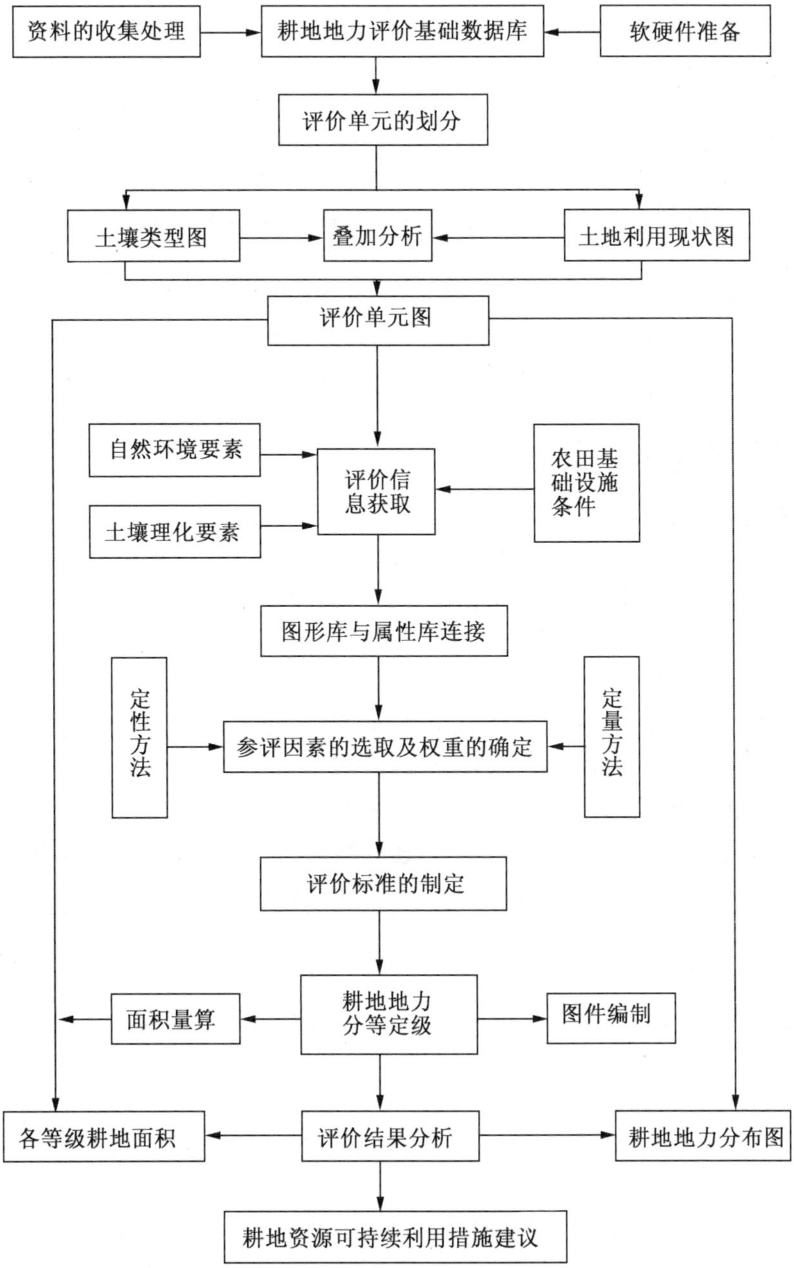

图 6-1　临朐县耕地地力评价流程图

第二节 软硬件准备、资料收集处理及基础数据库建立

一、软硬件准备

(一)硬件准备

硬件主要包括高档计算机、A0 幅面数字化仪、A0 幅面扫描仪、喷墨绘图仪等。计算机主要用于数据和图件的处理分析，数字化仪、扫描仪用于图件的输入，喷墨绘图仪用于成果图的输出。

(二)软件准备

一是 Windows 操作系统软件，二是 FOXPRO 数据库管理、SPSS 数据统计分析/ACCESS 数据管理系统等应用软件，三是 MAPGIS、ARCVIEW、ARCMAP 等 GIS 软件。

二、资料的收集、处理

(一)资料的收集

耕地地力评价以耕地的各性状要素为基础，因此，必须广泛地收集与评价有关的各类自然和社会经济因素资料，为评价工作做好数据的准备。本次耕地地力评价收集获取的资料主要包括四个方面。

1. 野外调查资料

按野外调查点获取，主要包括地形地貌、土壤母质、水文、土层厚度、表层质地、耕地利用现状、灌排条件、作物长势产量、管理措施水平等。

2. 室内化验分析资料

室内化验分析资料包括有机质、全氮、速效氮、全磷、速效磷、速效钾等大量养分含量，交换性钙、交换性镁等中量养分含量，有效锌、有效硼、有效钼等微量养分含量，以及 pH、土壤污染元素含量等。

3. 社会经济统计资料

以行政区划为基本单位的人口、土地面积、作物及蔬菜瓜果面积，以及各类投入产出等社会经济指标数据。

4. 基础及专题图件资料

1∶50000 比例尺地形图、行政区划图、土地利用现状图、地貌图、土壤图等。

(二)资料的处理

获取的评价资料可以分为定量和定性资料两大部分。为了采用定量化的评价方法和自动化的评价手段，减少人为因素的影响，需要对其中的定性因素进行定量化处理，根据因素的级别状况赋予其相应的分值或数值。除此，对于各类养分等按调查点获取的数据，则需要进行插值处理，生成各类养分图。

1. 定性因素的量化处理

土壤表层质地：考虑不同质地类型的土壤肥力特征以及与植物生长发育的关系，赋予不同质地类别以相应的分值(见表 6-1)。

表 6-1 土壤表层质地的量化处理

质地类别	中壤	轻壤	重壤	沙壤	砂土
分值	100	95	80	70	55

土体构型：首先以土层质地类别和其在土体中的部位对各类土体构型进行归纳，根据不同的土体构型对植物生长发育的影响，赋予不同土体构型以相应的分值(见表 6-2)。

表 6-2 土体构型的量化处理

土体构型	中壤均质	中壤黏腰	轻壤黏腰	轻壤均质	中壤黏心	中壤砂姜腰	中壤砂腰	重壤均质	轻壤砂心	沙壤沙心	中层	薄层
分值	100	95	95	90	85	85	80	60	60	50	30	10

地貌类型：根据不同的地貌类型对耕地地力及作物生长的影响，赋予其相应的分值(见表 6-3)。

表 6-3 地貌类型的量化处理

地貌类型	缓平坡地	山前倾斜平地	山前缓平地	缓岗	浅平洼地	槽状洼地	河谷高地	河漫滩	河谷梯田	近山阶地	坡麓梯田	荒坡岭
分值	100	97	95	93	90	87	84	80	60	40	20	10

障碍状况：考虑影响临朐县耕地地力的主要障碍状况，将其障碍状况归纳为不同的类型，并根据其对耕地地力的影响程度进行量化处理(见表 6-4)。

表 6-4 障碍状况的量化处理

障碍状况	无障碍	浅黏	夹砂或砂姜	砾质	石碴土
分值	100	90	80	60	40

2. 各类养分专题图层的生成

对于土壤有机质、氮、磷、钾、锌、硼、钼等养分数据，首先按照野外实际调查点进行整理，建立了以各养分为字段、以调查点为记录的数据库。之后，进行了土壤采样样点图与分析数据库的连接，在此基础上对各养分数据进行自动的插值处理。

分别对比了在 MAPGIS 和 ARCVIEW 环境中的插值结果，发现 ARCVIEW 环境中的插值结果线条更为自然圆滑，符合实际。因此，本研究中所有养分采样点数据均在

ARCVIEW 环境下操作，利用其空间分析模块功能对各养分数据进行自动的插值处理，经编辑处理，自动生成各土壤养分专题栅格图层。后续的耕地地力评价也以栅格形式进行，与矢量形式相比，能够将各评价要素信息精确到栅格（像元）水平，保证了评价结果的准确。图 6-2 和图 6-3 为在 ARCVIEW 下插值生成的临朐县土壤有机质、全氮含量栅格图。

图 6-2　临朐县土壤有机质含量栅格图

图 6-3　临朐县土壤全氮含量栅格图

3. 临朐县数字高程模型和坡度图的生成

利用临朐县 1∶50000 地形图，扫描输入后进行矢量化，获得等高线及高程信息，自动插值生成临朐县数字高程模型（DEM），在此基础上生成临朐县地形坡度，经编辑处理后形成坡度图和三维地势图（见图 6-4）。

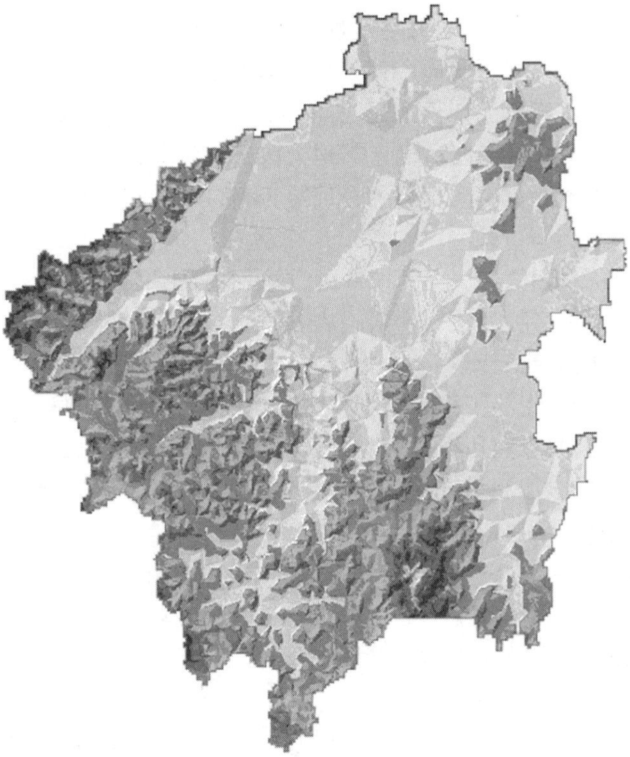

图 6-4　临朐县三维地势图

三、基础数据库建立

（一）基础属性数据库建立

为更好地对数据进行管理和为后续工作提供方便，将采样点基本情况信息、农业生产情况信息、土壤理化性状化验分析数据、土壤污染元素化验分析数据等信息以调查点为基本数据库记录进行属性数据库的建立，作为后续耕地地力评价工作的基础。

（二）基础专题图图形库建立

将扫描矢量化及插值等处理生成的各类专题图件，在 ARCVIEW 和 MAPGIS 软件的支持下，分别以栅格形式和点、线、区文件的形式进行存储和管理，同时将所有图件统一转换到相同的地理坐标系统下，以进行图件的叠加等空间操作，各专题图图斑属性信息通过键盘交互式输入或通过与属性库挂接读取，构成基本专题图图形数据库。图形库与基础属性库之间通过调查点相互连接。

第三节　评价单元的划分及评价信息的提取

一、评价单元的划分

评价单元是由对土地质量具有关键影响的各土地要素组成的空间实体，是土地评价的最基本单位、对象和基础图斑。同一评价单元内的土地自然基本条件、土地的个体属性和经济属性基本一致，不同土地评价单元之间，既有差异性，又有可比性。耕地地力评价就是要通过对每个评价单元的评价，确定其地力级别，把评价结果落实到实地和编绘的土地资源图上。因此，土地评价单元划分的合理与否，直接关系到土地评价的结果以及工作量的大小。

目前，对土地评价单元的划分尚无统一的方法，有以土壤类型、以土地利用类型、以行政区划单位、以方里网等多种方法。本次临朐县耕地地力评价土地评价单元的划分采用土壤图、土地利用现状图的叠置划分法，相同土壤单元及土地利用现状类型的地块组成一个评价单元，即“土地利用现状类型—土壤类型”的格式。其中，土壤类型划分到土种，土地利用现状类型划分到二级利用类型，制图区界以基于遥感影像的临朐县最新土地利用现状图为准。为了保证土地利用现状的现实性，基于野外的实地调查对耕地利用现状进行了修正，其中菜地进行了进一步的细分，到三级类型。同一评价单元内的土壤类型相同，利用方式相同，交通、水利、经营管理方式等基本一致，用这种方法划分评价单元可以反映单元之间的空间差异性，既使土地利用类型有了土壤基本性质的均一性，又使土壤类型有了确定的地域边界线，使评价结果更具综合性、客观性，可以较容易地将评价结果落实到实地。

通过图件的叠置和检索，将临朐县耕地地力划分为3473个评价单元。

二、评价信息的提取

影响耕地地力的因子非常多，并且它们在计算机中的存储方式也不相同，因此，如何准确地获取各评价单元评价信息是评价中的重要一环。鉴于此，舍弃直接从键盘输入参评因子值的传统方式，采取将评价单元与各专题图件叠加采集各参评因素的信息。具体的做法是：(1)按唯一标志原则为评价单元编号；(2)在ARCVIEW环境下生成评价信息空间库和属性数据库；(3)在ARCMAP环境下从图形库中调出各化学性状评价因子的专题图，与评价单元图进行叠加计算出各因子的均值；(4)保持评价单元几何形状不变，在耕地资源管理信息系统中，直接对叠加后形成的图形的属性库进行“属性提取”操作，以评价单元为基本统计单位，按面积加权平均汇总评价单元立地条件评价因子的分值。

由此，得到图形与属性相连的、以评价单元为基本单位的评价信息，为后续耕地地力的评价奠定了基础。

第四节 参评因素的选取及其权重的确定

正确地进行参评因素的选取并确定其权重，是科学地评价耕地地力的前提，直接关系到评价结果的正确性、科学性和社会可接受性。

一、参评因素的选取

参评因素是指参与评定耕地地力等级的耕地的诸属性。影响耕地地力的因素很多，在本次临朐县耕地地力评价中，根据临朐县的区域特点，遵循主导因素原则、差异性原则、稳定性原则、敏感性原则，采用定量和定性方法结合，进行了参评因素的选取。

（一）系统聚类方法

系统聚类方法用于筛选影响耕地地力的理化性质等定量指标，通过聚类将类似的指标进行归并，辅助选取相对独立的主导因子。利用 SPSS 统计软件进行了土壤养分等化学性状的系统聚类。

从图 6-5 中可以看出，氯离子、全盐、硝态氮、全氮、交换性钙、有效硅、交换性镁、有效硼、有效钼、有效铁、有效锰、有效锌、有效铜、有效硫聚为一组，有效磷、速效钾、碱解氮、缓效钾聚为一组，有机质为一组，pH 为一组。

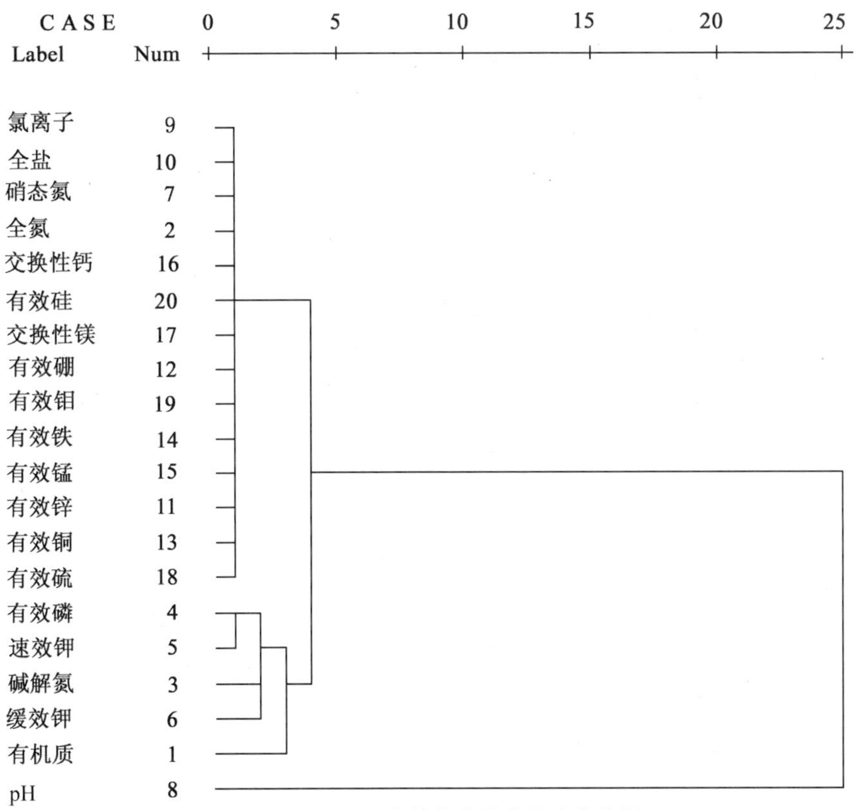

图 6-5 土壤养分等化学性状的聚类分析

（二）DELPHI 法

用 DELPHI 法进行了影响耕地地力的立地条件、物理性状等定性指标的筛选。确定了由土壤农业化学学者、专家及临朐县土肥站业务人员组成的专家组，首先对指标进行分类，在此基础上进行指标的选取，并讨论确定最终的选择方案。

综合以上两种方法，在定量因素中根据各因素对耕地地力影响的稳定性，以及营养元素的全面性，在聚类分析第一组中选取有效锌、有效硼为参评因素，第二组中选取有效磷、速效钾为参评因素，第三组中选取有机质为参评因素。结合专家组选择结果，最后确定灌溉保证率、坡度、地形地貌、耕层质地、剖面构型、障碍层状况、土层厚度、有机质、大量元素（速效钾、有效磷）、微量元素（有效锌、有效硼）等 12 项因素作为耕地地力评价的参评指标。

二、权重的确定

在耕地地力评价中，需要根据各参评因素对耕地地力的贡献确定权重，确定权重的方法很多，本评价中采用层次分析法（AHP）来确定各参评因素的权重。

层次分析法是在定性方法基础上发展起来的定量确定参评因素权重的一种系统分析方法，这种方法可将人们的经验思维数量化，用以检验决策者判断的一致性，有利于实现定量化评价。层次分析法确定参评因素的步骤如下：

（一）建立层次结构

耕地地力为目标层（G 层），影响耕地地力的立地条件、物理性状、化学性状为准则层（C 层），再把影响准则层中各元素的项目作为指标层（A 层），其结构关系如图 6-6 所示。

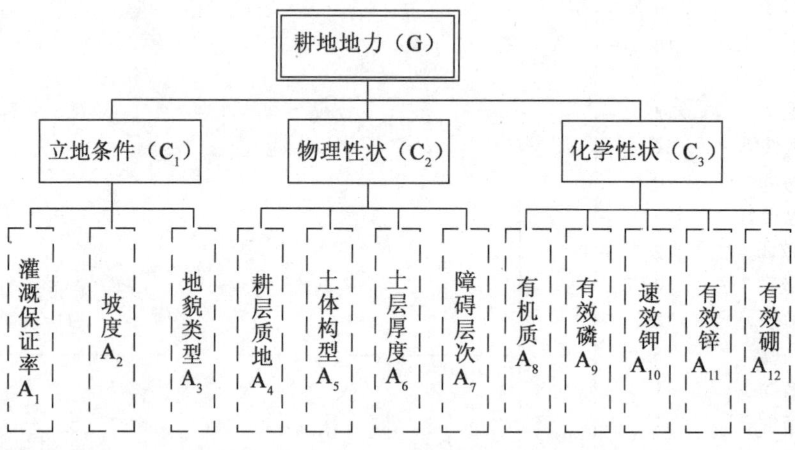

图 6-6　耕地地力影响因素层次结构

（二）构造判断矩阵

根据专家经验，确定 C 层对 G 层以及 A 层对 C 层的相对重要程度，构成 A、C_1、C_2、C_3 共 4 个判断矩阵。例如，耕层质地、土体构型、有效土层厚度、障碍层次状况对耕地物理性状的判断矩阵表示为：

$$C_2=\begin{pmatrix} a_{11} & a_{12} & a_{13} & a_{14} \\ a_{21} & a_{22} & a_{23} & a_{24} \\ a_{31} & a_{32} & a_{33} & a_{34} \\ a_{41} & a_{42} & a_{43} & a_{44} \end{pmatrix}=\begin{pmatrix} 1 & 1.25 & 0.7143 & 1.6667 \\ 0.8 & 1 & 0.5714 & 1.3333 \\ 1.4 & 1.75 & 1 & 2.3333 \\ 0.6 & 0.75 & 0.4286 & 1 \end{pmatrix}$$

其中，a_{ij}（i 为矩阵的行号，j 为矩阵的列号）表示对 C_2 而言，a_i 对 a_j 的相对重要性的数值。

（三）层次单排序及一致性检验

即求取 A 层对 C 层的权数值，可归结为计算判断矩阵的最大特征根对应的特征向量。利用 SPSS 等统计软件，得到的各权数值及一致性检验的结果如表 6-5 所示。

表 6-5　　权数值及一致性检验结果

矩　阵	特　征　向　量					C_I	C_R
矩阵 A		0.4186	0.3488	0.2326		−0.00000537	0.00000926<0.1
矩阵 C_1		0.1980	0.3564	0.4455		−0.00000369	0.00000575<0.1
矩阵 C_2	0.2159	0.2699	0.1542	0.3599		0.00000621	0.0000069<0.1
矩阵 C_3	0.0787	0.0945	0.1181	0.2362	0.4724	0.00000549	0.00000491<0.1

可以看出，$C_R<0.1$，具有很好的一致性。

（四）层次总排序及一致性检验

经层次总排序，并进行一致性检验，结果为 $C_I=0.00000369$，$C_R=0.00000402$，具有满意的一致性，最后计算 A 层对 G 层的组合权数值，得到各因子的权重，最终结果如表 6-6所示。

表 6-6　　各因子的权重

灌溉保证率	0.2248	质地	0.0790	障碍层	0.0474	速效钾	0.0556
坡度	0.1252	土体构型	0.0632	有机质	0.0834	有效锌	0.0278
地形地貌	0.0996	土层厚度	0.1106	有效磷	0.0694	有效硼	0.0139

第五节　耕地地力等级的确定

土地是一个灰色系统，系统内部各要素之间与耕地的生产能力之间关系十分复杂，此外，评价中也存在着许多不严格、模糊性的概念，因此在评价中引入了模糊数学方法，采用模糊评价方法来进行耕地地力等级的确定。

一、参评因素隶属函数的建立

用 DELPHI 法根据一组分布均匀的实测值评估出对应的一组隶属度，然后在计算机中绘制这两组数值的散点图，再根据散点图进行曲线模拟，寻求参评因素实际值与隶属度关系方程，从而建立起隶属函数。各参评因素的分级及其相应的专家赋值和隶属度如表6-7所示。

表 6-7　　参评因素的分级及其分值

坡度	0	0.2	0.5	1	3	5	7	10	15	25		
分值	98	100	98	95	90	80	60	30	10	1		
隶属度	0.98	1.00	0.98	0.95	0.90	0.80	0.60	0.30	0.10	0.01		
地形地貌	缓平坡地	山前倾斜平地	山前缓平地	缓岗	浅平洼地	槽状洼地	河谷高地	河漫滩	河谷梯田	近山阶地	坡麓梯田	荒坡岭
分值	100	97	95	93	90	87	84	80	60	40	20	10
隶属度	1.00	0.97	0.95	0.93	0.90	0.87	0.84	0.80	0.60	0.40	0.20	
灌溉保证率	80	70	60	50	30	10	0					
分值	100	90	80	65	40	10	0					
隶属度	1.00	0.90	0.80	0.65	0.40	0.10	0					
有机质	2.0	1.8	1.6	1.4	1.2	1.0	0.8	0.6				
分值	100	98	95	90	84	78	65	50				
隶属度	1.00	0.98	0.95	0.90	0.84	0.78	0.65	0.50				
有效磷	400	300	200	110	80	60	40	30	20	15	10	5
分值	70	80	90	100	98	96	92	90	85	80	60	40
隶属度	0.70	0.80	0.90	1.00	0.98	0.96	0.92	0.90	0.85	0.80	0.60	0.40
速效钾	400	320	240	160	120	100	80	60				
分值	100	98	93	85	82	78	70	50				
隶属度	1.00	0.98	0.93	0.85	0.82	0.78	0.70	0.50				
有效锌	2.0	1.5	1.2	1.0	0.8	0.5	0.3					
分值	100	92	87	85	80	70	55					
隶属度	1.00	0.92	0.87	0.85	0.80	0.70	0.55					
有效硼	1.8	1.5	1.2	1.0	0.8	0.5	0.2					
分值	100	95	87	85	80	70	55					
隶属度	1.00	0.95	0.87	0.85	0.80	0.70	0.55					
耕层质地	中壤	轻壤	重壤	沙壤	砂土							
分值	100	95	80	70	55							

续表

隶属度	1.00	0.95	0.80	0.70	0.55							
障碍层状况	其他	浅黏	夹砂砂姜	砾质	石渣土							
分值	100	90	80	60	40							
隶属度	1.00	0.90	0.80	0.60	0.40							
剖面构型	中壤均质	中壤黏腰	轻壤黏腰	轻壤均质	中壤黏心	中壤砂姜腰	中壤砂腰	重壤均质	轻壤砂心	沙壤沙心	中层	薄层
分值	100	95	95	90	85	85	80	60	60	50	30	10
隶属度	1.00	0.95	0.95	0.90	0.85	0.85	0.80	0.60	0.60	0.50	0.30	0.10
有效土层	150	130	110	90	70	50	30					
分值	100	95	88	70	55	35	10					
隶属度	1.00	0.95	0.88	0.70	0.55	0.35	0.10					

通过模拟共得到正直线型、戒上型、戒下型三种类型的隶属函数，其中有效磷属于以上两种或两种以上的复合型隶属函数，地貌类型、质地等描述性的因素属于正直线型隶属函数，然后根据隶属函数计算各参评因素的单因素评价评语。以有机质为例绘制的散点图和模拟曲线如图 6-7 和图 6-8 所示。

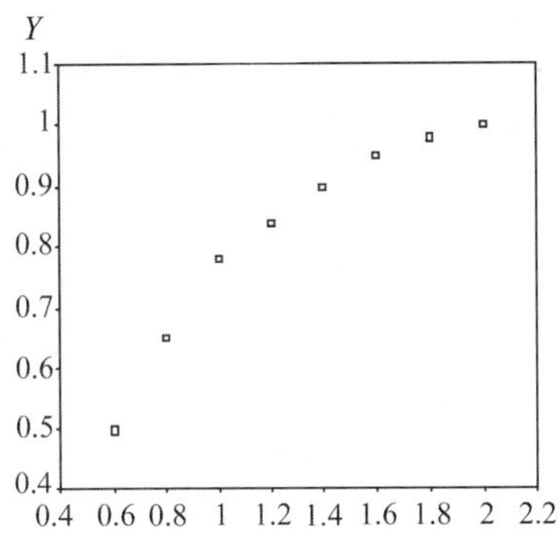

图 6-7　有机质与隶属度关系散点图

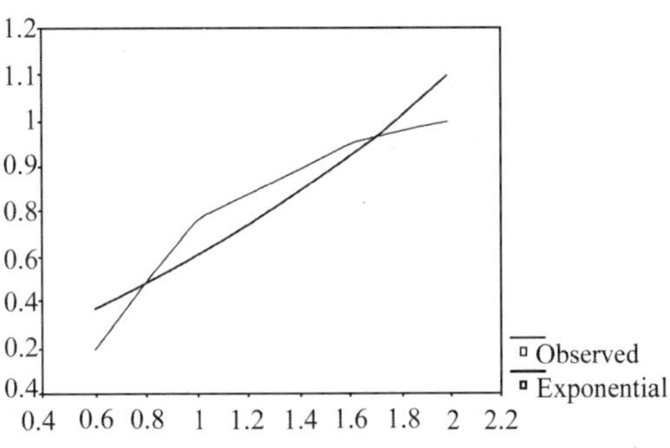

图 6-8　有机质与隶属度关系曲线

其隶属函数为戒上型，形式为：

$$y=\begin{cases}0 & (x\leqslant x_t)\\ 1/[1+A(x-C)^2] & (x_t<x<C)\\ 1 & (C\leqslant x)\end{cases}$$

各参评因素类型及其隶属函数如表 6-8 所示。

表 6-8 参评因素类型及其隶属函数

函数类型	参评因素	隶属函数	A	C	U_t
戒上型	有机质(g/kg)	$y=1/[1+A(x-C)^2]$	0.543	1.822	0.35
戒上型	速效钾(mg/kg)	$y=1/[1+A(x-C)^2]$	0.0000076	327.836	15
戒上型 <110	有效磷(mg/kg)	$y=1/[1+A(x-C)^2]$	0.0000992	80.159	3
戒下型 >110			0.00000742	111.967	450
戒上型	有效锌(mg/kg)	$y=1/[1+A(x-C)^2]$	0.245	1.924	0.1
戒上型	有效硼(mg/kg)	$y=1/[1+A(x-C)^2]$	0.251	1.879	0.1
正直线型	地貌类型(分值)	$y=Ax$	0.01	100	0
正直线型	剖面构型(分值)	$y=Ax$	0.01	100	0
正直线型	障碍层状况(分值)	$y=Ax$	0.01	100	0
正直线型	耕层质地(分值)	$y=Ax$	0.01	100	0
正直线型	坡度(分值)	$y=Ax$	0.01	100	0
正直线型	灌溉保证率(分值)	$y=Ax$	0.01	100	0
正直线型	有效土层(分值)	$y=Ax$	0.01	100	0

二、耕地地力等级的确定

(一)计算耕地地力综合指数

用指数和法来确定耕地的综合指数,公式为:

$$\mathrm{IFI}=\sum F_i \times C_i$$

其中,IFI(Integrated Fertility Index)代表耕地地力综合指数,F_i 为第 i 个因素评语,C_i 为第 i 个因素的组合权重。

具体操作过程:在县域耕地资源管理信息系统中,在“专题评价”模块中编辑立地条件、物理性状和化学性状的层次分析模型以及各评价因子的隶属函数模型,然后选择“耕地生产潜力评价”功能进行耕地地力综合指数的计算。

(二)确定最佳的耕地地力等级数目

计算耕地地力综合指数之后,在耕地资源管理信息系统中选择累积曲线分级法进行评价,根据曲线斜率的突变点(拐点)来确定等级的数目和划分综合指数的临界点,将临朐县耕地地力共划分为六级,各等级耕地地力综合指数如表 6-9 所示,综合指数分布如图 6-9所示。

表 6-9 临朐县耕地地力等级综合指数

IFI	>0.84	0.73~0.84	0.65~0.73	0.55~0.65	0.45~0.55	<0.45
耕地地力等级	一级地	二级地	三级地	四级地	五级地	六级地

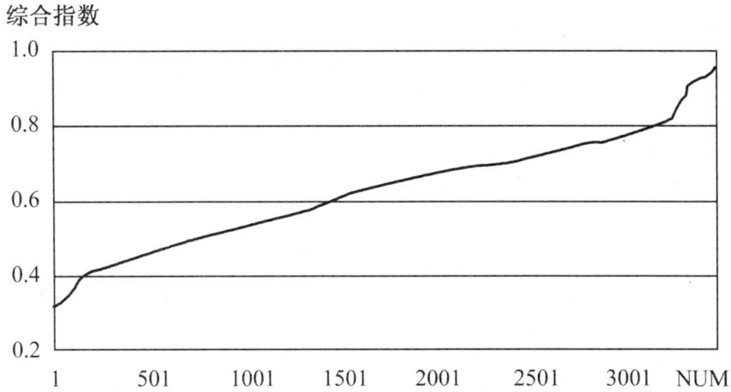

图 6-9　临朐县综合指数分布图

第六节　成果图编制及面积量算

一、图件的编制

为了提高制图的效率和准确性，在地理信息系统软件 MAPGIS 的支持下，进行临朐县耕地地力评价图及相关图件的自动编绘处理，其步骤大致分以下几步：扫描矢量化各基础图件→编辑点、线→点、线校正处理→统一坐标系→区编辑并对其赋属性→根据属性赋颜色→根据属性加注记→图幅整饰输出。另外还充分发挥 MAPGIS 强大的空间分析功能，将评价图与其他图件进行叠加，从而生成其他专题图件，如评价图与行政区划图叠加，进而计算出各行政区划单位内的耕地地力等级面积等。

(一)专题图地理要素底图的编制

专题地图的地理要素内容是专题图的重要组成部分，用于反映专题内容的地理分布，并作为图幅叠加处理等的分析依据。地理要素的选择应与专题内容相协调，考虑图面的负载量和清晰度，应选择基本的、主要的地理要素。

以临朐县最新的土地利用现状图为基础，对此图进行了制图综合处理，选取主要的居民点、交通道路、水系、境界线等及其相应的注记，进而编辑生成 1∶50000 各专题图地理要素底图。

(二)耕地地力评价图的编制

以耕地地力评价单元为基础，根据各单元的耕地地力评价等级结果，对相同等级的相邻评价单元进行归并处理，得到各耕地地力等级图斑。在此基础上，分两个层次进行图面耕地地力等级的表示：一是颜色表示，即赋予不同耕地地力等级以相应的颜色。二是代号表示，用罗马数字Ⅰ、Ⅱ、Ⅲ、Ⅳ、Ⅴ、Ⅵ表示不同的耕地地力等级，并在评价图相应的耕地地力图斑上注明。将评价专题图与以上的地理要素图复合，整饰得出临朐县 1∶50000 耕地地力评价图。

(三)其他专题图的编制

对于有机质、速效钾、有效磷、有效锌等其他专题要素地图,则按照各要素的分级分别赋予相应的颜色,标注相应的代号,生成专题图层。之后与地理要素图复合,编辑处理生成专题图件,并进行图幅的整饰处理,最终得出专题图。

二、面积的量算

面积的量算可通过与专题图相对应的属性库的操作直接完成。对耕地地力等级面积的量算,则可在 FOXPRO 数据库的支持下,对图件属性库进行操作,检索相同等级的面积,然后汇总得出各类耕地地力等级的面积,根据临朐县图幅理论面积进行平差,得到准确的面积数值。对于不同行政区划单位内部、不同的耕地利用类型等的耕地地力等级面积的统计,则通过耕地地力评价图与相应的专题图进行叠加分析,由其相应属性库统计获得。

第七章　耕地地力分析

本次耕地地力分析，按照农业部耕地质量调查和评价的规程及相关标准，结合当地实际情况，从测土配方项目化验结果中，选取了2000个对耕地地力影响较大、区域内变异明显、在时间序列上具有相对稳定性的点，用于耕地地力评价。利用与农业生产有密切关系的12个因素，建立评价指标体系。以土壤图与土地利用现状图叠加形成评价单元，应用模糊综合评判方法，通过综合分析，将全县耕地共划分为6个等级，根据评价结果进行耕地地力的系统分析。

第一节　耕地地力等级及空间分布

一、耕地地力等级面积

利用MAPGIS软件，对评价图属性库进行操作，检索统计耕地各等级的面积和图幅总面积。以2008年临朐县耕地总面积(58168hm^2)为基准，按面积比例平差，计算出各耕地地力等级面积。

临朐县耕地总面积为58168hm^2，其中一级地和二级地占耕地总面积的25.18%；三级地和四级地占耕地总面积的36.22%；五级地和六级地占耕地总面积的38.6%。以五级地分布面积最大，占耕地总面积的25.95%。一级地分布面积最小，约占耕地总面积的6%(见表7-1)。

表7-1　　临朐县耕地地力评价结果面积统计

等　级	一级地	二级地	三级地	四级地	五级地	六级地	总　计
面积(hm^2)	3433.29	11210.21	11477.56	9594.08	15094.73	7358.13	58168
百分比(%)	5.91	19.27	19.73	16.49	25.95	12.65	100

二、耕地地力空间分布分析

(一)耕地地力等级分布

一级地和二级地主要分布于临朐县北部地区的冶源、城关等乡镇(街道办事处)，主要为平原，土壤质地好，这一区域耕地地力情况较好，农业基础设施均配套成型，有水浇条件，产量水平较高，为临朐县的吨粮田。三级地、四级地分布比较分散，但主要集中在临朐县东北部地区的柳山、上林、大关、辛寨等乡镇(街道办事处),土壤肥力中等,土壤类型为褐土,产量水平在中等以上,水浇条件一般,上游虽有水库,但不能充分利用。加大资金投入,完善基础设施,改善生产条件,有一定的开发潜力。五级地和六级地主要分布在东部地区和南部山区的大关、九山、柳山等乡镇(街道办事处),这部分耕地有效耕层薄,肥力低,基本无灌溉条件,还有部分未利用土地,属于低产田类型。

从等级的分布地域特征可以看出,等级的高低与地貌类型、土壤类型及海拔高度之间存在着密切的关系,呈现明显的地域分布规律:随着耕地地力等级的提高,地貌类型沿着山前倾斜平地—近山阶地—水平梯田—中低山岭坡方向变化。土壤类型有淋溶褐土、褐土、褐土性土、棕壤性土等。

(二)耕地地力等级的行政区域划分

将全县耕地地力等级分布图与临朐县行政区划图进行叠置分析,从耕地地力等级行政区域分布数据库中,按权属字段检索出各等级的记录,统计出各级地在各乡镇(街道办事处)的分布状况(见表7-2)。

可以看出,一级地、二级地所占比例较高的乡镇(街道办事处)为城关街道办事处、杨善镇、龙岗镇、五井镇、冶源镇、七贤镇,三级地、四级地所占比例较高的乡镇(街道办事处)为上林镇、辛寨镇、柳山镇、卧龙镇、大关镇,五级地、六级地所占比例较高的乡镇(街道办事处)为柳山镇、上林镇、辛寨镇、蒋峪镇、九山镇、大关镇。

表7-2 临朐县耕地地力等级行政区域分布

乡镇(街道办事处)		一级地	二级地	三级地	四级地	五级地	六级地	合 计
龙岗镇	面积(hm^2)	857.27	710.74	349.07	283.26	58.23	0	2258.58
	百分比(%)	37.96	31.47	15.46	12.54	2.58	0	100
上林镇	面积(hm^2)	0	41.12	1754.22	870.99	1665.37	143.08	4474.78
	百分比(%)	0	0.92	39.2	19.46	37.22	3.2	100
东城街道办事处	面积(hm^2)	85.01	787.58	117.27	5.28	23.62	0	1018.77
	百分比(%)	8.34	77.31	11.51	0.52	2.32	0	100
营子镇	面积(hm^2)	0	662.16	1331.76	519.27	671.94	207.15	3392.29
	百分比(%)	0	19.52	39.26	15.31	19.81	6.11	100
城关街道办事处	面积(hm^2)	1221.24	148.61	8.9	0	0	0	1378.75
	百分比(%)	88.58	10.78	0.65	0	0	0	100
纸坊镇	面积(hm^2)	192.06	664.88	53.94	113.99	79.28	26.71	1130.86
	百分比(%)	16.98	58.79	4.77	10.08	7.01	2.36	100
柳山镇	面积(hm^2)	0	507.88	1152.39	704.62	2715.25	158.51	5238.64
	百分比(%)	0	9.69	22	13.45	51.83	3.03	100

续表

乡镇(街道办事处)		一级地	二级地	三级地	四级地	五级地	六级地	合 计
七贤镇	面积(hm^2)	60.66	966.65	682.69	510.35	49.3	0	2269.66
	百分比(%)	2.67	42.59	30.08	22.49	2.17	0	100
五井镇	面积(hm^2)	0	1234.9	348.29	671.98	611.52	635.37	3502.06
	百分比(%)	0	35.26	9.95	19.19	17.46	18.14	100
杨善镇	面积(hm^2)	897.12	1205.73	41.56	39.36	0	0	2183.76
	百分比(%)	41.08	55.21	1.9	1.8	0	0	100
卧龙镇	面积(hm^2)	0	396.06	1129.27	579.58	885.07	0	2989.98
	百分比(%)	0	13.25	37.77	19.38	29.6	0	100
冶源镇	面积(hm^2)	119.93	1133.61	395.37	490.7	373.82	67.63	2581.06
	百分比(%)	4.65	43.92	15.32	19.01	14.48	2.62	100
辛寨镇	面积(hm^2)	0	784.77	1576.1	711.92	1222.48	374.02	4669.29
	百分比(%)	0	16.81	33.75	15.25	26.18	8.01	100
嵩山林场	面积(hm^2)	0	0	0	23.59	60.81	18.85	103.25
	百分比(%)	0	0	0	22.85	58.9	18.26	100
蒋峪镇	面积(hm^2)	0	902.63	466.3	997.68	1794.03	479.4	4640.04
	百分比(%)	0	19.45	10.05	21.5	38.66	10.33	100
石家河乡	面积(hm^2)	0	220.5	395.4	268.96	879.94	552.28	2317.07
	百分比(%)	0	9.52	17.06	11.61	37.98	23.84	100
寺头镇	面积(hm^2)	0	74.04	650.94	699.87	889.25	631.6	2945.69
	百分比(%)	0	2.51	22.1	23.76	30.19	21.44	100
大关镇	面积(hm^2)	0	678.57	545.28	1382.16	759.45	1414.47	4779.92
	百分比(%)	0	14.2	11.41	28.92	15.89	29.59	100
九山镇	面积(hm^2)	0	89.78	478.82	720.54	2355.35	2649.06	6293.55
	百分比(%)	0	1.43	7.61	11.45	37.42	42.09	100

第二节　耕地地力等级分述

一、一级地

(一)面积与分布

一级地综合评价指数高于0.84,耕地面积为3433.29hm^2,占全县耕地总面积的5.91%,为临朐县分布最小的一个等级。其中水浇地3367.84hm^2,占一级地面积的98.09%;旱地38.74hm^2,占一级地面积的1.13%,此外有少部分菜地(26.72hm^2),仅占一级地面积的0.78%(见表7-3)。

表7-3　一级地各利用类型面积

利用类型	评价单元(个)	面积(hm^2)	占耕地总面积(%)	占一级地面积(%)
水浇地	217	3367.84	5.79	98.09
旱地	2	38.74	0.07	1.13
菜地	3	26.72	0.05	0.78
合计	222	3433.29	5.91	100

一级地主要分布于城关街道办事处、龙岗镇、杨善镇,东城街道办事处、冶源镇、纸坊镇、七贤镇等乡镇(街道办事处)有少量或零星分布,农作物产量水平一般为每亩1100kg,对应农业部分级一级标准,上林镇、营子镇、五井镇、卧龙镇、辛寨镇、嵩山林场、蒋峪镇、石家河乡、寺头镇、大关镇、九山镇境内没有一级地分布。

(二)主要属性分析

一级地土壤类型特点是限制因素较少,适种多种作物,以淋溶褐土、褐土为主,辛中洼为棕壤土。土壤表层质地为轻壤和中壤,土体构型以轻壤均质、中壤均质、中壤黏心为主,无明显障碍层次。微地貌类型以山前倾斜平地、近山阶地为主,坡度为0.2°～3°,土壤理化性状良好,可耕性强。农田水利设施较为完善,灌排条件好,灌溉保证率均达到100%。土壤养分含量较高,部分有犁底层,深部有不良层次,对生产有一定影响。土壤有机质含量平均为13.1g/kg,土壤养分中等偏上,氮、磷、钾比例合理。

耕层厚度平均为25.4cm。灌溉能力为基本满足。灌溉方式主要是漫灌,能灌能排,土壤肥沃,保肥、保水性能好,质地适中,地势平坦,无不良障碍层次,生产上基本没有限制因素。土壤养分除碱解氮略低,其余养分均比较理想(见表7-4)。

表7-4　一级地主要养分含量

项　目	有机质(g/kg)	有效磷(mg/kg)	速效钾(mg/kg)	有效锌(mg/kg)	有效硼(mg/kg)
平均值	13.1	30.75	128.6	1.24	0.82
范围值	10.3～19.8	6.24～126.37	72.96～290.1	0.86～1.96	0.33～1.19
含量水平	中偏上	中偏上	中偏上	中等	中等

（三）存在问题

一是该地区属全县经济较发达地区，为全县农业高产、高效区，人多地少，用地较重，地力消耗大，化肥施用量较大，有机肥投入明显不足，农业投入比例明显低于二、三产业投入；二是土壤肥力与高产、高效农业的需求还有一定差距，有些养分含量相对较低；三是施肥、用药种类与比例不合理，缺乏针对性，盲目性较大；四是由于经济发达，工矿企业较多，存在面源污染。

（四）合理利用

一级地是全县综合性能最好的耕地，各项评价指标均属良好型。土层厚，排灌性好，易于耕作，养分含量高，保肥、保水，适于各种作物生长，是临朐县的丰产耕地。利用方向是发展高产、优质、高效农业，如无公害蔬菜基地、日光温室、反季节瓜果栽培等。为此，应搞好以下工作：

(1)结合测土配方施肥、新型农民科技入户等工程，加大宣传力度，转变观念，提高认识，加大农业投入，提升农业综合生产能力。

(2)增施有机肥，增加土壤有机质含量。实施平衡施肥，防止土壤污染，适量补施微肥，提高耕地质量。今后利用方向是：深耕破除犁底层，增施有机肥和磷肥，协调氮磷比例，并进一步完善排灌系统，缩短轮灌期，确保稳产高产。

(3)加大检测力度，确保农业灌溉、施肥、用药安全，搞好无公害生产。

二、二级地

（一）面积与分布

二级地综合评价指数为 0.733～0.84，耕地面积为 11210.21hm^2，占全县耕地总面积的 19.27%。其中水浇地 8223.86hm^2，占二级地面积的 73.36%；旱地 2965.4hm^2，占二级地面积的 26.45%；菜地 20.95hm^2，仅占二级地面积的 0.19%（见表 7-5）。

表 7-5 二级地各利用类型面积

利用类型	评价单元（个）	面积（hm^2）	占耕地总面积（%）	占二级地面积（%）
水浇地	520	8223.86	14.14	73.36
旱地	211	2965.4	5.1	26.45
菜地	2	20.95	0.04	0.19
合计	733	11210.21	19.28	100

二级耕地主要分布在杨善镇、五井镇、冶源镇、龙岗镇、东城街道办事处、纸坊镇、七贤镇、辛寨镇、蒋峪镇、大关镇，其中以杨善镇分布面积最大，为 1205.73hm^2，占该镇耕地面积的 55.21%，占二级地的 10.76%，农作物产量水平一般为每亩 950kg，对应农业部分级一级标准。营子镇、城关街道办事处、柳山镇、卧龙镇、石家河乡、九山镇等乡镇（街道办事处）有少量或零星分布。

（二）主要属性分析

二级地土壤类型以棕壤、褐土、淋溶褐土为主，兼有少量潮褐土和潮棕壤。土壤表层质地主要是轻壤和中壤，土体构型以轻壤均质、中壤均质、中壤质黏心为主，有少量中层。微地貌类型以近山阶地、近山高阶地、坡麓梯田为主。坡度为 0.2°～5°，土壤理化性状良好，可耕性较强。农田水利设施较为完善，灌排条件良好，灌溉保证率在 75%左右，土壤养分含量均比较理想(见表 7-6)。

表 7-6　　二级地主要养分含量

项　目	有机质(g/kg)	有效磷(mg/kg)	速效钾(mg/kg)	有效锌(mg/kg)	有效硼(mg/kg)
平均值	12.9	29.6	137.01	1.23	0.84
范围值	8.6～19	7.83～255.22	80.97～239.19	0.8～2.1	0.49～1.37
含量水平	中偏上	中偏上	中偏上	中等	中等

(三)存在问题

二级地存在的问题主要是部分地区耕层中存在砾质等障碍性层次；部分耕地地形坡度较大，耕地环境质量欠佳；灌溉水平参差不齐，少量耕地靠天吃饭；化肥用量较大，有机肥投入不足；主要以旋耕犁耕作，耕层较浅。

(四)合理利用

合理利用的措施：增施有机肥料，实行秸秆直接还田或过腹还田，不断培肥地力。扩大肥源，改善土壤理化性状，提高土壤有机质含量，培肥土壤。采取深耕等措施，破除犁底层，改良土壤质地和构型，以利于作物根系伸展。同时与农田基础建设相结合，兴修水利，大力推广节水灌溉技术，扩大灌溉面积。挖掘地下水源，实现井渠灌溉双保险，并进一步深翻整平地面，破除犁底层，增施有机肥和磷肥，培肥地力，建设旱涝保收稳产高产田。

三、三级地

(一)面积与分布

三级地综合评价指数为 0.647～0.733，三级地是临朐县除五级地，分布面积最大的一级土地，耕地面积为 11477.56hm²，占全县耕地总面积的 19.73%。其中旱地 8026.49hm²，占三级地面积的 69.93%；水浇地 3451.07hm²，占三级地面积的 30.07%(见表 7-7)。

表 7-7　　三级地各利用类型面积

利用类型	评价单元(个)	面积(hm²)	占耕地总面积(%)	占三级地面积(%)
水浇地	254	3451.07	5.93	30.07
旱地	535	8026.49	13.8	69.93
合计	789	11477.56	19.73	100

三级地主要分布在上林镇、营子镇、柳山镇、卧龙镇、辛寨镇，其中以上林镇分布面积最大，为 1754.22hm²，占该镇耕地面积的 39.2%，占三级地的 15.28%，农作物产量水平

一般为每亩850kg，对应农业部分级二级标准，龙岗镇、东城街道办事处、七贤镇、五井镇、冶源镇、蒋峪镇、石家河乡、寺头镇、大关镇、九山镇等有少量或零星分布。

(二)主要属性分析

三级地土壤类型以棕壤、褐土为主，兼有少量潮褐土、潮棕壤、淋溶性褐土、潮土、棕壤性土。这部分土地坡度稍大，土层深厚，表层质地以中壤为主，耕层较浅，有10～15cm犁底层，心层以上土壤质地偏黏，影响根系下扎。土壤表层质地主要是轻壤和中壤，土体构型以轻壤均质、中壤均质、中壤黏心、中壤黏腰为主，有少量中层和砂均质。微地貌类型主要是近山阶地、近山高阶地、坡麓梯田、岭坡梯田，有少量荒岭坡，坡度为1°～15°。灌溉保证率达到或接近50%。因完全依赖水库蓄水灌溉，水源往往无保证，受旱灾威胁甚大。耕层有机质含量偏低，灌溉方式以漫灌为主，水源条件是河流，灌溉保证率为70%，土壤养分除有效磷含量偏低，其他相对比较理想(见表7-8)。

表7-8 三级地主要养分含量

项　目	有机质 (g/kg)	有效磷 (mg/kg)	速效钾 (mg/kg)	有效锌 (mg/kg)	有效硼 (mg/kg)
平均值	12.7	23.22	129.16	1.24	0.85
范围值	8.8～16.3	7.43～204.86	76.26～250.27	0.63～2.23	0.36～1.4
含量水平	中等	中偏下	中偏上	中等	中偏上

(三)存在问题

三级地是平原向山区过渡的等级类型，各种属性介于两者之间，部分耕地灌溉条件受一定限制；耕地大平小不平，地块微有倾斜；耕地养分存在不平衡现象。

(四)合理利用

一是大力搞好农田基本建设，维护和建设水利设施，大力推广节水灌溉，提高灌溉保证率；二是平田整地，深翻改土，加深耕层厚度，改善土壤物理性状；三是增施磷肥和微肥。

四、四级地

(一)面积与分布

四级地综合评价指数为0.554～0.647，耕地面积为9594.08hm^2，占全县耕地总面积的16.49%。其中旱地8088.63hm^2，占四级地面积的84.31%；水浇地1505.45hm^2，占四级地面积的15.69%(见表7-9)。

表7-9 四级地各利用类型面积

利用类型	评价单元(个)	面积(hm^2)	占耕地总面积(%)	占四级地面积(%)
水浇地	106	1505.45	2.59	15.69
旱地	508	8088.63	13.91	84.31
合计	614	9594.08	16.5	100

四级地主要分布大关镇、上林镇、五井镇、辛寨镇、蒋峪镇、九山镇，其中以大关镇分布面积最大，为 1382.16hm^2，占该镇耕地面积的 28.92%，占四级地面积的 14.41%，农作物产量水平一般为每年每亩 750kg，对应农业部分级三级标准，龙岗镇、营子镇、纸坊镇、柳山镇、七贤镇、卧龙镇、冶源镇、石家河乡、寺头镇等有少量或零星分布。

（二）主要属性分析

四级地土壤类型以棕壤、褐土、棕壤性土、褐土性土为主，兼有少量淋溶褐土。土壤表层质地主要是轻壤、砂土和中壤，土体构型以轻壤均质、中壤均质和中层、薄层为主，有少量中壤黏心和砂均质，耕层中含有砾石、砂姜等明显障碍性层次。这级土地的主要特点是地形部位高，坡度大，土壤侵蚀较重，大部分土壤类型较好，土层大于 60cm，其表层多为轻壤，障碍层多在中位或浅位，无水浇条件，受旱灾影响极大，产量很不稳定。微地貌类型以近山高阶地、坡麓梯田、岭坡梯田、荒岭坡为主，有少量近山阶地。地形坡度为 3°～15°。灌溉能力为基本满足，灌溉方式主要是漫灌，灌溉保证率为 60%左右。土壤养分含量中，有效磷、速效钾含量偏低，其他养分中等，要增加投入（见表 7-10）。

表 7-10 四级地主要养分含量

项　目	有机质（g/kg）	有效磷（mg/kg）	速效钾（mg/kg）	有效锌（mg/kg）	有效硼（mg/kg）
平均值	12.7	23.1	126.54	1.24	0.84
范围值	8～21.1	6.89～159.29	59.56～215.7	0.84～2.31	0.44～1.37
含量水平	中等	中偏下	中偏下	中等	中等

（三）存在问题

该级地耕层中存在明显的障碍性层次，砾石较多，阻碍作物的正常发育；地形坡度较大，不宜种植作物，容易引起水土流失等地质灾害；农田水利设施不完善，灌溉条件较差；养分含量偏低，对作物生长不利。本级耕地土壤主要问题是土壤肥力不足。灌溉条件是作物高产限制因素之一，应推广节水灌溉，改善水利条件，维护建设水利设施，提高灌溉保证率。土壤肥力不足的耕地，应培肥土壤。

（四）改良利用

改良利用措施：调整种植业结构，大力发展旱作农业，利用山区环境好、无污染的特点，引导鼓励农民发展果品生产，改善土壤环境。在整修梯田地堰、搞好水土保持的同时，增施有机肥，改良土壤，培肥地力，提高雨水利用率。增施磷肥、钾肥和微肥，改善土壤养分状况。扩种耗水少的耐旱、抗旱作物和品种如薯类，豆类等，发展有机旱作减少旱灾威胁。砂姜黑土地应增施有机肥和实行秸秆还田，改善土壤理化性状。结合当前实际，抓好大规模的养畜建圈，积肥沤肥，增加农家肥来源，提高农家肥质量，以提高土壤有机质的含量，大力推广平衡施肥技术，进一步提高耕地的增产潜力。

利用方向：向生产专用优质绿色无公害农产品方向发展。

五、五级地

(一)面积与分布

五级地综合评价指数为 0.453～0.554，为临朐县耕地面积最大的一个等级，为 15094.73hm²，占全县耕地总面积的 25.95%。其中旱地 14340.37hm²，占五级地面积的 95%；水浇地 754.36hm²，占五级地面积的 5%(见表 7-11)。

表 7-11　　五级地各利用类型面积

利用类型	评价单元(个)	面积(hm²)	占耕地总面积(%)	占五级地面积(%)
水浇地	57	754.36	1.3	5
旱地	716	14340.37	24.65	95
合计	773	15094.73	25.95	100

五级地主要分布在柳山镇、上林镇、辛寨镇、蒋峪镇、九山镇、卧龙镇、寺头镇，其中以柳山镇分布面积最大，为 2715.25hm²，占该镇耕地面积的 51.83%，占五级地的 17.99%，农作物产量水平一般为每亩 650kg，对应农业部分级四级标准。龙岗镇、东城街道办事处、营子镇、纸坊镇、七贤镇、五井镇、冶源镇、石家河乡、大关镇有少量或零星分布。

(二)主要属性分析

五级地土壤类型以棕壤性土、褐土性土为主，含有少量棕壤、褐土。土壤表层质地以沙壤、砂土和中壤为主，有少量轻壤。土体构型以中层、薄层为主，有少量中壤均质和中壤黏心。耕层中含有砾石、砂姜、石碴土等明显障碍性层次。微地貌类型以近山高阶地、坡麓梯田、荒岭坡为主，有少量近山阶地。地形坡度为 3°～25°。少部分地区灌溉保证率能达到 50%，有大量的无灌溉区。土壤养分含量偏低。水土流失严重，受干旱和暴雨影响很大，多种植耐瘠耐旱作物和品种，两年三作或一年一作，产量低而不稳。耕层土壤养分含量中等偏下，但有机质含量中等，应加大力度，增加投入，完成中低产田的改造(见表 7-12)。

表 7-12　　五级地主要养分含量

项　目	有机质(g/kg)	有效磷(mg/kg)	速效钾(mg/kg)	有效锌(mg/kg)	有效硼(mg/kg)
平均值	12.7	23.41	123.83	1.23	0.84
范围值	8.6～16.1	5.81～220.42	68.36～215.07	0.66～2.23	0.45～1.34
含量水平	中等	中偏下	中偏下	中等	中等

(三)存在问题

主要问题是地力不均，肥力偏低，灌溉保证率低，大大限制了农作物的生产。

(四)改良利用

这部分耕地近年来一直是临朐县中低产田改造的重点。该级地主要分布在山丘地区的荒山岭和坡麓梯田上，耕层中存在障碍性层次，地形坡度较大，不宜大面积开发整理成耕地，应根据实际情况发展林果业，种植葡萄、苹果、板栗等果品。山坡地修堰护坡和封沟护堰，堰边植桑、果、花椒等，实行林粮或果粮间种，发展山果生产，建立山果基地，同时加大荒山治理力度，综合整治山水林田路。以利保持水土，并选择耗水量小、耐旱耐瘠的作物和品种，如花生、黄烟、红薯、谷子等，增施有机肥，走有机旱作的路子，有条件的地方应逐步发展喷灌等水利设施。

利用方向是整修梯田，营造水土保持林，提高综合控制水土的能力；因土制宜调整农业种植结构，发展耐旱耐土壤贫瘠作物；发展经济林，实行多种经营，增加收入。

六、六级地

（一）面积与分布

六级地综合评价指数低于 0.453，耕地面积为 7358.13hm²，占全县耕地总面积的 12.65%。其中旱地 7200.26hm²，占六级地面积的 97.85%；水浇地 157.87hm²，仅占六级地面积的 2.15%（见表 7-13）。

表 7-13 六级地各利用类型面积

利用类型	评价单元(个)	面积(hm²)	占耕地总面积(%)	占六级地面积(%)
水浇地	16	157.87	0.27	2.15
旱地	326	7200.26	12.38	97.85
合计	342	7358.13	12.65	100

六级地主要分布在九山镇、大关镇、五井镇、寺头镇、蒋峪镇、石家河乡，其中以九山镇分布面积最大，为 2649.06hm²，占该镇耕地面积的 42.09%，占六级地的 36%，农作物产量水平一般为每年每亩 450kg，对应农业部分级六级标准。上林镇、营子镇、柳山镇、辛寨镇、冶源镇等有少量或零星分布，龙岗镇、东城街道办事处、城关街道办事处、七贤镇、杨善镇、卧龙镇无六级地分布。

（二）主要属性分析

六级地土壤类型全部为棕壤性土或褐土性土。土壤表层质地以沙壤、砂土为主，有少量为中壤。土体构型为薄层或中层。耕层中含有砾石、砂姜、石碴土等明显障碍性层次。微地貌类型以近山高阶地、岭坡梯田、荒岭坡为主，有少量坡麓梯田。地形坡度大于 10°。土壤养分含量与五级地持平。主要特点是坡度较大，土层浅薄，砾石多，一般 30cm 以下为母岩，土壤熟化度差，水土流失严重。灌溉条件一般，有大量的无灌溉区。灌溉方式为漫灌，灌溉保证率较低。主要种植作物为花生、红薯、黄烟等。土壤养分含量普遍偏低（见表 7-14）。

（三）存在问题

主要问题是土壤理化性状不良，肥力低下，有机质、速效钾、有效锌含量都偏低；灌溉设施不齐全，灌溉保证率不高。

表 7-14 六级地主要养分含量

项 目	有机质(g/kg)	有效磷(mg/kg)	速效钾(mg/kg)	有效锌(mg/kg)	有效硼(mg/kg)
平均值	12.8	25.07	113.41	1.27	0.82
范围值	8.4～16.4	5.1～67.07	70.81～198.28	0.76～2.35	0.44～1.23
含量水平	中等	中偏下	中偏下	中偏上	中等

(四)改良利用

六级地土壤物理条件较差，大部分存在粗骨土、石渣土等障碍性层次，较大的地形坡度使得灌溉水平较低，大部分土地只能靠天吃饭，不宜种植大田作物。改良利用上应重点因地制宜地充分利用山沟自然条件，修筑塘坝，大力开辟水源，克服干旱威胁。今后应修堰护坡或开挖鱼鳞坑，植树造林，发展林果业，保持水土。已经开垦为农田的逐步退耕还林。

利用方向是调整种植业结构，适当发展经济林、用材林，实行多种经营，同时起到改善土壤环境条件，以防止水土流失，保护自然植被的作用。

第八章 耕地资源合理利用

近年来，随着市场经济和外向型经济的发展，种植业发展很快，已成为临朐县农业经济的重要增长点。在这样的情势下，进行耕地资源合理利用、提高经济效益、增加农民收入、保护生态环境等均具有重要意义。此次临朐县耕地地力调查和质量评价，基本摸清了全县耕地地力状况和质量水平，理清了耕地管理利用及生态环境建设诸方面存在的问题。为了将耕地调查与评价成果及时应用、指导农业生产，提高科技对农业的贡献率，发挥科技推动作用，有针对性地解决当前土地资源有限、开发潜力受限、人居占地与林牧用地矛盾、生态环境脆弱和农业生产管理过程中存在的诸多问题，我们就耕地资源的特点、耕地质量存在的问题，从土壤的培肥与改良利用、科学施肥、用养结合、土地资源的科学合理利用和配置等方面进行研究。

第一节 耕地资源的利用特点

临朐县耕地资源利用特点主要表现在复种指数高、区域特点明显和农业设施化 3 个方面。

复种指数高表现在粮食作物以小麦、玉米一年两熟为主。小麦、玉米播种面积占粮田播种面积的 94%，而谷子、大豆、高粱等播种面积仅占 6%，除少量山岭薄地，均为一年两作。蔬菜多为一年两作或一年三作。耕地综合复种指数达 165%。

区域特点明显表现在两个方面。一是作物布局区域明显，东北、北部平原及丘陵地带以粮食和蔬菜、大棚樱桃为主；西南山区以粮食和果品、黄烟为主；东南丘陵地带以粮食、花生、西瓜、黄烟为主；中部以粮食为主。全县 $1.45\times10^4\mathrm{hm}^2$ 果园中，西南山区栽植面积占 50%。同时，种植的作物品种也形成了集中连片的生产区，如冶源、柳山、沂山的西瓜生产区，龙岗的茄子生产区，城关、龙岗、冶源的大棚樱桃生产区等。二是区域之间受自然条件制约，产量、产值差异十分明显。据本次农户调查结果，同样种植粮食，平原地区土层厚，有水浇条件，平均单产为 $1000\mathrm{kg}/667\mathrm{m}^2$，产值为 1970.2 元，收益为 720 元；而山区土层薄，无水浇条件，正常年份平均产量只有 $600\mathrm{kg}/667\mathrm{m}^2$，产值为 1264 元，效益为 307 元，如遇干旱，粮食部分绝产。

农业设施化表现在果品、蔬菜生产设施化和灌溉设施化。近年来，临朐县全面推广保护地栽培技术，大棚果、大棚菜面积较大。冶源镇的 $670\mathrm{hm}^2$ 西瓜地全部采用塑料大棚，龙岗镇的 $0.14\times10^4\mathrm{hm}^2$ 大棚樱桃成为山东省乃至全国农业产业结构调整的典范。在粮食生产和果树生产方面，经近三十年的农田基本建设，灌溉设施日趋完善。平原地区井渠配套，山丘地区库渠配套。加之大力推广管灌、喷灌、滴灌，使全县灌溉能力大为提高，能有效地抵御干旱危害。

第二节　耕地质量存在的问题

耕地质量主要是指耕地的农业生产能力，即耕地地力，指在当前管理水平下，由耕地土壤本身特性、自然背景条件和基础设施水平等要素综合构成的耕地生产能力，它由三大主要因素决定：一是立地条件，即与耕地地力直接相关的地形地貌及成土母质特征；二是土壤条件，包括土壤剖面与土体构型、耕作层土壤的理化性状、特殊土壤的理化指标；三是农田基础设施及培肥水平。

从临朐县耕地地力调查和质量评价总体结果来看，存在三大问题。

一、土壤肥力偏低

临朐县土壤有机质总体上仍呈较低水平，检测结果表明，全县土壤耕层有机质含量平均为 14.11g/kg，与 1983 年第二次土壤普查时相比，土壤有机质含量明显提高 4.8g/kg。主要是大棚果品土壤有机质含量有较大提高。其中粮田土壤有机质为 12.88g/kg，变化范围为 2.7～27.9g/kg，90％的粮田有机质含量不足 15g/kg；果园土壤有机质为 17.59g/kg，变化范围为 9.6～25.8g/kg，12.2％的果园有机质含量不足 15g/kg，属于较缺乏水平。全县粮田有效磷平均含量为 23.31mg/kg，范围为 7～208mg/kg，属一般水平。果园土壤有效磷含量相当丰富，范围为 35.9～289mg/kg，平均为 66mg/kg，属较高丰富水平，是农田土壤有效磷平均值的 3 倍。全县农田土壤速效钾含量为135.12mg/kg，含量范围为 48～396mg/kg，属中等水平。果园土壤速效钾平均为 235.23mg/kg，含量范围为 65～467mg/kg，属中等水平，是农田土壤速效钾平均值的 2 倍。

二、农田设施与农业发展要求差距大

根据耕地地力分级和质量评估结果，按照充分利用土地资源、发展规模生产、提高产品品质和效益的原则，发现临朐县农业的自身能力相对脆弱，现代化的农业设施覆盖面很小。水资源分布不均，可利用率低，供需矛盾明显。临朐县境内群山起伏，沟壑纵横，大部分为山区和丘陵，土层浅薄，有岭地 $1.48\times10^4 hm^2$，占耕地的 20％，土层厚度小于 30cm，种植业上难以利用。另有 $1.33\times10^4 hm^2$ 的土层为 30～60cm 活土层，占耕地的 18％，保水、保肥能力差，受旱灾威胁大。

三、耕地自身障碍因素

（一）土体薄

耕作层是农具耕翻、施肥、灌溉及作物主要根系分布和根际营养供应的主要土层。其厚度与土壤的物理化学性状密切相关，不仅是构成基础地力最核心的要素，而且是土壤培肥改良措施直接实施和改良效果具体体现的核心。此类土壤主要分布在丘陵中上部，土层浅薄，耕地有效土层厚度小于 60cm，砾石含量大，结构不良，养分含量低，水土流失严

重，不利于作物生长，极易发生旱灾，影响产量的提高，由于长期受侵蚀，造成了旱、瘦、薄、粗等障碍因素，因土层浅薄，对天然雨水接纳与保蓄的能力也受到制约，为此，岭坡梯田水土保持和加厚土层是这部分耕地的改良发展要素。

（二）水、肥、气、热矛盾突出，季节性旱涝严重

部分土壤由于活土层浅，常年实行匀深耕作，形成了坚实的犁底层。有的心土层黏重，易旱易涝，部分河潮土由于成土分选作用强，土体内有砂质夹层，特别是浅位厚层夹砂，引起水肥严重渗漏，加之水源缺乏，水利设施不完善，经常处于干旱状态，作物难以达到高产。

（三）耕作层变浅，犁底层坚硬

近年来在家庭经营中，小型拖拉机取代了过去大中型拖拉机的机耕作业，使土壤耕层有普遍变浅的趋势，部分耕地的耕层已小于15cm。目前，好的耕层也只不过20cm左右。不同耕层厚度及耕层土壤的熟化程度，会带来不同的土壤其他物理性状或耕性变化，如土壤结构、容重、孔隙度等的变化。中南部低山丘陵区和近山高阶地，表土质地砂黏，黄坚层坚硬，北部由于长期使用机械作业，并在同一深度翻耕，耕作层以下形成坚实的通透性较差的犁底层。据测定，此层容重大于1.64g/cm^3。深耕可以打破犁底层，可把底层有胶膜的棱块状坚实的土层翻上来掺入耕作层，从而起到自身改黏和松透作用，增加土壤通气孔隙，降低容重，使耕作层松散。这部分耕地囊括全部耕地75%以上。深耕、深翻可大大改变土壤的物理性状（见表8-1）。

表8-1　　深翻改善物理性状调查

处　理	容重(g/cm^3)	总孔隙度(%)	毛管孔隙度(%)	通气孔隙度(%)
深翻30cm	1.22	54	34.4	19.6
未深翻	1.35	49.2	41.5	7.7

（四）土壤养分比例失调

临朐县农田土样检测结果表明：土壤中氮、磷、钾比例为3.7∶1∶5.8，比例不协调。与第二次土壤普查相比，表现为：土壤有机质有所提高，但总体仍偏低；碱解氮增加明显，说明氮肥投入较大；有效磷提高了19.5mg/kg，部分出现积累；速效钾提高不大。从以上看，由于实行秸秆还田，有机质普遍增加；但仍有部分有机质含量在10g/kg以下，属于较低水平；土壤有效磷由于大量施用二铵等含磷较高的化肥，土壤有效磷大大增加，出现养分不平衡，部分粮田、果园有效磷发生积累，尤其果园土壤磷较第二次土壤普查时增加了53.6mg/kg，积累明显；粮田各作物土壤速效钾变化不大，而果园由于增施肥料，土壤速效钾增加较快，果园增加了112.5mg/kg。但仍有部分土壤速效钾的含量仍然偏低，在某些作物上缺钾症状非常明显。由于长期受习惯施肥的影响，盲目施肥造成土壤氮、磷、钾三元素比例失调，不仅影响肥效的发挥，而且也造成肥料的极大浪费和土壤环境的重度污染。

(五)土壤酸化

土壤酸化主要表现在蔬菜地、大棚果地,由于生理酸性肥料和半腐熟有机肥料的大量施用,导致土壤酸化、盐渍化。本次调查发现,临朐县已酸化和有酸化趋势的耕地面积达 $0.58\times10^4 hm^2$,占耕地总面积的10%左右。土壤酸化将导致作物长势变弱,病害加重,产量、品质下降。

解决这些问题的中心环节是:增加有机肥料投入,扩大秸秆还田面积,合理调整化肥投入比例,推广平衡施肥技术,提高肥料利用率,改良土壤环境。

第三节　耕地培肥的总体原则

一、耕地培肥综合论述

针对本次耕地地力调查所发现的问题,结合产业结构调整优化及农业的可持续发展战略实施,确定耕地保养特别是中低产田的改良方向。

(一)培肥地力

通过增施有机肥、实行秸秆还田、开展平衡施肥等措施,促进土壤养分稳步提高。培育高肥力土壤的中心问题,是增加土壤有机质的含量。通过调查发现,现阶段全县耕地的有机质含量较低。虽然近年来有机肥施用量比以前有所增加,但是有机肥重点施用在经济作物上。由于施用量不均衡等原因,致使土壤有机质含量增加不大,仍不能满足农作物的需要。目前,全县发展高产、高效、优质农业,产业结构有了明显的变化。产业结构的改变和农作物产量的大幅度提高,对耕地提出更高的要求。针对这一问题,培肥耕地,应提倡有机和无机相结合的办法,增施有机肥,增加土壤有机质,培肥地力。

增施有机肥,提高有机肥的质量和数量,是发展农业生产的传统经验。但随着农业发展,目前在有机肥的积制和施用方面仍然存在忽视质量的现象,应该给予高度重视。2008年,全县85万人、大牲畜1.62万头、猪6万头、家禽609.91万只,可产生大量的排泄物,是很好的有机肥源,全年可生产有机肥239.13万吨。提高有机肥料的质量和数量,最根本的途径是进一步扩大有机肥源和倡导有机肥的正确积制技术。

一是发展畜牧业,走养畜和肥田的路子。有条件的地方,应积极推广粮肥间作或轮作。

二是推广节柴灶,发展农村沼气,逐步解决农村能源问题,增加秸秆还田的数量。

三是杜绝粪尿与草木灰混积、单晒粪干等不科学的现象,积肥造肥与文明建设相结合,提高人畜粪尿的利用率。

四是充分利用塘泥、杂草、秸秆等有机物质,对大牲畜圈和猪圈勤起勤垫,改变积肥中"黄土搬家"的不良做法。

(二)加大农田基本建设,兴修水利,提高耕地级别

加大基本农田建设投资,平整土地,兴修水利,改善耕地田间设施,提高灌溉保证率,提高耕地抵御自然灾害的能力,促进地力升级。搞好现有水利设施的维护、保养和管理,进一步挖掘地下水源,扩大井灌面积。

(三)改善耕地物理性状,提高耕地保水、保肥、供肥、供水能力

通过深耕、深松,打破耕地存在的障碍层次,通过治黏、治砂等工作,克服土壤存在的限制因素,改善耕地物理性状,并大力发展农艺节水,提高耕地保肥、保水、供肥、供水能力。

二、合理施用化肥,协调土壤中氮、磷、钾的比例

随着化肥的大量施用,作物产量并不因化肥量的增加而相应提高,甚至某些高产地块出现增肥不增产的现象。施用化肥效益降低的主要原因:一是肥料结构不合理。除有机肥料质差量少,化肥品种单一也是重要因素。与肥力指标相比,化肥比例欠佳,直接影响了化肥的效益。据统计,粮田的化肥施用比 N∶P_2O_5∶K_2O 为1∶0.8∶0.6,与合理的养分含量比例1∶(0.4～0.5)∶1比较,磷素施用较多,钾不足。二是化肥用量增多,有机肥不足,诱发土壤缺少部分微量元素。三是在施肥技术上不能因地制宜。由此可见,科学施肥,提高肥料利用率,是搞好化学培肥的首要任务。

总的原则是:调整土壤速效养分含量和比例,立足土壤养分状况,因缺补缺,突出重点,协调施肥配比,改进施肥技术。据此,中低产田的土壤要增氮、稳磷;对养分贫乏的低产地块,应以化肥起步,适当加大氮肥,特别是加大磷肥的投放量,以无机促有机;高产地块在稳氮、增磷的基础上,应注意钾肥和微肥的施用。

同时,不同的土壤类型和作物种类也可直接影响化肥的施用效果。如砂姜黑土容易缺磷,褐土的锌元素较贫乏;玉米、小麦对锌以及花生、棉花对硼均有较强的敏感性,施肥时应重视这些特征。

化肥的效益,既取决于上述施肥原则,又取决于科学的施肥方法。如化肥与有机肥堆制施用,碳铵全层深施,磷肥集中施、根外追肥等。

第四节 耕地资源的优化调整

根据耕地地力分级和质量评价结果、水资源状况和农业生产现状,按照充分利用土地资源、发展规模生产、提高产品品质和效益的原则,加快农业结构调整,引导农民跳出农业抓农业。按照这个原则,对农业方面做4个调整。

一是重视程度高,发展速度快。高度重视农业结构调整,经济作物发展到 $4.14\times10^4 hm^2$,粮经比例达到4∶6。

二是种植业内部结构调整,围绕优势产业,重点发展大棚果等高产高效经济作物。突出发展用水省、见效快、风险低、效益高的大棚果,大棚樱桃每亩收入4万～10万元,大棚桃、杏每亩收入1万元。大棚西瓜也非常出名,冶源镇大棚西瓜每亩收入2万～3万元。

三是在调整种植业的同时,大力发展畜牧业。以奶牛、肉鸭为主的畜牧业成为临朐农业的“亮点”和农民增收的主导产业,巩固提高生猪、蛋鸡生产,大力发展奶牛和肉鸭产业,培育生猪、蛋鸡、奶畜三大主导产业和郎德鹅、巢蜜、肉羊、肉兔四大地方名牌。

四是在品种结构调整上,重点抓好农业龙头企业,临朐县先后引进、建成的各类农业龙头企业有118家,实现了一个企业带动一方基地发展。

第五节　耕地资源的有效利用

根据临朐县自然条件、土壤类型和生产性能，将全县分为5个农业综合利用区，即南部山丘薄层土区、南部增肥改土区、平原灌溉区、北部粮菜区、沿河沙质潮土区。为了更合理搞好土壤培肥利用，发挥土地潜力，根据土壤类型组合和培肥利用措施不同，将障碍因素相近、培肥措施相似，利用方向一致的耕地划为一起，并适当保持地域上连片，以便于统一规划、统筹安排。

一、南部山丘薄层土区

南部山丘薄层土区主要包括山区各乡镇(街道办事处)山丘中上部荒坡岭及部分岭坡梯田，面积共$6\times10^4hm^2$，占土壤面积的37.39%。由于土壤类型不同，又分为2个小区。

(一)西南部低山褐土性土区

面积为$2.67\times10^4hm^2$，占土壤面积的16.5%，主要分布于西南部五井、寺头、冶源等乡镇(街道办事处)及九山、辛寨两乡镇西部，城关街道办事处西部，龙岗的部分低山丘陵地。主要土壤类型为薄层褐土性土，表层质地多为砾石土，以荒坡岭为主。由于枯草烂叶长年积累，土壤养分含量较高，一般含有机质2g/kg以上，最高达30g/kg，全氮为0.9～1g/kg，碱解氮为65mg/kg以上，速效磷为8.7mg/kg，速效钾为150mg/kg以上。

培肥措施：由于坡度大，土层薄，水土流失较严重，保水性能差，易受旱灾影响，农业不能利用，主要发展林牧业，部分土质稍好的宜发展以刺槐或侧柏为主的落叶阔叶用材林或乔灌结合的混交林或防护林。土层薄、裸岩较多的地方栽植林木难于成活，且生长极慢，效益很低，应封山护草，开辟为牧场，养殖菜牛、奶山羊、绵羊和爬山能力强的黑山羊等。本区内有嵩山、丹崮两大林场。

(二)东南部丘陵棕壤性土水土保持区

面积为$3.34\times10^4hm^2$，占土壤面积的20.89%，分布于东南部沂山、柳山、九山及辛寨、龙岗、东城等乡镇(街道办事处)东部、南部沙山丘陵中上部，土壤类型主要为薄层棕壤性土，坡度较缓，但质地较差，多为粗砂土，砾石含量一般高于30%，保水肥能力极差，易旱，植被稀少，土壤侵蚀较重，冲沟较多，土壤pH多低于6.8，有机质为8～11g/kg，全氮为0.6～0.8g/kg，碱解氮为60～70mg/kg，速效磷为10～15mg/kg，速效钾为60～90mg/kg。

培肥措施：该区目前土壤除现有沂山、九山等林场，大部分被开垦为农田，仅能种植花生、红薯及小杂粮等耐旱作物，产量低而不稳，干旱稍重则绝产。利用措施是：保护自然植被，防止水土流失，逐步退耕还林，沟坡宜栽紫穗槐等灌木，沟底栽植刺槐、枰柳等，上部宜发展赤松、油松、黑松等松类。

二、南部增肥改土区

面积为$4\times10^4hm^2$，占全县土壤面积的25.1%，因土壤类型、培肥利用途径及措施不同，又分为2个小区。

（一）西南部整地改土区

面积为 $9.34\times10^4hm^2$，占土壤面积的 6.13%，主要土壤类型为褐土性土，土层为 30～60cm，厚薄不均，多为石堰水平梯田，无水浇条件，土壤侵蚀较重，石堰坍塌较多，应进一步修堰和整平地面，实行等高种植，田面以种植花生、红薯等耐旱作物为主，实行粮烟一年一作或两年三作的轮作制。增施有机肥，提高土壤肥力，深翻土地，加深土层，增强抗旱、保水能力，实行有机旱作，堰内栽植花椒和桑树。另外，应在区划的基础上，划出 30%～50%的坡麓地发展经济林木，挖穴栽树，建立和发展柿饼、核桃、苹果等山果基地和楸树、香椿等。

（二）东南部改土增肥区

面积为 $3.07\times10^4hm^2$，占土壤面积的 18.97%，包括南部沙山丘陵的坡麓梯田及部分岭坡梯田。主要土壤类型为棕壤性土，土层为 30～60cm，坡度较缓但有沟谷切割，耕层质地多为砾质土或轻砾石土。土壤养分较贫乏，有机质含量为 10g/kg，速效磷为 10～15mg/kg，速效钾为 80～100mg/kg。目前种植花生、黄烟及红薯等作物。半数以上为顺坡地，已整修的梯田多为薄土层，此区水土流失较重。利用重点是整修地堰和水平梯田，防止水土流失，并增施有机肥改良土壤，逐年深耕，熟化土壤，扩种耐旱作物，实行粮、烟、油轮作和有机旱作，有条件的逐步发展喷灌等。沟坡要栽植棉槐、刺槐等护坡封沟，地边可栽棉槐、花椒等。该区适于山楂、板栗、苹果等生长，宜逐步建立山楂、苹果及板栗等山果生产基地。

该区培肥重点：一是进行坡改梯，结合土地整理项目，通过土地平整等措施增厚土层。长形山岭坡地修成顺山势走向的长条梯田，圆形山岭修建成沿等高线方向的环山梯田，修建梯田应注意保留土质极薄的上部，营造水土保持林，提高综合控制水土的能力。临朐县山区土少石多，地少人多，适宜就地取材，炸山开石，修建石坎梯田，这是临朐县梯田的传统特点。石坎梯田具有占地少、稳固、发挥作用长等特点。建好梯田后应沿坎种植花椒、柿子等经济林木及紫穗槐、白蜡条等，实行多种经营，并能减少地表径流。二是建池蓄水。多渠道蓄积地表水，做到雨季蓄水旱时用，本着一峪一囤、一园一池的建设格局，即在每单元小流域内建一个蓄水 $500m^3$ 以上的大型水囤，每个果园内建一个蓄水 $100m^3$ 水池，每亩粮田建一个蓄水 $30m^3$ 以上的水池。在囤、池的建址选择上，随地就势，尽量选在坡度大、径流系数高、蓄雨集中的地方。这样不仅能最大限度地蓄积雨水，而且还可以利用地形落差发展自压灌溉，如滴灌、渗灌等节水灌溉措施，使有限的水源发挥出最大的效益。采取上述综合治理措施，果品产量可增产 40%，基本做到大雨不出峪、小雨不出田，收到良好的经济和社会效益。

开发利用方向：首先退耕还果，推广种植桃、杏、枣、山楂、核桃等干果。据调查，这几种果树在正常年份每亩平均产值为 2000～5000 元，是粮食产值的 5～10 倍，干旱年份的产值为 645～4370 元，而干旱年份的粮产值为负 35.4 元。因此，应调整山区种植结构，退粮还林、还果；因地制宜种植抗旱品种，土层较薄地块，适宜种植红薯等耐瘠抗旱作物，土层深厚地块，可选种抗旱小麦、玉米品种。

三、平原灌溉区

该区包括全县坡麓以下近山阶地各类厚层、深厚层土壤，为主要农业耕作土壤，面积为 5.07×10⁴ hm²，占土壤面积的 31.52%，主要分布在县北部。因土壤类型和理化性状差异，分为 2 个小区。

(一)北部灌溉区

该区主要包括冶源、嵩山两水库灌区大部和龙岗、寺头等乡镇(街道办事处)部分近山阶地，土壤类型以褐土和淋溶褐土为主。土壤有机质含量多在 10g/kg 以上。该区生产中的主要问题是土壤养分不高，氮素不足。虽有水利设施，但水源无保证。部分地面坡度较大，有水土流失现象。其利用途径和措施是增施有机肥和磷肥，协调土壤氮、磷、钾比例，挖掘地下水源，实行井渠灌溉"双保险"。水源不足的应实行有机旱作。坡度大的近山阶地应修堰整地，建设水平梯田，防止水土流失。

(二)培肥地力区

该区包括龙岗、东城南部棕壤土和九山、沂山、柳山坡麓以下的厚层、深厚层棕壤土。面积为 1.67×10⁴ hm²，占全县土壤面积的 10.42%，表层多为轻壤或中壤，少部分中下部有重壤层，土壤类型较好，但土壤养分含量偏低。土壤有机质含量为 10～12g/kg，全氮为 0.6～0.7g/kg，碱解氮为 70mg/kg，速效磷为 13～20mg/kg，速效钾为 100～130mg/kg，有机质不足，普遍缺氮，氮磷比例失调，沂山等乡镇(街道办事处)部分缺钾。水浇条件多数以提水为主。改良利用措施为整平地面，加深活土层，增施有机肥和氮肥，分次施肥，提高肥料利用率。具体措施：一是对土壤进行深耕、深翻，逐年加深耕层。二是推广秸秆还田或增加有机肥施用量，提高土壤有机质含量。三是合理施用化肥，平衡土壤养分。有条件的宜发展喷灌。该区以粮为主，以小麦—玉米一年两作为主。近河处和部分海拔较高的厚层沙壤土适宜马铃薯生长，可适当规划部分马铃薯生产基地，以提高土地生产效益，促进商品生产。

四、北部粮菜区

该区分布于城关周围及冶源镇东部老龙湾引泉灌区和辛寨镇辛中洼，面积为 0.58×10⁴ hm²，占全县土壤面积的 3.59%。主要土壤类型为淋溶褐土和褐土，辛中洼为棕壤。土层深厚，表层多为中壤，质地良好，部分土地下部有黏土层，保肥水性能良好，地面平整，土地园田化，土壤无侵蚀现象，有水浇保证，旱涝保收。缺点是土壤氮、磷、钾比例失调，影响中微量元素的吸收。有机质含量为 12～14g/kg，达不到丰富水平，碱解氮为 80～90mg/kg，速效磷为 20～30mg/kg，速效钾为 90～120mg/kg，大部分耕地由于连年机械作业，有 10～15cm 犁底层，影响苗期根系下扎。其改良利用措施是：隔 2～3 年轮流深耕、深翻，破除犁底层，增施土肥和实行秸秆还田等，培肥地力，并增施磷肥，实行配方施肥，协调氮磷比，同时进一步整修渠系，增置防渗设施，改长畦漫灌为短畦灌溉，缩短轮灌期，实行科学种田。同时在城镇周围建立蔬菜商品生产基地，保证城镇蔬菜供应。

该区耕地培肥重点：一是发展节水农业，提高灌溉保证率。在搞好城镇废水利用的同时，大力推广大棚滴灌、果园渗灌、粮田喷灌。二是深耕、深翻，破除犁底层，增加土壤通透性，改善土壤理化性状。三是推广秸秆还田，改良土壤，培肥地力。该区粮田面积较大，有充足的秸秆资源，应增加还田量，培肥土壤，改善土壤结构。化肥施用上应注意补充磷素和钾素，在调整氮、磷、钾比例的同时，注意合理施用微肥，尤其是注意硼肥的施用，将起到良好的增产增质效果。

该区利用方向：一是建设高标准商品粮基地，发展优质小麦、优质玉米，提高种粮的经济效益。二是大力发展大棚果、大棚菜，大棚果种植是一项占地少、费用低、收入高的新型产业，每亩年收入4万～10万元。

五、沿河沙质潮土区

该区主要包括弥河下游河漫滩和汶河自沂山水库以下的两岸河潮土，面积共0.39×$10^4 hm^2$，占全县可利用土地面积的3.4%。本区的土壤特点是质地松，漏肥水，地下水位浅并受季节性洪水影响，一般不宜种植农作物，应利用地位稍高的河滩地栽植毛白杨等，营造速生丰产林，间种瓜、菜等作物；河堤两岸可栽植紫穗槐、草皮等，可防洪、固沙、固堤，保护两岸免受洪涝威胁。水位很浅的宜开挖鱼塘、藕塘或栽种苇、蒲等水生植物，近水处可发展柳、杨等薪炭林，并留足水道，防止河道阻塞。该区改良措施：一是客土改沙，压黏改土。弥河滩地利用开沟填入客土的方法，可生产优质西瓜。河道两岸的沙性土壤有条件的可逐步掺入黏土，提高保肥、保水性能。二是增施有机肥，增加土壤有机质，达到改善土壤物理性状的作用。三是氮、磷、钾、微量元素搭配，每次施用量不宜过大，增加追肥次数。

该区利用方向：一是建立高标准优质西瓜生产基地。西瓜在临朐县有着悠久的栽培历史，以其甜、香深受消费者欢迎，同时农民种植也可获得了较高的经济效益。2008年，每亩产值为2万～3万元，远高于大棚菜。因此，利用沙滩地发展西瓜生产有较好的前景。二是发展优质果品基地，沿河两岸轻壤土适于种植苹果、葡萄、梨等，应加快发展速度，尽快形成规模。

第九章　耕地资源管理信息系统数据库建设

第一节　系统建设情况

一、项目来源及目的意义

临朐县耕地资源管理信息系统数据库建设工作，是农业部沃土工程“科学施用化肥”即测土配方施肥工作的重要组成部分，是国家实现农业科学种田，促进粮食稳定生产，实现农业科学施肥经常化、普及化的重要工作，是实现农业耕地地力评价成果资料统一化、标准化的重要计划，是实现综合农业信息资料共享的技术手段。临朐县耕地资源管理信息系统数据库建设工作是对最新的土地利用现状调查成果，第二次土壤普查的土壤、地貌等成果，本次耕地地力评价工作采集的土壤化学分析等成果进行汇总，建立一个集空间数据库和属性数据库的存储、管理、查询、分析、显示为一体的数据库，为科学种田及施肥、农业的可持续发展、深化农业科学管理工作服务。

二、建库单位组成

为加快临朐县耕地资源管理信息系统数据库建设工作，依据农业部县域耕地资源管理信息系统数据库建设工作要求，由多年来一直从事农业测土施肥研究、耕地地力评价、数据库建设工作有一定经验的单位组成联合工作组。

山东省土壤肥料总站：负责评价及建库工作组织、协调、标准制定、土壤图成果资料的归属核查处理等。

山东农业大学资源与环境学院：负责耕地地力评价图、土壤化学微量元素系列图及研究报告编制等。

山东天地亚太国土遥感有限公司：负责土地、土壤、矿化度、地貌、灌溉分区等图件扫描矢量化及几何校正处理等编图工作，耕地地力评价所有建库资料统一化、标准化处理，空间数据库和属性数据库建设，耕地地力评价成果图件修改编辑及图件输出、数据库建设报告编制等工作。

三、建库工作的软硬件环境

（一）主要硬件

P4 3.0 计算机 10 台，HP5000 和 HP3500 绘图仪各一台。

（二）软　件

MAPGIS6.7软件10套，ARCGIS9.2软件2套，县域耕地资源管理信息系统软件2套，ENVI4.6遥感图像处理与分析软件1套。

第二节　建库内容及建库工作中主要问题的处理

一、建库内容

依据农业部耕地地力评价工作数据库建设的要求，临朐县耕地资源管理信息系统数据库建设工作包括空间数据库和属性数据库两部分内容。属性数据库严格按照县域耕地资源管理信息系统数据字典及建库县提供的有关数据编制。空间数据库包括土地利用现状图、土壤图、坡度图、灌溉分区图、地貌图、耕地地力调查点点位图、耕地地力评价等级图、土壤化学微量元素系列图等。

二、建库工作中的主要问题

临朐县耕地资源管理信息系统数据库建设工作由于涉及的内容多，加之部分资料为第二次土壤普查的资料，与县域耕地资源管理信息系统数据字典的要求对比存在以下问题：

（1）第二次土壤普查的成果均为纸介质图，因图纸折叠和自然伸缩的影响，图件变形大，形成较大的误差。

（2）土地利用现状图为2006年以前的现状，近年来交通用地和蔬菜地等出现变化。

（3）临朐县土壤图中的土种名称和编码与山东省土种归属要求、全国土种标准名称与编码等不一致。

（4）临朐县的地貌图为微地貌图，与县域耕地资源管理信息系统数据字典中地貌划分的名称不能一一对应。

（5）同一个县已有资料坐标系不统一问题，如第二次土壤普查图件为1954年北京坐标系，土地利用现状图或行政区划图为1980年西安坐标系等。

三、建库工作中有关问题的处理

（1）依据1∶50000标准分幅地形图，对所有建库的纸介质成果图全部进行几何校正处理，以消除纸介质成果图的误差。

（2）依据较新的航天卫星资料对近年来变化的公路、铁路等进行了修改补充。

（3）为使临朐县土种的名称及代码与省标和国标相对应，在耕地资源管理信息系统数据库建设前，首先对土壤图中所有图斑内容进行了检查统计，错漏问题交项目县修改及编制土种归属表，最后由省土肥站进行土种归属复查处理。在此基础上编制了国标、省标、县土壤名称及代码对比表。为方便县域土壤图的利用和对比，建库后的图中仍保留了原县域土壤图的土种代码，属性挂接为国标代码。

（4）由于县域耕地资源管理信息系统数据字典中划分的地貌名称少，其地貌名称不能一一对应，在建库时尽量选择与数据字典中相近的地貌名称进行编码，为方便地貌图的利用和对比，在地貌图中保留了原地貌图的名称和代码，图例中增加了建库数据字典中规定的地貌名称、代码与县原地貌名称、代码的对比表，属性挂接为数据字典中规定的地貌名称和代码。

(5)对同一个县已有资料坐标系不统一问题，依据数据库建设要求，所有成果全部统一到高斯—克吕格投影，6 度分带，1954 年北京坐标系中。

第三节　数据库标准化

一、标准引用

县域耕地资源信息系统数据字典中规定的国标及行业有关技术标准：

(1)GB/T　2260—2002　《中华人民共和国行政区划代码》
(2)NY/T　309—1996　《全国耕地类型区、耕地地力等级划分》
(3)NY/T　310—1996　《全国中低产田类型划分与改良技术规范》
(4)GB/T　17296—2000　《中国土壤分类与代码》
(5)全国农业区划委员会　《土地利用现状调查技术规程》
(6)国土资源部　《土地利用现状变更调查技术规程》
(7)GB/T　13989—1992　《国家基本比例尺地形图分幅与编号》
(8)GB/T　13923—1992　《国土基础信息数据分类与代码》
(9)GB/T　17798—1999　《地球空间数据交换格式》
(10)GB　3100—1993　《国际单位制及其应用》
(11)GB/T　16831—1997　《地理点位置的纬度、经度和高程的标准表示法》
(12)GB/T　10113—2003　《分类与编码通用术语》
(13)GB/T　10114—2003　《县级以下行政区划代码编制规则》
(14)GB/T　9648—1988　《国际单位制代码》
(15)农业部　《全国耕地地力调查与评价技术规程》
(16)农业部　《测土配方施肥技术规范(试行)》(2008 年)
(17)农业部　《测土配方施肥专家咨询系统编制规范(试行)》
(18)山东省县域土种归属标准
(19)山东省县域耕地地力评价标准等。

二、空间坐标系及建库平台

(一)空间数据坐标系

投影：高斯—克吕格，6 度分带。1954 年北京坐标系，1956 年黄海高程系。比例尺：1∶50000。

(二)数据库采集模板和数据库文件格式

为使所有建库资料达到统一化和标准化，以及满足所有成果图件的输出和耕地资源地力评价工作的需要，对建库资料的扫描矢量化和几何校正处理工作均采用 MAPGIS 平台，数据库的文件格式为 MAPGIS 的点、线、面文件。待数据库成果评审验收和修改后，将 MAPGIS 的点、线、面格式转换为 Shape 格式，由 ARCGIS 平台进行数据库规范化处理，最后将数据库资料导入县域耕地资源管理信息系统。

第四节 数据库结构

一、空间数据库图层划分

空间数据库图层划分是严格按照县域耕地资源管理信息系统数据字典要求分层的，每层只反映属性相同的内容。临朐县耕地资源管理信息系统数据库建设包括土地利用现状图、第二次土壤普查成果和耕地地力评价等三部分内容，其空间数据库图层划分情况如表 9-1 所示。

表 9-1 耕地资源管理信息系统空间数据库分层表

序号	图层代码	图层名称	序号	图层代码	图层名称
1	AD101	行政区划图	18	SP103	耕层土壤有效磷等值线图
2	AD102	县乡村位置图	19	SP104	耕层土壤速效钾等值线图
3	AD103	行政界线图	20	SP105	耕层土壤缓效钾等值线图
4	AD201	辖区边界图	21	SP106	耕层土壤有效锌等值线图
5	AD202	装饰边界图	22	SP108	耕层土壤有效钼等值线图
6	GE103	面状水系图	23	SP109	耕层土壤有效铜等值线图
7	GE104	线状水系图	24	SP110	耕层土壤有效硅等值线图
8	GE105	道路图	25	SP111	耕层土壤有效锰等值线图
9	GE201	坡度图	26	SP112	耕层土壤有效铁等值线图
10	GE203	地貌类型分区图	27	SP201	耕层土壤 pH 等值线图
11	LM102	灌溉分区图	28	SP113	耕层土壤交换性钙等值线图
12	LU101	土地利用现状图	29	SP114	耕层土壤交换性镁等值线图
13	SB101	土壤图	30		耕层土壤有效硫等值线图
14	SB203	地下水矿化度等值线图	31		耕层土壤水解性氮等值线图
15	SB302	耕地地力调查点点位图	32		耕地地力评价等级图
16	SP101	耕层土壤有机质等值线图	33		耕层土壤有效硼等值线图
17	SP102	耕层土壤全氮等值线图			

注：本表为山东省统一的分层情况，临朐县为部分图件。

二、属性数据库结构

属性数据结构内容严格按县域耕地资源管理信息系统数据字典及建库县提供的资料编制，属性数据库结构如表 9-2 所示。

表 9-2　　耕地资源管理信息系统属性数据库结构表

图　名	属性数据结构	字段类型
行政区划图	内部标识码：系统内部 ID 号	长整型，9
	实体类型：point，polyline，polygon	文本型，8
	实体面积：系统内部自带	精度，19，2
	实体长度：系统内部自带	长整型，10
	县内行政码：根据国家统计局“统计上使用的县以下行政区划代码编制规则”编制	长整型，6
县乡村位置图	内部标识码：系统内部 ID 号	长整型，9
	实体类型：point，polyline，polygon	文本型，8
	X 坐标：无，Y 坐标：无	精度，19，2
	县内行政码：根据国家统计局“统计上使用的县以下行政区划代码编制规则”编制	长整型，6
	标注类型：村标注，乡标注，县标注	字符串，6
行政界线图	内部标识码：系统内部 ID 号	长整型，9
	实体类型：point，polyline，polygon	文本型，8
	实体长度：系统内部自带	长整型，10
	界线类型：根据国家基础信息标准填写	文本型，40
辖区边界图	内部标识码：系统内部 ID 号	长整型，9
	实体类型：point，polyline，polygon	文本型，8
	实体面积：系统内部自带	精度，19，2
	实体长度：系统内部自带	长整型，10
	要素代码：依据《国家基础地理信息数据分类与代码》编制要素代码	长整型，5
	要素名称：依据《国家基础地理信息数据分类与代码》编制要素名称	文本型，40
	行政单位名称：单位的实际名称填写	文本型，20
装饰边界图	内部标识码：系统内部 ID 号	长整型，9
面状水系图	内部标识码：系统内部 ID 号	长整型，9
	实体类型：point，polyline，polygon	文本型，8
	实体面积：系统内部自带	精度，19，2
	实体长度：系统内部自带	长整型，10
	要素代码：依据《国家基础地理信息数据分类与代码》编制要素代码	长整型，5
	要素名称：依据《国家基础地理信息数据分类与代码》编制要素名称	文本型，40
	面状水系码：自定义编码	字符串，5
	面状水系名称：依据 2006 年 10 月版山东省地图册编制	字符串，20
	湖泊储水量：依据 1：50000 地形图	字符串，8

续表

图 名	属性数据结构	字段类型
线状水系图	内部标识码:系统内部 ID 号	长整型,9
	实体类型:point,polyline,polygon	文本型,8
	实体长度:系统内部自带	长整型,10
	要素代码:依据《国家基础地理信息数据分类与代码》编制要素代码	长整型,5
	要素名称:依据《国家基础地理信息数据分类与代码》编制要素名称	文本型,40
	线状水系码:自定义编码	长整型,4
	线状水系名称:依据 2006 年 10 月版山东省地图册	文本型,20
	编制河流流量:无	长整型,6
道路图	内部标识码:系统内部 ID 号	长整型,9
	实体类型:point,polyline,polygon	文本型,8
	实体长度:系统内部自带	长整型,10
	要素代码:依据《国家基础地理信息数据分类与代码》编制要素代码	长整型,5
	要素名称:依据《国家基础地理信息数据分类与代码》编制要素名称	文本型,40
	公路代码:根据国家标准《公路路线命名编号和编码规则命名和编号规则》编制	文本型,11
	公路名称:根据国家标准《公路路线命名编号和编码规则命名和编号规则》编制	文本型 20
地貌类型分区图	内部标识码:系统内部 ID 号	长整型,9
	实体类型:point,polyline,polygon	文本型,8
	实体面积:系统内部自带	精度,19,2
	实体长度:系统内部自带	长整型,10
	地貌类型:数据引用自"中国科学院生物多样性委员会地貌类型代码库"(四类码)	文本型,18
灌溉分区图	内部标识码:系统内部 ID 号	长整型,9
	实体类型:point,polyline,polygon	文本型,8
	实体面积:系统内部自带	精度,19,2
	实体长度:系统内部自带	长整型,10
	灌溉水源:县局提供数据	文本型,10
	灌溉水质:无	文本型,4
	灌溉方法:县局提供数据年	文本型,18
	灌溉次数:县局提供数据	文本型,2
	灌溉条件:无	文本型,4
	灌溉保证率:无	长整型,3
	灌溉模数:无	双精度,5,2
	抗旱能力:无	长整型,3

续表

图　名	属性数据结构	字段类型
土地利用现状图	内部标识码:系统内部 ID 号	长整型,9
	实体类型:point,polyline,polygon	文本型,8
	实体面积:系统内部自带	精度,19,2
	实体长度:系统内部自带	长整型,10
	地类号:国土资源部发布的《全国土地分类》三级类编码	长整型,3
	平差面积:无	双精度,7,2
土壤图	内部标识码:系统内部 ID 号	长整型,9
	实体类型:point,polyline,polygon	文本型,8
	实体面积:系统内部自带	精度,19,2
	实体长度:系统内部自带	长整型,10
	土壤国标码:土壤类型国标分类系统编码	长整型,8
地下水矿化度等值线图	内部标识码:系统内部 ID 号	长整型,9
	实体类型:point,polyline,polygon	文本型,8
	实体长度:系统内部自带	长整型,10
	地下水矿化度:依据县级矿化度图实际数据填写	双精度,5,1
耕地地力调查点点位图	内部标识码:系统内部 ID 号	长整型,9
	实体类型:point,polyline,polygon	文本型,8
	X 坐标:北京 54 坐标系	精度,19,2
	Y 坐标:北京 54 坐标系	精度,19,2
	点县内编号 AP310102:自定义编号	长整型,8
行政区基本情况数据表	县内行政码 SH110102:根据国家统计局"统计上使用的县以下行政区划代码编制规则"编制	长整型,6
	省名称:山东省	字符串,6
	县名称:××市,××区,××	字符串,8
	县乡名称:××乡,××镇,××街道办事处	字符串,18
	村名称:××村,××委员会	字符串,18
	行政单位名称:××市,××区,××县,××乡,××镇,	字符串 20
	××街道办事处,××村,××	字符串 7
	委员会总人口:无	字符串 7
	农业人口:无	字符串 7
	非农业人口:无	精度,11,2
	国民生产总值 GNP:无	字符串,20

续表

图　名	属性数据结构	字段类型
县级行政区划代码表	行政单位名称:××市,××区,××县,××乡××镇××街道办事处××村××委员会	长整型,6
	县内行政码 SH110102:根据国家统计局"统计上使用的县以下行政区划代码编制规则"编制	长整型 9
土地利用现状地块数据表	内部标识码:系统内部 ID 号	长整型 9
	地类号:国土资源部发布的《全国土地分类》三级类编码	字符串,3
	地类名称:国土资源部发布的《全国土地分类》三级类名称	字符串,20
	计算面积:无	双精度,7,2
	地类面积:无	双精度,7,2
	平差面积:无	双精度,7,2
	报告日期:无	日期型,10
土壤类型代码表	土壤国标码:土壤类型国标分类系统编码	字符串,8
	土壤国标名:土壤类型国标分类系统名称	字符串,20
耕地地力调查点基本情况及化验结果数据表	灌溉水源:县提供数据	字符串,10
	灌溉方法:县提供数据	字符串,18
	调查点国内统一编号:自定义编号	字符串,14
	调查点县内编号:自定义编号	字符串,8
	调查点自定义编号 AP310103:自定义编号	字符串,40
	调查点类型:耕地地力	字符串,20
	调查点户主联系电话:区号—本地电话号码	字符串,13
	调查人联系电话:区号—本地电话号码	字符串,13
	调查人姓名:××××	字符串,8
	调查日期:采集当天日期≥0℃	日期型,10
	积温:无≥10℃	字符串,5
	积温:无	字符串,5
	年降水量:县提供数据	字符串,4
	全年日照时数:无	字符串,4
	光能辐射总量:无	字符串,4
	无霜期:县提供数据	字符串,3
	干燥度 CW210107:无	双精度,4,2
	东经:县提供数据	双精度,9,5
	北纬:县提供数据	双精度,8,5
	坡度:地形坡度	双精度,6,1
	海拔:海拔高度	双精度,4,1
	坡向:缺少数据	字符串,4
	地形部位:数据引用自《全国耕地类型区、耕地地力等级划分》和《全国中低产田类型划分与改良技术规范》	字符串,50 双精度,4,1

续表

图　名	属性数据结构	字段类型
耕地地力调查点基本情况及化验结果数据表	田面坡度:依据田面实际坡度	字符串,3
	灌溉保证率:无	字符串,2
	排涝能力:无	字符串,10
	梯田类型:无	字符串,3
	梯田熟化年限:无	双精度,7,2
	保护块面积:无	字符串,8
	土壤侵蚀类型:无	字符串,20
	土壤侵蚀程度:无明显侵蚀,轻度侵蚀	字符串,50
	污染源企业名称:无	字符串,50
	污染源企业地址:无	双精度,6,1
	液体污染物排放量:无	双精度,6,1
	粉尘污染物排放量:无	双精度,9,2
	污染面积 LE220105:无	字符串,20
	污染物类型:无	字符串,40
	污染范围:无	字符串,30
	污染造成的损害:无	字符串,5
	距污染源距离:无	字符串,4
	污染物形态:无	字符串,9
	污染造成的经济损失:无	字符串,8
	省名称:山东省县名称:××市,××区,××县	字符串,18
	乡名称:××乡,××镇,××街道办事处	字符串,18
	村名称:××村,××委员会户主姓名	字符串,8
	土壤类型代码(国标):根据县提供数据填写	字符串,8
	土类名称(县级):县提供数据	字符串,20
	亚类名称(县级):县提供数据	字符串,20
	土属名称(县级):县提供数据	字符串,20
	土种名称(县级):县提供数据	字符串,20
	剖面构型:土层符号代码表、土层后缀符号代码表、	字符串,10
	剖面构型数据编码表是根据《中国土种志》整理	字符串,8
	质地构型:无	字符串,2
	耕层厚度:县提供数据	字符串,10
	障碍层类型:无	字符串,3
	障碍层出现位置:无	字符串,3
	障碍层厚度:无	字符串,30
	成土母质:数据引用于《土壤调查与制图》(第二版),农业出版社	字符串,6
	质地:中壤土,重壤土,沙壤土	精度,4,2
	容重:县提供数据	字符串,2
	田间持水量:县提供数据	精度,4,1
	pH:依据土壤化学分析 pH 耕地地力等级评价成果填写	精度,4,1

续表

图 名	属性数据结构	字段类型
耕地地力调查点基本情况及化验结果数据表	CEC:依据土壤化学分析 CEC 值耕地地力等级评价成果填写	精度,5,1
	有机质:依据土壤化学分析有机质值耕地地力等级评价成果	精度,6,3
	填写全氮:依据土壤化学分析全氮值耕地地力等级评价成果	字符串,5
	填写全磷:依据土壤化学分析全磷值耕地地力等级评价成果	精度,5,1
	填写有效磷:依据土壤化学分析有效磷值耕地地力等级评价成果	字符串,4
	填写缓效钾:依据土壤化学分析缓效钾值耕地地力等级评价成果	字符串,3
	填写速效钾:依据土壤化学分析速效钾值耕地地力等级评价成果	精度,5,2
	填写有效锌:依据土壤化学分析有效锌值耕地地力等级评价成果	精度,4,2
	填写水溶态硼:依据土壤化学分析水溶态硼值耕地地力等级评价成果	精度,6,2
	填写有效硅:依据土壤化学分析有效硅值耕地地力等级评价成果	精度,4,2
	填写有效钼:依据土壤化学分析有效钼值耕地地力等级评价成果	精度,5,2
	填写有效铜:依据土壤化学分析有效铜值耕地地力等级评价成果	精度,5,1
	填写有效锰:依据土壤化学分析有效锰值耕地地力等级评价成果	精度,6,1
	填写有效铁:依据土壤化学分析有效铁值耕地地力等级评价成果	精度,6,1
	填写交换性钙:依据土壤化学分析交换性钙值耕地地力等级评价成果	精度,5,1
	填写交换性镁:依据土壤化学分析交换性镁值耕地地力等级评价成果	精度,5,1
	填写有效硫:依据土壤化学分析有效硫值耕地地力等级评价成果	精度,5,1
	填写盐化类型:无	字符串,20
	1m 土层含盐量:无	精度,5,1
	耕层土壤含盐量:无	精度,5,1
	水解性氮:依据土壤化学分析水解性氮值耕地地力等级评价成果	精度,5,3
	填写旱季地下水位:无	字符串,3
	采样深度:县提供数据	字符串,7
耕层土壤有机质等值线图	内部标识码:系统内部 ID 号	长整型,9
	实体类型:point,polyline,polygon	文本型,10
	实体长度:系统内部自带	长整型,10
	有机质:依据土壤化学分析有机质值耕地地力等级评价成果填写	精度,5,1
耕层土壤全氮等值线图	内部标识码:系统内部 ID 号	长整型,9
	实体类型:point,polyline,polygon	文本型,10
	实体长度:系统内部自带	长整型,10
	全氮:依据土壤化学分析全氮值耕地地力等级评价成果填写	精度,4,2
耕层土壤有效磷等值线图	内部标识码:系统内部 ID 号	长整型,9
	实体类型:point,polyline,polygon	文本型,10
	实体长度:系统内部自带有	长整型,10
	效磷:依据土壤化学分析有效磷值耕地地力等级评价成果填写	精度,5,1

续表

图 名	属性数据结构	字段类型
耕层土壤速效钾等值线图	内部标识码:系统内部 ID 号 实体类型:point,polyline,polygon 实体长度:系统内部自带 速效钾:依据土壤化学分析速效钾值耕地地力等级评价成果填写	长整型,9 文本型,10 长整型,10 长整型,3
耕层土壤缓效钾等值线图	内部标识码:系统内部 ID 号 实体类型:point,polyline,polygon 实体长度:系统内部自带 缓效钾:依据土壤化学分析缓效钾值耕地地力等级评价成果填写	长整型,9 文本型,10 长整型,10 长整型,4
耕层土壤有效锌等值线图	内部标识码:系统内部 ID 号 实体类型:point,polyline,polygon 实体长度:系统内部自带 有效锌:依据土壤化学分析有效锌值耕地地力等级评价成果填写	长整型,9 文本型,10 长整型,10 精度,5,2
耕层土壤有效钼等值线图	内部标识码:系统内部 ID 号 实体类型:point,polyline,polygon 实体长度:系统内部自带 有效钼:依据土壤化学分析有效钼值耕地地力等级评价成果填写	长整型,9 文本型,10 长整型,10 精度,4,2
耕层土壤有效铜等值线图	内部标识码:系统内部 ID 号 实体类型:point,polyline,polygon 实体长度:系统内部自带 有效铜:依据土壤化学分析有效铜值耕地地力等级评价成果填写	长整型,9 文本型,10 长整型,10 精度,5,2
耕层土壤有效硅等值线图	内部标识码:系统内部 ID 号 实体类型:point,polyline,polygon 实体长度:系统内部自带 有效硅:依据土壤化学分析有效硅值耕地地力等级评价成果填写	长整型,9 文本型,10 长整型,10 精度,6,2
耕层土壤有效锰等值线图	内部标识码:系统内部 ID 号 实体类型:point,polyline,polygon 实体长度:系统内部自带 有效锰:依据土壤化学分析有效锰值耕地地力等级评价成果填写	长整型,9 文本型,10 长整型,10 精度,5,1
耕层土壤有效铁等值线图	内部标识码:系统内部 ID 号 实体类型:point,polyline,polygon 实体长度:系统内部自带 有效铁:依据土壤化学分析有效铁值耕地地力等级评价成果填写	长整型,9 文本型,10 长整型,10 精度,5,1

续表

图 名	属性数据结构	字段类型
耕层土壤 pH 等值线图	内部标识码:系统内部 ID 号 实体类型:point,polyline,polygon 实体长度:系统内部自带 pH:依据土壤化学分析 pH 耕地地力等级评价成果填写	长整型,9 文本型,10 长整型,10 精度,4,1
耕层土壤交换性钙等值线图	内部标识码:系统内部 ID 号 实体类型:point,polyline,polygon 实体长度:系统内部自带 交换性钙:依据土壤化学分析交换性钙值耕地地力等级评价成果填写	长整型,9 文本型,10 长整型,10 精度,6,1
耕层土壤交换性镁等值线图	内部标识码:系统内部 ID 号 实体类型:point,polyline,polygon 实体长度:系统内部自带 交换性镁:依据土壤化学分析交换性镁值耕地地力等级评价成果填写	长整型,9 文本型,10 长整型,10 精度,5,1
耕层土壤有效硫等值线图	内部标识码:系统内部 ID 号 实体类型:point,polyline,polygon 实体长度:系统内部自带 有效硫:依据土壤化学分析有效硫值耕地地力等级评价成果填写	长整型,9 文本型,10 长整型,10 精度,5,1
耕层土壤水解性氮等值线图	内部标识码:系统内部 ID 号 实体类型:point,polyline,polygon 实体长度:系统内部自带 水解性氮:依据土壤化学分析水解性氮值耕地地力等级评价成果填写	长整型,9 文本型,10 长整型,10 精度,5,3
耕地地力评价等级图	内部标识码:系统内部 ID 号 实体类型:point,polyline,polygon 实体面积:系统内部自带 等级(县内):'120'	长整型,9 文本型,10 精度,19,2 文本型,2
耕层土壤有效硼等值线图	内部标识码:系统内部 ID 号 实体类型:point,polyline,polygon 实体长度:系统内部自带 有效硼:依据土壤化学分析有效硼值耕地地力等级评价成果填写	长整型,9 文本型,10 长整型,10 精度,4,2
土壤全盐含量分布图	内部标识码:系统内部 ID 号 实体类型:point,polyline,polygon 实体长度:系统内部自带 全盐:依据土壤化学分析全盐值耕地地力等级评价成果填写	长整型,9 文本型,10 长整型,10 精度,4,1

续表

图 名	属性数据结构	字段类型
耕层土壤有效镁等值线图	内部标识码:系统内部 ID 号 实体类型:point,polyline,polygon 实体长度:系统内部自带 有效镁:依据土壤化学分析有效镁值耕地地力等级评价成果填写	长整型,9 文本型,10 长整型,10 长整型,2
耕层土壤有效钙等值线图	内部标识码:系统内部 ID 号 实体类型:point,polyline,polygon 实体长度:系统内部自带 有效钙:依据土壤化学分析有效钙值耕地地力等级评价成果填写	长整型,9 文本型,10 长整型,10 长整型,2

第五节 建库工作方法

一、数据库质量控制

数据库质量涉及三个方面的工作:一要满足耕地地力评价工作的需要;二要满足耕地资源管理信息系统数据库建设的需要;三要满足建库所有成果图件输出的需要。为满足以上三个方面的要求,在数据库建设工作开展前,首先在有关国标、部标和行业标准的基础上,制订了统一的工作平台、工作方法和流程,成果图件图名、图例和色彩编制要求,成果质量检查工作方法。耕地地力评价基础性图件首先在建库单位初步检查后,交项目县进行全面检查和修改补充错漏内容,返回建库单位对所有成果图件安排专人进行全面检查和修改,从而保证了数据库的成果质量。

二、建库工作有关规定

为保证建库工作的按时及保质完成,成立了建库项目组等。

建库项目组:设立技术负责一人,全面负责建库工作有关规程的学习、日常建库工作安排、工作进度、质量检查、建库数据库资料汇总、MAPGIS 格式建库成果经 ARCGIS 规范化处理、导入县域耕地资源管理信息系统等工作。

质量检查组:安排具有工作经验的人员成立检查组,负责所有建库资料的质量检查及修改工作。

制定建库工作标准:在建库工作前,首先把建库图形子图的大小、线的粗细及线型、面的色彩搭配,图件分层,工作方法和流程下发到每一个建库工作人员手中,统一了建库图形扫描矢量化的技术要求。

最终成果检查:所有成果图待评审验收后,依据专家意见,由建库组和耕地地力评价组依据专家和甲方意见进行成果图和数据库修改补充,最后输出成果图件和导入县域耕地资源管理信息系统。

三、建库资料精度及建库工作流程

（一）建库资料精度

为保证建库资料的数学精度，首先形成大于临朐县范围的1∶50000标准图幅理论图框，拼接形成县域的1∶50000理论图框。以1∶50000标准分幅地形图为基础，在地形图和县域土地利用现状图上选择同名地物点（主要为农村道路交叉点等）为几何校正点，为保证县域图件的精度，选择不少于30个几何校正点，每一个几何校正点选择地形图附近的4个公里网交叉点，将其校正到县域的理论图框上，形成满足1∶50000精度要求的县域地理底图。以该图为基础，将所有建库成果图件校正到县域地理底图上。

（二）建库工作流程

第一步：首先按照建库工作的基本要求对土地利用现状、土壤、矿化度、灌溉分区、地貌、采样点位等图件进行扫描矢量化和几何校正处理、建库组错漏自查和交甲方进行错漏检查、返回建库组修改及编辑、拓扑检查、属性挂接处理等。第二步：将以上成果交耕地地力评价组进行耕地地力评价工作。第三步：耕地地力评价组将其评价成果资料再返回建库组，由建库组按照县域耕地资源管理信息系统数据库建设要求，对所有建库成果资料进行全面的质量检查及编辑处理、拓扑处理、属性挂接，最后由MAPGIS—ARCGIS—县域耕地资源管理信息系统输出成果图件。

（三）主要空间数据库说明

行政区划图（地理底图）：以土地利用现状图为背景，分别提取乡镇、村庄、主要工矿企业建设用地，主要道路、河流、境界、行政区划等内容。参考地图或1∶50000地形图，对主要道路、双线河流等地物进行连接并加注地物注记。依据卫星影像等资料，对近年来增加的主要道路进行更新。

土壤图：依据土壤调查研究报告、土壤志、山东省土壤分类归属标准，编制土种归属对比表和国标、省标、县三级对比表图例。在土壤图上保留土壤图原始代码，属性挂接为国标代码，可满足部、省、县各级政府工作的需要。

地貌图：由于地貌图为微地貌图，为满足部、省、县各级政府使用及建库工作的需要，在地貌图中保留了原地貌代码，其属性尽量对应到数据字典中的名称及代码，在图例中增加了对比表，满足了各项工作的需要。

（四）属性库编制方法

严格按照建库数据字典中的要求及建库单位提供的资料编制各种成果图属性代码。

第六节 建库成果

临朐县耕地资源管理信息系统数据库建设成果包括农业部规定格式的数据库和MAPGIS格式的成果图，共计19幅图（见表9-3）。

表 9-3 临朐县耕地资源管理信息系统数据库建设成果表

序号	成果图名称	备注
1	临朐县土地利用现状图	
2	临朐县地貌图	
3	临朐县土壤图	
4	临朐县坡度图	
5	临朐县耕地地力调查点点位图	
6	临朐县灌溉分区图	
7	临朐县土壤 pH 分布图	
8	临朐县耕地地力评价等级图	
9	临朐县土壤缓效钾含量分布图	
10	临朐县土壤碱解氮含量分布图	
11	临朐县土壤全氮含量分布图	
12	临朐县土壤速效钾含量分布图	
13	临朐县土壤有机质含量分布图	
14	临朐县土壤有效磷含量分布图	
15	临朐县土壤有效锰含量分布图	
16	临朐县土壤有效硼含量分布图	
17	临朐县土壤有效铁含量分布图	
18	临朐县土壤有效铜含量分布图	
19	临朐县土壤有效锌含量分布图	

临朐县耕地资源管理信息系统数据库建设包括空间数据库和属性数据库两部分内容，空间数据库全部是按照县域耕地资源管理信息系统数据字典要求进行的。属性数据库由于部分资料难以收集到（如土地平差面积等），属性数据仅按照县域耕地资源管理信息系统数据字典要求编制了部分内容。还有，例如耕地地力评价土壤采样点位图，利用 GPS 坐标展绘到地理底图上的点与实际点位误差较大，达不到精度要求，所以耕地地力评价土壤调查采样点位图是依据野外采样点位图经扫描矢量化后形成，属性挂接为 GPS 定点的坐标。

专题报告一　临朐县果园地力评价与改良利用

一、临朐县果园基本概况

(一)果树发展情况

近年来,临朐县委、县政府高度重视农业产业化结构调整,发挥山丘众多的资源优势,突出抓好临朐果品生产,大力实施林果强县战略,林果业得到快速发展。到目前为止,全县经济林面积达到 19116hm^2,其中苹果 2776hm^2、葡萄 1646hm^2、桃 3509hm^2、柿子 2333hm^2、山楂 3300hm^2、板栗 2500hm^2。果品总产量为 25.9 万吨,形成了以城关街道办事处、龙岗、辛寨、东城等乡镇(街道办事处)为主的大樱桃基地,以五井镇、城关街道办事处为主的柿子基地,以寺头镇、五井镇为主的山楂基地,以龙岗镇为主的黄金梨基地,以九山镇为主的板栗基地,以冶源镇为主的葡萄基地。

临朐县山地丘陵面积占全县总面积的 87.2%,人多地少,所以林果生产一直是农民收入的重要组成部分。果树栽培历史悠久,隐士梨、南北桐峪甜杏米是全国闻名的特产果品,已有几百年的栽培历史,山楂也有百余年栽培历史,1988 年成为全国山楂生产基地县。中国樱桃(小樱桃)在临朐县已经有几十年的栽培历史,其他果树如苹果、葡萄、桃、核桃、板栗等,都是县内优势产区农民收入的支柱产业。目前,临朐是潍坊市第一果品大县、山东省大棚果生产第一强县,林果总收入达 7 亿元,先后被国家和省市授予"大樱桃标准化生产示范基地""优质山楂生产基地"等称号。

(二)大棚果树发展基本情况

大棚果树生产实际上就是果树设施栽培(保护地栽培)的一种具体形式。临朐县 1993 年在大樱桃上试验,1998 年试验获得成功。从 2003 年起,每年以增加约 700hm^2 的速度发展,建成了全国大棚果生产第一县,2008 年已发展到 $0.33\times10^4 hm^2$。

从果品生产发展的历史阶段看,大棚果生产是果品生产发展的必然。临朐县的果品生产同全国的生产形势一样,大搞山区建设,突出地方特色。1981～1986 年,建成了百万株山楂基地,基地面积达到 $0.47\times10^4 hm^2$,成为了全国山楂生产重点县;1987～1992 年,建成了全国闻名的蒋大蒲基地、盘柳辛白基地,苹果重点产区总面积达到了 $0.8\times10^4 hm^2$;1992～1997 年,集中发展板栗、柿子、大枣、桃、杏和葡萄等果品,建成了九山青杨峪板栗基地、五井柿子基地、弥河沿岸的葡萄基地等;1997 年起,集中发展以大樱桃、桃、杏、葡萄及干果为主的鲜杂果生产,建成了以城关街道办事处、龙岗为主的大樱桃生产基地,以柳山、龙岗为主的桃、杏生产基地。特别是樱桃发展迅速,用人为的措施防止冻害，满足果树生长发育的需求，达到提前或延后上市以增加效益的目的。

从大棚果生产本身的特点看，大棚果生产是果品生产最高档的形式。(1)产品提前或延后上市，调节市场，充分体现名、特、优、稀、缺为贵的特点，提高了经济效益。(2)最容易生产出绿色果品。由于果品的大部分病虫害靠风雨传播，而大棚果园中病虫害的病原菌、虫源明显减少，喷药次数明显减少；同时扣棚后由于生长发育周期的改变，打乱了病原菌的正常发育规律，发病明显减轻；一个大棚成为独立的生产单位(空间)，不受外部相邻作业空间的污染和侵蚀，只要按照绿色标准生产，就能生产出绿色食品来。(3)极大地避免了自然灾害的侵蚀，尤其是鸟害(据调查统计大樱桃每年受鸟害损失在15%左右，折合每亩地2000～3000元)，确保了果品生产的效益。(4)科技含量高，提高了农民素质，改变了传统观念，加快农业由粗放型生产向农业工厂化、现代化生产迈进的步伐。据有关专家介绍，农业工厂化生产的标准是露天生产效益的50～100倍，大棚果生产如大樱桃是露天粮食生产的60～150倍(4万～10万元/667m^2)，所以大棚果生产是一项高投入(每亩投入0.5万～3万元)、高产出(4万～10万元/667m^2)、高效益的致富项目。

从临朐县果品生产条件、地理位置、土壤交通条件来看，临朐县适合发展大棚果生产，主要有以下几点：一是临朐县果树资源丰富，有雄厚的果品生产基础，尤其是大樱桃的优良砧木考尔特和以红灯、先锋为主的大樱桃品种，这为大棚果生产奠定了基础；二是有完整的配套技术，有一批经验丰富、技术熟练的科技人员和果农；三是临朐县的土壤条件、气候条件、交通条件适宜发展大棚果；四是对节约用水、节约土地资源起到重要作用，临朐县处于贫水地区，覆盖大棚后，可减少水分蒸发，节约用水；五是可充分利用富裕劳动力，充分体现劳动力价值，临朐县劳动力充足，大棚果不但利用劳动力，同时将冬季劳动力闲置时间充分利用，扣棚4～6个月可纯收入几万元，彻底改变了临朐县劳动力价值低廉的情况；六是大棚果生产改变了果农的生产方式，提高了生产水平。

二、果园土壤养分分析

果园土壤肥力状况是决定果品产量和品质的一个基本因素，营造适宜的土壤环境，根据土壤肥力进行合理的品种布局和科学的田间管理是发展名特、高产、优质、高效、低耗、可持续农业的一个必要前提。近年来，随着农业的发展和产业结构的调整，临朐县大力发展果菜等优势产业，果树栽培已经形成了区域化、规模化的生产模式，栽培面积达$1.4\times10^4hm^2$。栽培品种有苹果、大樱桃、梨、桃、葡萄等，特别是大棚果成为农民致富、村镇达小康的支柱产业。不合理施肥不仅造成肥料利用率降低，而且也使果园土壤(尤其是老果园)肥力水平下降，养分比例失调，生产能力降低，病虫害严重，枯树、死树不断增多，直接影响果品的产量和品质，以及农民致富。因此，结合全县耕地地力评价，对效益好、产量高、肥力好的果园地进行地力评价。在全县4个镇20个村选取有代表的果园，布置调查点110个，主要是大棚果园及相近露天果园，涉及的果树品种有苹果、樱桃等，按0～20cm和20～40cm土样采集220个，进行了5个常规项目和6个中微量元素项目的分析，共取得2400个有效化验数据，建立了果园土壤养分数据档案，基本摸清了临朐县果园(尤其是大棚果园)土壤养分现状、肥力水平，找出了果园土壤存在的问题、原因以及改良利用的方向。为调整产业结构、果园区划、合理施肥、建立果园地力补偿制度、进行果园的科学管理和提高果树的产量和品质，提供了科学的依据。

（一）样品采集

根据不同的土壤类型、地形部位、肥力水平，共布置了110个点进行采样。普通土样用土钻采集，微量元素土样用不锈钢钻等采集，采样深度：0～40cm土层混合土样、0～20cm土样和20～40cm土样，采样时间：果实采收后至秋冬施肥前。

（二）分析项目

分析测定项目11项，常规分析包括有机质、碱解氮、速效磷、速效钾、交换性钙、交换性镁、土壤pH，微量分析包括有效铜、有效锌、有效铁、有效锰。

（三）果园土壤有效养分现状分析

临朐县果园土壤养分情况是，土壤有机质偏低，氮不足，磷较高，钾中等偏上，土壤部分有酸化趋势，中微量元素含量不均匀（见表1）。

表1　保护地果品土壤养分分级评价标准

项　目	养分分级标准				
	1	2	3	4	5
有机质(g/kg)	≤10	10～20	20～30	30～40	>40
pH	≤5.5	5.6～6.5	6.5～7.5	7.5～8.5	>8.5
碱解氮(mg/kg)	≤50	50～150	150～250	250～300	>300
有效磷(mg/kg)	≤50	50～70	70～120	120～150	>150
速效钾(mg/kg)	≤100	100～200	200～300	300～400	>400

1. 土壤有机质

土壤有机质水平的高低对于果园可持续生产的意义非常重要，要十分注重有机肥的施用，使土壤有机质维持在较高的水平。果树需要较高的有机质含量，所以果园土壤有机质含量应该平均在20g/kg以上。但从化验结果看，临朐县果园土壤有机质含量与优质、高产、高效生产要求相比，仍然偏低。根据对110个果园土壤有机质状况调查汇总可以看出，全部果园有机质平均为18.39g/kg，其中大棚种植0～20cm有机质平均为22.76g/kg，变幅为15.6～32.1g/kg，20～40cm有机质平均为12.8g/kg，变幅为5.91～26.88g/kg；露天种植0～20cm有机质平均为19.8g/kg，变幅为15.6～24.65g/kg，20～40cm有机质平均为9.72g/kg，变幅为5.91～13.42g/kg。20～40cm是果树根系集中分布区，有机质含量不高，大部分果园土壤有机质含量在15g/kg以下。大棚种植有机肥施用较多，露天种植施用较少。果园有机质与第二次土壤普查相比，有明显的增加，而丰产、稳产、优质果园的土壤有机质含量应在20g/kg以上，与保护地果品土壤养分分级评价标准相比，属较低的二级。表现为0～20cm养分含量较高，而20～40cm根系吸收区养分含量偏低。因此，果园土壤的有机培肥工作依然任重而道远。

2. 土壤碱解氮

土壤碱解氮含量是决定果树产量的重要因子之一。近年来，由于果园施氮水平差异较大，土壤碱解氮状况较第二次土壤普查时发生了较大变化。从果园土壤样本数据分析看，大部分果园土壤全氮水平较第二次土壤普查时有所增长，但仍处于中低水平。果园土壤碱解氮平均为95.2mg/kg，变幅为74.3～169.4mg/kg，其中大棚种植0～20cm碱解氮平均为105.4mg/kg，变幅为68.7～126.3mg/kg，20～40cm碱解氮平均为85.5mg/kg，变幅为70.1～98.7mg/kg；露天种植0～20cm碱解氮平均为83.7mg/kg，变幅为68.4～106.3mg/kg，20～40cm碱解氮平均为75.1mg/kg，变幅为64.3～98.7mg/kg，与保护地果品土壤养分分级评价标准相比，属较低的二级。表现为0～20cm养分含量较高，而20～40cm根系吸收区养分含量偏低。

由于种植规模由单一管理过渡到小规模农户管理，氮肥施用过量与不足并存，土壤全氮水平差异扩大，导致有的果园土壤碱解氮在土壤剖面出现积累，有的果园碱解氮偏低。

3. 土壤有效磷

土壤有效磷是衡量土壤养分含量和强度水平的重要指标。20世纪90年代以来，果园土壤有效磷呈明显上升趋势，与第二次土壤普查时比较，总体表现出积累，但是变化幅度增加，累积与亏缺比例增加。通过对苹果、樱桃主产区果园土壤样本数据分析，大部分果园土壤有效磷均出现明显积累，应予以重视。也有部分地区土壤磷状况偏低，果园土壤有效磷缺乏(＜10mg/kg)主要是由于临朐县不同地区果园施磷水平差异较大所造成的，但总体有效磷偏高。果园有效磷平均为150.83mg/kg，其中大棚果园0～20cm有效磷平均为166.72mg/kg，变幅为47.3～372.5mg/kg，20～40cm有效磷平均为81.04mg/kg，变幅为7.7～199.3mg/kg；露天果园0～20cm有效磷平均为104.1mg/kg，变幅为54～159.3mg/kg，20～40cm有效磷平均为29.2mg/kg，变幅为13.3～50.6mg/kg，与保护地果品土壤养分分级评价标准相比，属较高的四级。表现为0～20cm养分含量较高，而20～40cm根系吸收区养分含量偏低。前几年农民主要是施用磷酸二铵，后来主要是施用复合肥，复合肥中磷的含量偏高，导致土壤中尤其是大棚果树磷含量极高，严重影响果树生长及对其他微量元素的吸收。

4. 土壤速效钾

通过对临朐县果园土壤样本的调查汇总分析发现，与第二次土壤普查结果相比，大部分地区果园土壤速效钾均有不同程度增长，处于较高水平。临朐县是山区县，土壤速效钾普遍偏高，但也有局部地区果园土壤速效钾含量偏低，在100mg/kg以下。果园速效钾平均为453.5mg/kg，其中大棚果园0～20cm速效钾平均为528.04mg/kg，变幅为120.3～1020mg/kg，20～40cm速效钾平均为373.17mg/kg，变幅为130～980mg/kg；露天果园0～20cm速效钾平均为290.4mg/kg，变幅为197～380mg/kg，20～40cm速效钾平均为158mg/kg，变幅为114～246mg/kg，与保护地果品土壤养分分级评价标准相比，属较高的四级。表现为0～20cm养分含量较高，而20～40cm根系吸收区养分含量偏低。耕层土壤速效钾含量受土壤类型、土壤质地、气候、人为因素等的影响，各地差异较大，大棚果园速效钾含量明显地高于露天果园，平原果园高于山区果园，过高的土壤有效钾将影响到其他元素的吸收。

5. 土壤pH

根据对果园土壤酸碱度状况调查汇总可以看出，全部果园pH平均为6.94，其中大棚果园 0～20cm pH 平均为 6.94，变幅为 5.5～7.84，20～40cm pH 平均为 6.86，变幅为 5.41～8；露天种植 0～20cm pH 平均为 7.09，变幅为 6.07～7.84，20～40cm pH 平均为 6.83，变幅为 6.46～8。通过化验分析发现，部分土壤有酸化现象。土壤酸化是指土壤内部产生和外部输入的氢离子引起土壤 pH 降低和盐基饱和度减小的过程。但是，最近几年来由于人为因素的影响，土壤的酸化进程大大加快。引起土壤酸化的因素主要有成土母质、气候、生物、植被、施肥、灌溉和酸沉降等因素。其中酸沉降和不当的农田施肥措施是土壤酸化加快的主要原因。据调查，临朐县土壤酸化的主要原因是农田措施不当引起土壤酸化。果园施氮量超过各自需求量，并且主要以铵态氮肥形式施入土壤，加速了土壤酸化。在 20 世纪 80 年代，全县土壤 pH 为 5.9～7.5，平均为 7.09，多数为 6.5 ～7.5，当时施肥主要以有机肥为主，而从 20 世纪 80 年代以后，化肥用量逐年上升，导致目前 10% 以上的土壤处于酸性状态。

6. 土壤交换性钙

临朐县果园土壤交换性钙含量平均为 3610mg/kg，变幅为 2500～5000mg/kg。因临朐县土壤主要是由石灰岩母质形成的，所以交换性钙含量一般较高。土壤交换性钙含量与酸碱度有密切的关系，pH 高，交换性钙含量一般较高(见表 2)。

表 2　各利用类型土壤交换性钙含量

利用类型	平均值(mg/kg)	范围值(mg/kg)
大棚 0～20cm	3580	2350～4580
大棚 20～40cm	3890	2670～5440
露天 0～20cm	3460	2350～4580
露天 20～40cm	3740	2570～5320
总平均	3610	

7. 土壤交换性镁

临朐县果园土壤交换性镁含量平均为 305mg/kg，变幅为 220～350mg/kg，94% 的面积含量为 150～500g/kg。土壤交换性镁含量与交换性钙含量密切关系。一般来说，石灰性母质形成的土壤，碳酸盐含量丰富，交换性钙含量高，交换性镁含量亦较高，其溶液中的有效态镁离子已足够满足植物生长的需要(见表 3)。

表 3　各利用类型土壤交换性镁含量

利用类型	平均值(mg/kg)	范围值(mg/kg)
大棚 0～20cm	310	260～340
大棚 20～40cm	300	240～320
露天 0～20cm	260	240～280
露天 20～40cm	240	230～340
总平均	305	

8. 土壤有效锌

全县果园土壤有效锌含量平均为 3.25mg/kg，变幅为 0.1～14.8mg/kg，含量较高，在生产中应适当考虑锌肥的施用(见表 4)。

表 4　果园类型土壤锌含量

利用类型	平均值(mg/kg)	范围值(mg/kg)
大棚 0～20cm	4.84	3～12.5
大棚 20～40cm	2.27	0.1～6.3
露天 0～20cm	3.52	3.1～4.5
露天 20～40cm	0.7	0.2～1.5
总平均	3.25	

9. 土壤有效锰

果园土壤有效锰含量平均为 36.2mg/kg，变幅为 20.9～98.1mg/kg，西南山区高于北部平原。不同耕层土壤的有效锰含量有较大差异。随着土壤酸性化，土壤中有效锰含量增加，但增加到一定程度，将引起锰中毒。引起锰过量的主要原因有：土壤酸化使锰的有效性增加；果园排水不畅，积水严重，造成土壤大量锰被还原(见表 5)。

表 5　果园土壤有效锰含量

利用类型	平均值(mg/kg)	范围值(mg/kg)
大棚 0～20cm	47.06	24.9～98.1
大棚 20～40cm	38.6	20.9～84
露天 0～20cm	36.86	24.7～84.1
露天 20～40cm	32.05	20.9～92.3
总平均	38.25	

10. 土壤有效铜

果园土壤有效铜含量平均为 5.46mg/kg，变幅为 0.9～12.5mg/kg。绝大部分耕层土壤有效铜含量比较丰富，有效铜丰富主要与大量使用铜制剂有关，含量较高(见表 6)。

表 6　果园土壤有效铜含量

利用类型	平均值(mg/kg)	范围值(mg/kg)
大棚 0～20cm	6.78	1.8～12.5
大棚 20～40cm	5.79	0.9～11.5
露天 0～20cm	4.54	1.9～8.5
露天 20～40cm	4.55	0.9～9.1
总平均	5.46	

11. 土壤有效铁

果园土壤有效铁含量平均为34.88mg/kg，变幅为8.8～116.8mg/kg，含量较高(见表7)。

表7　果园土壤有效铁含量

利用类型	平均值(mg/kg)	范围值(mg/kg)
大棚 0～20cm	36	10.4～85.6
大棚 20～40cm	26.83	8.8～76.8
露天 0～20cm	29.34	10.4～50.9
露天 20～40cm	20.9	8.8～36.6
总平均	34.88	

(四)氮、磷、钾和中微量元素的不平衡

由于片面注重氮、磷、钾的使用，而忽视中微量元素的使用：一方面，大量元素和微量元素在数量比例上不协调；另一方面，大量元素与中微量元素之间发生拮抗作用，更加影响了中微量元素的吸收。如氮、磷过多，易影响钙、镁、锌的吸收；过多的钾素，易影响钙、镁的吸收等，造成了苦痘病“年年防、年年有”的现象。在中微量元素方面，果园土壤中有效铁过量(34.88mg/kg)、有效锰过量(38.25mg/kg)，也出现不协调症状。而中微量元素的不协调吸收，易导致苹果树的不健壮发育，抗逆性降低，具体表现为苹果黑点、红点病严重，水锈增加，表光不良，上色不好。

虽然植物对微量元素的需要量很少，但它们对植物生长发育的作用与大量元素是同等重要的。当某种微量元素缺乏时，植物生长发育会受到明显的影响，产量降低，品质下降。另外，微量元素过多会使作物中毒，轻则影响产量和品质，严重时甚至危及人畜健康。随着作物产量的不断提高和化肥的大量施用，对微量元素肥料的正确施用需求逐渐迫切。

三、果园施肥现状分析

(一)施肥现状

1. 施肥种类和施肥量

(1)有机肥。通过调查发现，果园有机肥投入的养分量占总投入养分为20%～40%，每亩施用量为200～1000kg。对110个农户调查表明，农户全部都施用有机肥，而有机肥料投入数量整体不足表明多数农户已认识到有机肥的重要性，但施用量不同，有机肥源不足、施用麻烦或价格高是施用量少的原因。对施用有机肥类型分析显示，施用鸡粪的农户最多，比例为30%，其余依次是鸭粪、牛粪、猪粪、土杂肥、豆粕、兔粪、羊粪等，而生物肥和作物秸秆施用比例很少，在1%左右。

(2)氮肥。县内每亩果园施氮水平为20～40kg，是果园推荐量(7～10kg)的2～4倍。氮肥用量过大不仅不利于提高果品品质，而且对改善土壤环境也不利。落叶果树的养分带走量不多，需氮量低于许多其他作物。氮肥施用量过高会造成氮在土壤剖面积累，对于土层较薄、坡度大、降水量、灌水量大、土质偏轻的立地环境条件，容易造成硝态氮的淋洗损失，对环境构成威胁。另外，果园土壤氮肥施用量偏高是造成营养元素吸收失衡、微量元素根际积累、生理缺素的主要原因。

(3)磷肥。县内大棚果园磷肥的投入量总体处于较高水平，每亩平均为 13～26kg。施磷过高，造成果园土壤磷的富集，引发相应环境问题。大量磷酸盐施入到土壤中，使土壤中的微量元素大部分被磷酸盐固定，从而使土壤对作物营养的供应失去平衡，造成严重的生产问题。当土壤中发生有效磷异常积累时，所施入土壤的任何微量营养元素都会被土壤中的磷酸盐所固定，作物将处于持续地缺乏该元素的状态，如锌、铜、铁、镁、锰、钼等。在这种情况下，只有施用螯合态的营养元素才能改善土壤缺乏微量元素的状况，这无疑进一步增加了农业的成本。

(4)钾肥。果园钾肥投入总体适宜，但区际间钾肥施用量差异较大。据果园主产区调查，每亩用量最高的为 18.6kg、最低的为 10.6kg，平均为 11.99kg。钾肥过量能影响树体对钙的吸收，引发果实的苦痘病、水心病等，所以对钾肥的施用也要适可而止。果园钾肥的补充可通过以下途径：①增施有机肥。近年来果园有机肥的施用量一直不足，有的甚至没施过有机肥。单靠化学肥料，不仅不能补充土壤中的钾，甚至还破坏了土壤的结构。因此，增施有机肥是解决土壤缺钾的有效措施。②地面覆草及种植绿肥。植物体内含有丰富的钾元素，因此覆草和施用绿肥，可有效地提高土壤中钾的含量，同时也能改善土壤的理化性状。③施用草木灰。草木灰是含钾最多的农家肥，将草木灰干存，每株成龄果树施 4～5kg 干草木灰，可满足其对钾肥的需求。④果园深翻，增加土壤的通透性。

(二)施肥存在的问题

1. 施肥深度不科学

(1)连年浅施有机肥。实际生产中有很多果农习惯把有机肥撒于树盘中，用铁锨或小型农机进行浅翻。这种施肥方法使 20cm 以内的吸收根获得大量有机营养，对提高果品产量和质量有特殊重要的意义。但连年浅施有机肥，易导致根系上浮，这些上浮的根系极易遭受冻害、旱害，使树体变得极度衰弱而难以恢复，有的甚至变成小老树。个别果农甚至采取把有机肥撒于树盘表面，那样效果会更差，非但起不到施肥的作用，而且导致肥力的大量流失。

(2)有机肥施入过深。有的果农受原来稀植大冠果树施肥技术的影响，把有机肥施到 50cm 以下，造成大量有机质的浪费。

(3)化肥撒施。受农作物撒施化肥的影响，许多果农习惯把氮肥撒于表面，甚至磷肥、复合肥也采用撒施法。撒施虽然简便易行，但弊大于利。一是撒施氮肥会造成氮的大量挥发。二是撒施后大量肥料在表层积聚，易被草类吸收，造成浪费。三是幼果期撒施碳铵类肥料，易使幼果被挥发出的氨气损害，形成果锈。四是磷肥及复合肥中的磷素不易移动，撒于表面难以发挥肥效。

2. 施肥方法单调

根系是一种立体结构，局限于一种施肥方法，将使某些部位的根系得不到充足的营养。几种方法交替轮换或配合进行，才能最大限度地满足根系的营养需求，从而大幅度提高产量和果品质量。

3. 施肥太过集中

施肥太集中，在生产中很普遍，不少幼树因此发生肥害，造成根死、树干纵枯现象。成年树发生肥害后，常导致根系局部烧坏褐变，易引发根腐病等根部病害。

（三）果园面临的障碍

一是土壤中的可给态钙减少，果树根系对钙素营养的吸收发生困难；二是土壤中微生物的活动减弱，氮的固定、有机氮的无机化和氮的转化受到抑制，使土壤中的有效氮含量降低；三是磷、钾、镁、硫、硼、钼、硅等营养元素的有效成分降低，难以满足果树正常生长发育对养分的需求；四是土壤中产生较多的游离铝离子和锰离子，铝离子对果树有毒害作用，有效锰过多，引起锰毒症，苹果树发生粗皮病；五是土壤有机质缺乏，易导致土壤板结，不但直接影响根系生长，同时又会造成土壤中营养元素的不协调，这是导致果树生理病害发生的主要原因。

以上几点就是当前所面临的最直接的土壤障碍，成为影响果园高产、稳产、优质的最主要限制因素。

（四）果园化肥品种及利用率

1. 化肥品种及施肥时期

根据对 110 个农户的调查，有 88.5%的施用复合肥，23.1%的施用有机、无机复合肥，只有 15.9%的施用单质化肥，说明临朐县苹果园施用化肥的种类已经进入复合肥时代。通过对果农调查发现，一次性施肥的农户仅占 7%，两次施肥的农户占 64%，三次及三次以上施肥的农户占 29%，说明果农在施肥时期上已经开始改变过去春季一次性施肥的习惯，重视秋季施肥和在新梢停长期的施肥。

2. 果园化肥利用效率分析

根据小区试验和施肥调查结果分析，经过对全县不同区域果园化肥的当季利用率进行计算，钾肥的利用率最高，为 40%，其次是氮肥，为 25%，磷肥的利用率最低，为 10.5%。表明肥料施用不当是影响利用率最大的因素，该结果符合目前全县果园施肥的现状。从提高利用率角度来讲，要减少磷肥和氮肥的施用量。

四、果园土壤酸化原因分析

（一）人为因素

1. 施有机肥

人类生产活动中施用有机肥，包括人粪尿、猪粪、鸡粪、牛马粪、土杂肥、草绿肥、沼渣沼液肥、玉米秸秆粉碎还田等，这给土壤带来了有机物质。土壤有机质或腐殖质含有类同弱酸的活性羟基或酚基，依所形成的离解常数和酸碱状况，解离后放出 H^+。

2. 施氮肥

旱田由于通气状况良好，氧化过程占优势。施入的酰胺态氮、铵态氮最终都变为硝态氮。即便是以蛋白质形态给予的氮，也在微生物的作用下，经胺化、氨化和消化作用，最终形成硝态氮。

硝化反应需要氧分子，这意味着通气良好的果园土壤易发生硝化反应，反应释放出 H^+。当铵态氮或有机氮肥转化为硝酸盐时，释放出的 H^+ 使土壤酸化。

3. 施磷肥

可溶性磷肥释放出的磷酸能暂时使施肥局部酸化。普通过磷酸钙含 3%～5%的游离酸，本身就是化学酸性肥料，可导致土壤酸化。

4. 施钾肥

硫酸钾和氯化钾都是生理酸性肥料。钾离子被作物吸收后，残留的硫酸根、盐酸根使土壤酸化，如硫酸铵、氯化铵、硫酸锌、硫酸锰等。

（二）自然因素

1. 土壤母质

临朐县 50%的土壤类型属棕壤土类，主要发育在花岗岩、片麻岩和斜长角闪岩上，呈微酸性至酸性反应。

2. 土壤本身是一种胶体的弱酸

黏土矿物是土壤酸的主要载体，硅氧四面体和铝氧八面体中的同晶替代所产生的负电荷可以吸附质子而表现为酸基；腐殖质的羧基、羟基和稀醇羟基在一定条件下离解，也表现为羧基。

3. 植物吸收养分引起的土壤酸化

植物对土壤中阳离子养分元素的吸收，与对阴离子等养分元素的吸收，不是按阳阴离子的等电荷性进行的。植物根系从土壤吸收养分离子的同时，要向土壤溶液分泌 H^+ 或 OH^- 和 HCO_3^-，以保持体系的电荷平衡，通常分泌的是酸性物质。

4. 土壤中生物的代谢活动

根系、微生物和其他各种生物有机体的代谢活动可以引起土壤的酸化。生物代谢不停地产生 CO_2、可溶性有机酸、酸性有机残余物等弱酸性物质，它们解离出的质子，可以与土壤交换点位上的盐基离子发生交换作用。

综上分析以上人为因素和自然因素可知，导致土壤酸化的主要次序是：氮肥、磷肥、有机肥、钾肥、成土母质。

（三）酸化土壤改良目标

临朐县果园酸化严重的土壤，pH 为 4.5～5.7，且酸化面积还在扩大，土壤酸度还在升高。土壤酸化加剧了土壤盐基离子如 K^+、Ca^{2+}、Mg^{2+} 等的淋溶，而土壤中的水溶性磷在土壤中容易与 Fe^{2+}、Al^{3+} 等离子结合，使磷固定，降低磷的有效性，同时使 Cu^{2+}、Zn^{2+}、Mn^{2+} 等微量元素的溶解度增大，从而造成土壤“又酸又瘦”。

土壤酸性影响土壤微生物的活动。土壤微生物一般最适宜的 pH 与植物相同，即是 6.5～7.5 的中性范围。过酸严重地抑制土壤微生物的活动，从而影响氮素及其他养分的转化和供应。土壤酸化后，造成的果树病害也越来越多，如由于缺钙而引发的苦痘病、锰中毒而引发的粗皮病等。最终表现出的是苹果产量和质量下降，严重制约着苹果产业的发展。土壤改良要首先查找土壤酸化的原因，才能对土壤加以改良利用。

五、施肥对策与建议

目前，很多果农施肥时依然是传统方法，施肥存在很大的随机性、盲目性、单一性、习惯性和经验性，肥料种类、施肥时期、施肥方法随意而行，造成单施、偏施、缺施、浓施和瞎施，出现某些营养元素的不足或过剩。有很多果农认为施肥多多益善，只要舍得投入，果树就一定丰产。这种做法不无道理，如果不及时施肥追肥，果树肯定长不好；但给果树过量施肥，同样会物极必反，不仅起不到增产作用，反而会导致许多不良后果。果树施肥过量，不仅会对土壤结构造成不良影响，而且果树往往超出其正常生理需要而过多地吸收养分，只能增加树体内养分的浓度，对产量的增加却没有作用。

1. 加强果园土壤有机培肥

有机质是反映果园土壤质量高低的敏感指标。有机肥在改善土壤物理性状和土壤生物学性状方面发挥着重要作用。有机培肥的主要措施：一是实施果园生草、覆草，种植绿肥，进行秸秆还田。通过增加有机物料量，提高土壤有机质水平，达到培肥目的。尤其是临朐县秸秆资源丰富，据 2008 年对全县有机肥料资源调查，秸秆资源达 4.5 亿吨，这是临朐县有机培肥非常重要的肥源。二是开辟各种有机肥源，加强各种畜禽粪和城县生活垃圾、固体废弃物等的管理与利用。按照各种有机肥肥效（速效性、缓效性）不同，合理配置优化有机肥资源的使用。

2. 加强养分资源的综合管理

果树生长需要的养分，一方面来自土壤，另一方面来自肥料，还有一方面，即环境养分也不容忽视。因此，加强提升果园土壤质量离不开养分资源的综合管理。果园养分资源综合管理应该遵循几个原则，即高产优质、环境友好和资源高效相结合，区域养分管理与农户养分管理相结合，用地、养地相结合，果树营养需求与肥料特性、土壤特性相结合，有机、无机相结合，肥料养分资源与环境来源养分资源有机结合，多种养分资源管理技术及其他栽培技术有机结合。

3. 推广果园平衡施肥技术

（1）施肥比例失调，造成土壤生理上的不平衡。多年来果农一直是盲目施肥，不能按植物所需配肥，不讲氮、磷、钾比例，不注重微量元素的补充。目前果园大部分偏氮，建议以有机农家肥为主，提高磷、钾肥施用比例。为了降低果农生产成本，提高肥料利用率，维持微量元素的平衡，加强花期前后的营养水分供应至关重要。

（2）注重钙的作用和喷施补钙肥。一般植物中钙的含量比氮、磷、钾少，而高于硼、镁、硫。苹果钙的含量明显高于其他元素。在 14 年生苹果树内，钙构成树上部无机营养成分总量的 80%、根部无机营养成分总量的 35%，因而钙在苹果树中作用相当重要。果园土壤大都偏碱性，土壤中钙的可利用率很低。另外，由于钙在树体内不易流动，老叶、老枝中的钙较幼枝中多。并且叶子不缺钙时，果实仍可能缺钙。叶面喷施钙肥，通过叶片吸收向果实及枝条转移，可防止果实缺钙症状。

4. 控制根系生长范围

为了稳定果树产量，应调节果树生长和结果、地下与地上的平衡关系，控制根系的生长范围。果园应当做到隔 2～3 年定期进行土壤杀菌灭毒，并深翻根系修剪，促进根系更新，提高根系对养分和水分的吸收能力。

5. 施肥的关键在于科学搭配比例

针对当前果园土地状况，在施肥中首先要掌握适合临朐县果园的氮、磷、钾比例。通常从理论上讲，对于幼龄树，三者之比为 2∶2∶1，成龄结果树为 2∶1∶2。而根据树体要求和当地土壤条件的差异，其配合比例也有所不同。要掌握果园达到丰产稳产的施肥原则。根据临朐果园氮、钾不足而磷过量的土壤状况，确定的施肥原则应是大量施用经过腐熟发酵的有机肥或成品有机肥（如豆粕有机肥），适当施用氮，控制磷，微增钾。最好是在秋季进行施肥。其原因主要是秋季为果树根系生长发育期最长的季节，其所吸收的养分90%可转化成储藏营养，对果园丰产稳产意义重大。

六、各类果园施肥技术

（一）大棚樱桃园施肥技术

樱桃对土壤水分状况非常敏感，既不抗旱，也不耐涝。因此需要选择疏松、透气性良好的土壤，少用速效化学肥料，多用有机肥料。秋季施基肥，以土杂肥为主；发芽前追施一遍肥，以氮肥为主；2～3 月，追施果树专用肥；同时根据实施情况，在花果期进行 1～2 次叶面喷肥；采果后以磷、钾肥为主，以促进花芽分化；以上每次施肥应浇一次水。樱桃浇水不需要大水漫灌，要求“水过地面湿”即可。由于樱桃树果实生长期短，具有需肥迅速和集中的特点。从展叶、开花、果实发育到成熟，都集中在 4～6 月，同时花芽分化也集中在采收后较短的时期内。因此，应重视秋季施肥及春季追肥这两个关键时期。

秋季气温、地温比较高，可以促进有机肥充分腐熟分解，有利于根系吸收利用，为花芽分化、安全越冬、春梢生长、提高坐果率做好物质准备。由于秋季大樱桃根系生长快、发根数量多，秋季施肥产生的断根容易愈合，因此应重视秋季施肥，为来年樱桃高产打好基础。秋季施肥时，3 年生以下的樱桃幼树树体处于扩冠期，营养生长旺盛，对氮需求量多，应以氮肥为主，辅助适量的磷肥，以促进树冠形成；3～5 年生的初果期幼树，树体由营养生长转入生殖生长，花芽数量增多，要注意控氮、增磷、补钾；6 年生以上树进入盛果期，应增加施肥量，多补充钾肥。

1. 选好施肥时间

大樱桃从萌芽、开花、结果至成熟所需要的养分主要来自树体内储藏的营养，采果后转入营养积累和花芽分化阶段，而大樱桃花芽分化过程迅速，分化时间短，对肥料要求最为敏感。因此，施肥应在采果清园后及早进行，以有利于补充树体结果消耗的养分，尽快恢复树势。秋施基肥最佳时期为 9、10 月，且以早施为好。施 70%的肥料，剩下的 30%的肥料在花前、花后、果实膨大期各施 1 次。采果后也要追肥，一年中一共施 4 次肥即可。

2. 选好合适肥料种类

以优质腐熟的农家肥、猪粪、牛厩粪等有机肥料为主，可加入适量的复合肥或磷肥。幼树株施优质有机肥 35～50kg，4～6 年生株施有机肥 50～75kg，7 年生以上株施优质有机肥 75～125kg。施化肥数量应占全年化肥施用量的 70%～80%，少施或不施碳酸氢铵等速效氮肥。为了提高果实产量和品质，7 年生以上结果树要增加钾肥的施用量，氮、磷、钾的适宜比例为 1∶0.5∶0.8。大樱桃秋施肥时不要施用含氯化肥，以免降低果实含糖量，不易储藏。

3. 补充中微量元素

樱桃园土壤普遍缺乏钙、镁元素，秋季施肥时应施一定量的石灰石粉，结果树每株施过 1mm 孔径筛的石灰石粉 1～1.5kg。土壤偏碱可施用生理酸性肥料硫酸铵、硫酸钾改良，在土壤 pH 低于 6 时再施用石灰石粉。根据樱桃园微量元素丰缺情况，可有针对性地补施微肥，微肥要与石灰石粉隔开施用，以免降低肥效。

4. 落叶期喷叶面肥

为了提高樱桃树体内营养的积累量和浓度，应叶面喷施 0.5%的尿素溶液。樱桃落叶前一周叶面喷肥，喷施时间不能过早也不能过晚，过早喷施尿素会引起新梢萌发或因尿素浓度过高而烧焦叶片；喷施过晚，氮素未经叶片吸收就已落叶，而未被运输到树体内。

5. 选好施肥方法

樱桃树垂直根不发达，根系在土壤中分布浅，但水平根发达。生长期施肥时，为减少伤根，可放射线沟集中穴施。施肥时幼树可挖 40～50cm 深环状沟，结果树最好挖 4～6 条放射状沟，里窄外宽，里浅外深，尽量减少伤根断根。有机肥料的施入层一般在 15～40cm的土层内，施肥时先在沟底填上 20cm 厚的作物秸秆，上面覆 20cm 的土，然后把肥与土掺和均匀后施入沟内。

6. 掌握施肥原则

要按照"控氮、降磷、增钾、补微"的八字口诀来施肥(即降低氮肥和磷肥的施用量，提高钾肥和微量元素的施用量)。从幼果期到果品采收期，严禁往地里追施氮肥，以避免出现果树旺长而降低果实产量。在果实采摘后，可把 0.3%的尿素水溶液喷到树枝叶上，有效控制土壤中氮肥的含量，延缓果树叶片衰老，增强果树储藏营养，为来年丰产提供保障。

(二)露天果园施肥技术

1. 苹果对矿质营养的需求

苹果对矿质营养元素吸收量的顺序为：钙＞钾＞氮＞镁＞磷。氮、磷、钾是苹果生长必需的、也是构成果实的主要矿质营养，消耗量大，土壤供给不足，需要持续周期性补充。钙和镁主要存在于根茎叶中，果实中含量很少。一般情况下钙和镁的含量能满足需要，特别是新建果园不需要或不用每年施用钙、镁肥料。就临朐县土壤条件来说，东部棕壤区锌和硼是最需及时补充的养分，中西部褐土和潮土区除了要补充锌、硼，还要补充铁和锰。

苹果对氮的需求分为三个时期：第一时期，从萌芽到新梢加速生长为大量需氮期；第二时期，新梢旺长后期到采收前稳定需氮期；第三时期，果实采收后到落叶氮素储备期。苹果树周年营养对磷的需求平稳，基本无高峰和低谷；对钾的需求量以果实膨大期为最大。

2. 幼年期苹果树施肥

新辟果园以施有机肥为主，未结果幼年期苹果树可每亩施有机肥 3000～4000kg。如果土壤养分含量水平在中等范围内，每株年施 N 0.12～0.35kg，要严防施肥过量(特别是 N 过量)，以免造成的果树过旺生长。N、P_2O_5、K_2O 施肥比例为 1：(0.6～0.8)：(1.2～1.5)，化肥用量应随树龄逐年增加。同时因为多数新辟果园土壤钾含量不足，在苹果幼年期增施钾肥是非常必要的。如果是矮化砧木苹果树，应适当减少肥料用量，N、P_2O_5、K_2O 比例保持不变。在老果园基础上更新的果园，应根据土壤肥力高低调节 N、P_2O_5、K_2O 的施用量及其比例(N、P_2O_5、K_2O 比例一般掌握在 1：(0.5～0.6)：0.8)。全部有机肥和部分化肥可以全年在秋季一次施入。

3. 结果树的施肥

苹果树的结果期又可以分为初果期和盛果期。

初果期苹果树施肥应保持有机肥施用充足，以满足树冠继续扩大的需要，每株年施用N 0.4～1kg，施肥量随树龄逐年增加，N、P_2O_5、K_2O比例为1∶0.6∶1.1。依据苹果栽培主要土壤（棕壤）的肥力条件、苹果养分理论吸收量（每1000kg苹果吸收N、P_2O_5、K_2O分别为3kg、0.8kg、3.2kg）、苹果树主要品种和当前栽培实践，在中等肥力土壤上，盛果期的果树每1000kg苹果产量推荐施用N 7～10kg，N、P_2O_5、K_2O施用比例为1∶0.5∶1。在土壤某一养分含量过高或者过低的情况下，适当调节N、P_2O_5、K_2O三者施用比例。

结果树的施肥分为四次，要根据树的长势调整每次施肥N、P_2O_5、K_2O的养分比例。树势弱或花芽过多，在秋季和早春要增加氮肥施用量；花芽分化不良，要促进花芽分化，花芽分化前多施氮肥。四次施肥N、P_2O_5、K_2O大体施用比例如下：

第一次施肥：秋季果实采收后立即施用基肥，全年N的40％，P_2O_5的40％，K_2O的30％，微肥可以与基肥一起施入（微肥一次施用可以持续2～3年有效）。

第二次施肥（次年春季萌芽前）：全年N的30％，P_2O_5的10％，K_2O的10％。

第三次施肥（花芽分化前）：（5月底）全年N的30％，P_2O_5的30％，K_2O的20％。

第四次施肥（果实膨大期）：（7月初）P_2O_5的20％，K_2O的40％。

4. 钙肥的施用

在栽培多年的老果园，施用钙肥能提高果实的储藏性，减轻或防止缺钙易发生的苦痘病、水心病等。钙肥施用有多种方法：

基肥采用含钙化肥。例如间隔一年或者两年，使用过磷酸钙（或者钙镁磷肥）作基肥，可以将全年P_2O_5的50％或者70％用作基肥。

基施或追施硝酸钙，每亩15～20kg（注意在施用硝酸钙时，同时施入了一定量的氮肥，应将这些氮肥计算到总氮肥量中）。

基施生石灰，具体用量应该根据土壤的交换性酸总量计算。

根外施用硝酸钙，是补充果树钙营养的好方法，可以在果实膨大期喷洒硝酸钙，一般喷3～4次，浓度为0.3％。需要施用镁肥时，硫酸镁的喷洒浓度为0.08％～0.15％。

5. 微肥的施用

施用微肥有基施（与有机肥混合施用）和根外施肥两种形式。秋季幼树基施硼砂50～100g/株，结果树硼砂100～150g/株和结果树基施硫酸锌100g/株。由于土壤对微量元素的固定，基施微肥的效果经常受到限制。

专题报告二 临朐县樱桃树死亡与土壤养分关系

临朐县樱桃面积为 $0.34\times10^4 hm^2$，其中大棚樱桃 $0.2\times10^4 hm^2$，每亩收入 4 万～10 万元，成为农民增收的重要渠道。近几年，在东城、龙岗及其他种植樱桃地块，出现了樱桃树死亡情况，有的部分树死亡，有的整个地块死亡，特别是 6 年树龄以后的樱桃树，死亡严重，并有逐步加重的趋势。针对这种情况，结合耕地地力评价，对龙岗、城关、辛寨、东城四个乡镇(街道办事处)有代表性、好的地块取样 40 个；东城、龙岗有死树地块取样 10 个(包括大棚樱桃、露天樱桃、粮田)，取 0～20cm、20～40cm 深度，进行土壤有机质、磷、钾、铜、铁、锌、锰、pH 等项目的检测，进行地力分析，从中找出樱桃树死亡的原因。

一、樱桃死树表现

大部分为成年树，叶片或枝干都显症状。从开花到落花后一个月，花丛叶的叶脉间、徒长枝的叶缘和叶脉间多失绿呈黄色。枝干在 7、8 月发病，起初在一年生枝条的皮部出现小突起，逐渐扩大增多呈疹状，并伴有顶梢枯死现象。两年生枝条发生的疹状斑，一年后病部扩大，树皮呈轮状开裂而下陷，病皮的柔膜组织、筛管、伴胞等分散的坏死组织发展成木栓层，树皮内部隆起，健康处又形成分生组织，使坏死组织产生开裂和下陷，并导致整株树逐步死亡。

二、不同乡镇(街道办事处)樱桃土壤养分测试结果分析

从樱桃树生长情况看，产量、效益最好的是城关，其次是龙岗、辛寨、东城。从各地块化验情况看，土样 0～20cm 范围，有机质、有效磷含量辛寨、城关、龙岗三处乡镇(街道办事处)大棚及露天地块养分相差不大，东城明显偏低；而钾含量龙岗比辛寨、城关、东城高近一倍；土壤中微量元素铜、铁、锌含量，除东城有效铁偏高，其他各乡镇(街道办事处)土壤相差不大，但均超过临界最高值；有效锰含量辛寨、龙岗、东城地块明显比城关高，东城又比辛寨、龙岗高，特别是当土壤 pH 较低时，土壤中有效锰明显增大，均超过限量值的 3 倍。从四乡镇(街道办事处)粮田土壤中微量元素看，无明显差别，含量适中。从 1983 年土壤普查结果看，龙岗镇、东城土壤 30cm 以下，土壤中微量元素含量增加明显，特别是有效锰。从四乡镇(街道办事处)情况看，东城土壤中无论大棚和露天，有效锰、有效铁含量均比其他乡镇(街道办事处)含量高，pH 则偏低。通过调查分现，东城赵家庄樱桃树在各种管理措施一样的情况下，结果成熟晚，个头小，口感差，产量低，同样情况比城关月庄产量低 25%，成熟晚 5 天，每亩收入大棚减少 1 万元，露天每亩收入减少 0.3 万元，树生长不旺(见表 1 至表 4)。

表 1　城关月庄大棚樱桃土壤情况

项目		有机质 (g/kg)	磷 (mg/kg)	钾 (mg/kg)	铜 (mg/kg)	铁 (mg/kg)	锌 (mg/kg)	锰 (mg/kg)	pH
大棚	0～20cm	19.38	171.5	309.3	8.1	29.76	7.12	38.46	7.4
	20～40cm	13.3	84.77	234.6	6.82	28.1	2.34	35.9	7.03
露天	0～20cm	19.68	80.2	197	2.5	22.6	3.2	31.5	7.42
	20～40cm	13.42	31.05	142	6.9	17	0.5	32.1	7.15
粮田	0～20cm	17.8	32.2	158.4	1.32	16.6	0.92	16.5	7.1

表 2　辛寨大棚樱桃土壤情况

项目		有机质 (g/kg)	磷 (mg/kg)	钾 (mg/kg)	铜 (mg/kg)	铁 (mg/kg)	锌 (mg/kg)	锰 (mg/kg)	pH
大棚	0～20cm	25.04	221.7	460	7.7	23.75	10.2	51.45	7.07
	20～40cm	12.06	81.4	265	5	13.65	3.1	28.1	7.51
露天	0～20cm	17.98	54	240	7.1	10.4	4.5	24.7	7.84
	20～40cm	12.06	81.4	265	5	13.65	3.1	28.1	7.51
粮田	0～20cm	13.1	58.7	153.7	1.97	16	0.71	21.5	7.2

表 3　龙岗杭山大棚樱桃土壤情况

项目		有机质 (g/kg)	磷 (mg/kg)	钾 (mg/kg)	铜 (mg/kg)	铁 (mg/kg)	锌 (mg/kg)	锰 (mg/kg)	pH
大棚	0～20cm	24.23	98.61	768	8.98	29.12	6.26	58.86	7.2
	20～40cm	20.1	120.2	724	8.7	18.8	10.9	49.2	7.4
露天	0～20cm	24.65	120	800	8.5	29.8	3.1	56.9	7.17
	20～40cm	11.47	108.3	560	6.69	42	1.7	79.1	6.26
粮田	0～20cm	14.9	29.4	149.3	1.61	4.36	0.51	20.4	6.95

表 4　　东城赵家庄大棚樱桃土壤情况

项目		有机质(g/kg)	磷(mg/kg)	钾(mg/kg)	铜(mg/kg)	铁(mg/kg)	锌(mg/kg)	锰(mg/kg)	pH
大棚	0～20cm	21.44	121.3	387.7	1.73	38.4	4.2	71.9	6.68
	20～40cm	9.66	15.6	152.7	1.5	19.8	1	55.8	7.22
露天	0～20cm	14.26	105.6	293.7	1.4	40.2	2.34	79.5	6.26
	20～40cm	9.4	4.8	116.5	1.1	21.1	0.6	46.2	6.9
粮田	0～20cm	14.9	29.4	149.3	1.61	4.36	0.51	20.4	6.95

三、死树地块与好树地块中土壤养分比较

从有机质含量看，死树地块有机质明显高，显然农户施用有机肥较多。经调查了解，农户主要使用鸭粪，每年施用量较大；磷、钾也明显高于好的地块，说明农户发现有死树以及树生长不旺时，试图大量施用化肥弥补，以缺养分对待。同一个棚中死树与好树比较，好树地块也存在着大量养分未被吸收现象，说明树的生长情况一般。从死树棚中微量元素成分看，铜、锌含量较高，但与其他差别不大，而铁、锰明显高于其他乡镇(街道办事处)好的地块，是城关地块三倍，龙岗、辛寨的两倍，严重地超过作物承受能力。存在死亡树的地块，都明显呈酸性，死树更加明显，说明土壤中微量元素与酸碱性呈正相关(见表 5)。

表 5　　龙岗死树大棚樱桃土壤情况

项目		有机质(g/kg)	磷(mg/kg)	钾(mg/kg)	铜(mg/kg)	铁(mg/kg)	锌(mg/kg)	锰(mg/kg)	pH
0～20cm	好树	27.24	273	960	8.3	51.4	6.7	89.1	6.47
	坏树	26.54	383.4	926.7	10.6	72.1	9.7	116.6	5.93
20～40cm	好树	13.37	127.6	740	7.2	48.3	2.2	82.9	5.97
	坏树	12.12	158.2	700	8.5	50.6	2.6	91.9	5.44

四、死树原因分析

(1)铁、锰土壤有效成分超标，存在着微量元素中毒的可能性。调查树死亡情况表现发现，与有效锰含量高中毒表现一致，特别是农户反映，当地块有“白土”时，树必死无疑，而只要把即将死亡的樱桃树重新移栽到其他地块，树还能够成活，就不出现这个问题，说明与土壤中元素有较大关系。

(2)临朐县养殖业发达，鸭粪产量高，农户土壤中鸭粪使用量较大，存在着有机质腐熟不好，并且鸭粪中含盐较高，氯离子超标并且微量元素较多，也是导致树死亡原因。

(3)死树棚中土壤酸性较强，土壤酸化，导致微量元素含量较高，出现微量元素超标。

但是好树地块酸性不强，微量元素含量也较高，超过临界值，这可能与土壤质地有关。

（4）龙岗、东城成土母质为新生代第三纪和第四纪火山活动期。土层浅薄，土壤颜色较暗，呈灰黄棕或浊黄棕色，土质蓬松，踏之若海绵状。土壤质地多为黏壤土，少部分是壤质黏土，黏粒含量（＜0.002mm）略高于25％。土壤比重轻，松散，土体干燥。表土层根系较多。该土种的养分状况是：表层有机质含量较高，一般高于1.5g/kg，最高含量为4.28g/kg，全磷含量稍高。土壤阳离子交换量较高，达18.36～60.53mol/kg土（推测分析为铁铝氧化物的作用）。其他主要理化性质是：化学组成铁、锰、钛含量较高。活化铁和游离铁的绝对含量较高，但铁的活化度和游离度较低。土壤一般无石灰反应，或有弱石灰反应，pH为6.9～7.6。

经以上分析，我们认为由于临朐县部分果园土壤土质存在微量元素较多，当由于各种原因导致土壤偏酸性时，土壤中微量元素增加，超过果树的承受值，引起果树微量元素中毒。初步认为，临朐县樱桃树死亡原因是有效锰过量，这只是初步判断，有待于今后进一步研究。

五、防治措施

防治微量元素中毒的措施有：

（1）施用石灰提高土壤pH，可于栽植前或种植3年后，每亩用50～100kg石灰，降低土壤酸度，提高土壤pH，从而降低活性锰含量。

（2）少用或不用酸性肥料，要以有机肥为主，加强管理，以促进果树根系生长。同时，磷肥最好改用钙镁磷肥，可适当降低土壤酸度，并可补充钙、镁含量不足，以维持土壤中个营养元素的平衡。

（3）完善果园排水系统，防止土壤锰的还原。

（4）以喷肥迅速平衡树体养分，通过叶片吸收更有利于树体养分的平衡，增强树体的自我调节能力。

专题报告三　临朐县耕地分级与配方施肥

利用耕地地力分级，对临朐县耕层土壤存在问题、养分含量状况进行分析，通过田间试验数据，确定其作物养分的施用量。有针对性地施用肥料补充土壤不足部分，以达到粮食增产的目的。

一、目前施肥中存在的主要问题

肥料是植物的粮食，合理使用有机肥料和化学肥料，对不断培肥地力和提高作物产量有着重要作用。因为肥料不仅能营养作物，而且能协调土壤中水、肥、气、热，提高土壤肥力，增加农作物产量和农产品品质。新中国成立以来，临朐县农业生产的发展与施用肥料密切相关，肥料在农业生产中的贡献率占到50%。但是，施入土壤的化学肥料大部分不能被作物吸收，一般情况下，氮肥的当季利用率为25%～30%，磷肥为15%～20%，钾肥为50%左右。未被作物吸收的肥料，在土壤中发生挥发、淋溶和固定。肥料的损失很大程度上与不合理施肥有关，如何减少肥料的浪费，对提高农业生产效益相当重要。施肥的目的是为了营养作物，而作物营养又是指导施肥的理论依据，同时作物生长发育与它的外界环境条件密切相联。因此，施肥不仅要根据作物营养特点，而且还要考虑到外界环境条件，包括生物、土壤、肥料、水利及栽培技术等因素，要把它们当作一个整体，运用现代科技来研究合理施肥的理论和技术，以发挥肥料增产的最大效益。

随着农业产业结构的调整，蔬菜、果树高产高效，促进了化肥、农药的高投入，导致肥料施用中存在以下几个问题。

（一）肥料品种选择不合理

根据农户调查，年化肥施用量折合纯 N 42.5kg，P_2O_5 50.5kg，K_2O 24.1kg，N∶P_2O_5∶K_2O 为 1∶1.21∶0.57。从化肥施用比例看，作物需要量较小的磷素施用量远大于需要量较大的氮素和钾素，肥料品种选择上不甚合理。导致磷素施用量过大的原因主要是农民对磷酸二铵的青睐，同时农民施用的复合肥中，磷的含量也是最高的。

（二）果园地肥料用量偏高

据调查，大棚果园地平均每亩施用有机肥 5038kg，种类有鸡粪、人畜粪、大豆和饼肥，其中鸡粪用量最大，平均施用 3736kg，占有机肥总量的 74%。年平均每亩施用化肥实物量 403.3kg，折纯 N 31.8kg，P_2O_5 34.3kg，K_2O 16.6kg，N∶P_2O_5∶K_2O 为 1∶1.09∶0.54。粮田年平均每亩施用有机肥 486kg，主要是人畜粪；年平均每亩施用化肥实物量 123.9kg，折合纯 N 15kg，P_2O_5 11.3kg，K_2O 1.8kg，N∶P_2O_5∶K_2O 为 1∶0.7∶0.12。果园地化肥施用量是粮田的 3 倍。由于果园地经济效益高，导致施肥量大，土壤养分含量高。

（三）施用方法不当

主要表现在：有机肥腐熟不彻底，时常发生烧苗现象；连续多次大量冲施化肥，常造成作物肥害；为减少劳动强度，地表撒施化肥，降低了肥料利用率。化肥虽然对农业生产的发展起了重大的作用，但施用不当，特别是近几年来用量大量增加，也给农业及整个社会带来了一些负面影响。

一是对环境造成不良影响。施肥量大，特别是磷肥用量大或微量元素用量大后，增加了土壤中的重金属含量。如重金属镉，存在于所有的磷肥中，有些微量元素肥料中也含有一些重金属。若用量适宜，则不会在土壤中过度积累，也造不成危害；但用量过大，且又长期过量，则会造成重金属积累产生危害。过量施用肥料，特别是氮肥，会造成地下水硝态氮的积累。

二是生产成本加大。施肥不合理从两个方面影响到经济效益。用量低，且比例不协调，产量上不去，则经济效益低；用量过大，超过了最大施肥量，肥料的增产效果降低，投入增加，也影响经济效益的提高。

三是降低农产品品质。氮肥用量大，施用时间不适宜，会造成植株硝态氮的过度积累，食用后对人体健康不利。施肥不合理，各种养分不平衡，产品的外观、颜色均会受到影响，内在质量也上不去。

四是不利于土壤培肥。施肥不当能造成土壤养分比例不协调，而影响肥力的提高。过量施肥，能造成土壤板结和土壤盐分积累，使土壤的可持续生产能力降低。

二、耕地地力分级情况

耕地地力是耕地本身的生产能力，因此，耕地地力的评价则依据与此相关的各类自然和社会经济要素，具体包括三个方面。

（一）耕地地力的自然环境要素

耕地地力的自然环境要素包括耕地所处的地形地貌条件、水文地质条件、成土母质条件以及土地利用状况等。

（二）耕地地力的土壤理化要素

耕地地力的土壤理化要素包括土壤剖面与土体构型、耕层厚度、质地、容重等物理性状，有机质、N、P、K、微量元素、pH、交换量等化学性状。

（三）耕地地力的农田基础设施条件

耕地地力的农田基础设施条件包括耕地的灌排条件、水土保持工程建设、培肥管理条件等。

通过以上依据进行综合分析，临朐县耕地总面积为 58168hm^2，共划分为 6 个等级，其中一级地面积为 3433.29hm^2，占耕地总面积的 5.91%；二级地面积为 11210.21hm^2，占耕地总面积的 19.27%；三级地面积为 11477.56hm^2，占耕地总面积的 19.73%；四级地面积为 9594.08hm^2，占耕地总面积的 16.49%；五级地面积为 15094.73hm^2，占耕地总面积的 25.95%；六级地面积为 7358.13hm^2，占耕地总面积的 12.65%。

一级地和二级地主要分布于临朐县北部地区的冶源、城关和辛寨的盘阳等地块，主要为平原，土壤质地好，这一区域耕地地力情况较好，农业基础设施均配套成型，有水浇条件，产量水平较高，一般粮田每亩在1200kg以上，为临朐县的吨粮田。三级地、四级地分布比较分散，但主要集中在临朐县东北部地区和柳山、沂山等部分地区，土壤肥力中等，土壤类型为褐土，产量水平在中等以上，水浇条件一般，上游虽有水库，但不能充分利用。属于加大资金投入，完善基础设施，改善生产条件，产量就能大幅提高的中产田类型，有一定的开发潜力。五级地和六级地主要分布在东部地区和西南部山区，这部分耕地有效耕层薄，肥力低，基本无灌溉条件；还有部分未利用土地，属于低产田类型，主要种植花生、黄烟、红薯等抗旱作物。

三、耕层土壤养分评价

(一)一级地、二级地养分

一级地土壤粮田有机质含量为13.1g/kg，变幅为10.3～19.8g/kg；二级地土壤粮田有机质含量为12.9g/kg，变幅为8.6～19g/kg，按照分级标准为中等偏上土壤。但也有部分地块土壤有机质偏低，要加大投入。一级地有效磷平均含量为30.75mg/kg，变幅为6.24～126.37mg/kg；二级地有效磷平均含量为29.6mg/kg，变幅为7.83～255.22mg/kg，属于相对较高水平。一级地耕层土壤速效钾含量平均为128.6mg/kg，变幅为72.96～290.1mg/kg；二级地耕层土壤速效钾含量平均为137.1mg/kg，变幅为80.97～239.19mg/kg。由于临朐县属山区，土壤中速效钾含量较高，能够满足作物生长需要，只要正常使用，就能满足作物生长需要，并且南部山区有效钾含量高于北部平原。

一级地耕层土壤有效锌平均含量为1.24mg/kg，变幅为0.86～1.96mg/kg；二级地耕层土壤有效锌平均含量为1.23mg/kg，变幅为0.8～2.1mg/kg。含量中等，应部分增加锌肥的施用量。一级地耕层土壤有效硼含量平均为0.82mg/kg，变幅为0.33～1.19mg/kg；二级地耕层土壤有效硼含量平均为0.84mg/kg，变幅为0.49～1.37mg/kg，属中等水平，土壤硼缺乏地区应加大硼肥施用量。

土壤中全氮、碱解氮含量较高，多数面积为较丰富和丰富范围，供氮水平较好。有效铜、有效铁、有效锰等含量中等，能满足作物需要。

(二)三级地、四级地养分

这部分耕地主要分布丘陵、山区近山地块，土壤类型为棕壤、褐土。三级地土壤粮田有机质含量为12.7g/kg，变幅为8.8～16.3g/kg；四级地土壤粮田有机质含量为112.7g/kg，变幅为8～21.1g/kg，按照分级标准为中等土壤。但也有部分地块土壤有机质偏低，要加大投入。三级地有效磷平均含量为23.22mg/kg，变幅为7.43～204.86mg/kg；四级地有效磷平均含量为23.1mg/kg，变幅为6.89～159.29mg/kg，属于中等偏下水平。近几年虽然农民大量施用二铵、复合肥，土壤中有效磷增加较多，大部分地块能够满足作物生长需要，但对三级地、四级地来说，应针对个别土壤增加磷肥。磷肥偏少，会影响其他养分的吸收。三级地耕层土壤速效钾含量平均为129.16mg/kg，变幅为76.26～250.27mg/kg；四级地耕层土壤速效钾含量平均为126.54mg/kg，变幅为59.56～215.7mg/kg，土壤中速效钾部分含量较高，有少部分地块缺钾。要满足作物生长需要，就要增加土壤中钾肥的施用量。

三级地耕层土壤有效锌平均含量为 1.24mg/kg，变幅为 0.63～2.23mg/kg；四级地耕层土壤有效锌平均含量为 1.24mg/kg，变幅为 0.84～2.31mg/kg。含量中等，应部分增加锌肥的施用量。三级地耕层土壤有效硼含量平均为 0.85mg/kg，变幅为 0.36～1.4 mg/kg；四级地耕层土壤有效硼含量平均为 0.84mg/kg，变幅为 0.44～1.37mg/kg，属中上等水平，土壤硼缺乏地区应加大硼肥施用量，大部分地块不缺硼。有效铜、有效铁、有效锰等均在合理范围。

三级地、四级地全县耕层土壤碱解氮含量中等，不能满足作物需要，应加大氮肥投入。

（三）五级地、六级地养分

五级地土壤类型以棕壤性土、褐土性土为主，含有少量棕壤、褐土，以近山高阶地、坡麓梯田、荒岭坡为主。六级地土壤类型全部为棕壤性土或褐土性土。土壤表层质地以沙壤、砂土为主，有少量中壤。五级地土壤粮田有机质含量为 12.7g/kg，变幅为 8.6～16.1 g/kg；六级地土壤粮田有机质含量为 12.8g/kg，变幅为 8.4～16.4g/kg，按照分级标准为偏下。大部分地块土壤有机质偏低，要加大投入。五级地有效磷平均含量为 23.41mg/kg，变幅为 5.81～220.42mg/kg；六级地有效磷平均含量为 25.07mg/kg，变幅为 5.1～67.07mg/kg，属于中等偏少水平。五级地耕层土壤速效钾含量平均为 123.83mg/kg，变幅为 68.36～215.07mg/kg；六级地耕层土壤速效钾含量平均为 113.41mg/kg，变幅为 70.81～198.28mg/kg，属中等。部分地块钾不足，以及部分喜钾作物土壤中钾缺乏，对这一部分要增加钾肥施用量。

五级地耕层土壤有效锌平均含量为 1.23mg/kg，变幅为 0.66～2.23mg/kg；六级地耕层土壤有效锌平均含量为 1.27mg/kg，变幅为 0.76～2.35mg/kg，含量中等，应部分增加锌肥的施用量。五级地耕层土壤有效硼含量平均为 0.84mg/kg，变幅为 0.45～1.34mg/kg；六级地耕层土壤有效硼含量平均为 0.82mg/kg，变幅为 0.44～1.23mg/kg，属中等水平，土壤硼缺乏地区应加大硼肥施用量。

土壤中全氮、碱解氮含量不高，多数面积为缺乏范围，供氮水平不好，由于有机肥施用量少，要加大投入，利用施用化肥来增加氮肥量，以保证作物生长需要。有效铜、有效铁、有效锰等含量中等，能满足作物需要。

（四）耕层中量元素

耕层土壤粮田交换性钙平均含量为 3174.4mg/kg，变幅为 1165～5528mg/kg。耕层土壤交换性镁含量平均为 333mg/kg，变幅为 101.6～688mg/kg，土壤交换镁含量北部平原区高于西南山区。临朐县属于山区，一般不缺钙、镁。

耕层土壤有效硫平均含量为 39.3mg/kg，变幅为 21.5～168.3mg/kg。由于肥料大部分为硫基复合肥，作物一般不缺有效硫，不需要专门施用。

四、配方施肥技术指标体系

为切实搞好临朐县地力评价工作，从 2006 年开始，在耕层各级地上，结合测土配方施肥项目，进行了“3414”田间试验，得出了各级地的最佳施肥量，建立了小麦、玉米技术指标体系。

（一）试验设计

采用“3414”方案设计方案。

1.“3414”完全实施方案

“3414”方案设计吸收了回归最优设计处理少、效率高的优点，是目前应用较为广泛的肥料效应田间试验方案。“3414”是指氮、磷、钾 3 个因素、4 个水平、14 个处理。4 个水平的含义：“0”水平指不施肥，“2”水平指当地推荐施肥量，“1”水平（指施肥不足）＝“2”水平×0.5，“3”水平（指过量施肥）＝“2”水平×1.5。为便于汇总，同一作物、同一区域内施肥量保持一致。“3414”试验方案处理如表 1 所示。

表 1　“3414”试验方案处理

试验编号	处　理	N	P	K
1	$N_0P_0K_0$	0	0	0
2	$N_0P_2K_2$	0	2	2
3	$N_1P_2K_2$	1	2	2
4	$N_2P_0K_2$	2	0	2
5	$N_2P_1K_2$	2	1	2
6	$N_2P_2K_2$	2	2	2
7	$N_2P_3K_2$	2	3	2
8	$N_2P_2K_0$	2	2	0
9	$N_2P_2K_1$	2	2	1
10	$N_2P_2K_3$	2	2	3
11	$N_3P_2K_2$	3	2	2
12	$N_1P_1K_2$	1	1	2
13	$N_1P_2K_1$	1	2	1
14	$N_2P_1K_1$	2	1	1

2.“3414”部分实施方案

常规 5 处理试验设计方案如表 2 所示。

表 2　常规 5 处理试验设计方案

	“3414”方案处理编号	处　理	N	P	K
空白对照	1	$N_0P_0K_0$	0	0	0
无氮区	2	$N_0P_2K_2$	0	2	2
无磷区	4	$N_2P_0K_2$	2	0	2
无钾区	8	$N_2P_2K_0$	2	2	0
氮磷钾区	6	$N_2P_2K_2$	2	2	2

（二）试验实施

1. 试验地选择

试验地选择平坦、整齐、肥力均匀、具有代表性的不同肥力水平的地块；选择坡度平缓、肥力差异较小的田块，同时应具备较好的水浇条件。

2. 试验准备

整地、设置保护行、试验地区划；小区单灌单排，避免串灌串排；试验前采集土壤样品；依测试项目不同，分别制备新鲜或风干土样。

3. 试验重复与小区排列

为保证试验精度，减少人为因素、土壤肥力和气候因素的影响，"3414"部分实施田间试验设 3 个重复。采用随机区组排列，区组内土壤、地形等条件相对一致。"3414"完全实施田间试验采用多点无重复设计。

小区面积：大田作物小区面积一般为 20～50m^2，设施蔬菜作物一般为 20～30m^2，至少 5 行以上。小区宽度：密植作物不小于 3m，中耕作物不小于 4m。

4. 试验记载与测试

试验前采集基础土样进行测定，收获期采集植株样品，进行考种和生物与经济产量测定。必要时进行植株分析。

5. 试验数量和质量控制

已完成"3414"试验 32 个，对比示范试验 36 处。为了提高试验精度，充分发挥试验示范的辐射带动作用，每个试验点都在醒目位置树立标志牌，实行责任到人，每人承担的试验、示范从试验布点开始，种、管、期间考察、收获一包到底。

（三）冬小麦配方施肥技术指标体系

1. 氮肥推荐用量

从田间试验数据分析来看，土壤测试值（土壤碱解氮或土壤有机质）很难单独作为氮肥推荐的诊断指标。从临朐县冬小麦氮肥用量的区域控制来看，施氮量控制在 12～15kg/667m^2范围内即可达到当前冬小麦对氮素的需求。

2. 土壤速效磷丰缺指标及磷肥用量

通过田间试验数据分析，临朐县冬小麦土壤速效磷丰缺指标可以分为四级：极高、高、中、低，对应的磷肥用量如表 3 所示。

表 3　临朐县冬小麦土壤速效磷丰缺指标及磷肥推荐用量表

土壤速效磷等级	相对产量	土壤有效磷含量（mg/kg）	磷肥推荐用量（kg/667m^2 P_2O_5）
极高	＞95％	＞40	不施或仅施种肥 1～2kg/667m^2
高	90％～95％	30～40	4～4.5
中	75％～90％	10～30	5～5.5
低	＜75％	＜10	6～6.5

3．土壤速效钾丰缺指标及钾肥用量

通过田间试验数据分析，临朐县冬小麦土壤速效钾丰缺指标也可以分为四级：极高、高、中、低，对应的钾肥用量如表4所示。

表4　临朐县冬小麦土壤速效钾丰缺指标及钾肥推荐用量表

土壤钾等级	相对产量	土壤速效钾含量（mg/kg）	钾肥推荐用量（kg/667m^2 K_2O）
极高	＞95％	＞200	0
高	90％～95％	150～200	0.6～1.3
中	75％～90％	100～150	3.3～4
低	＜75％	＜100	8～10

（四）玉米配方施肥技术指标体系

1．氮肥推荐用量

从本次田间试验数据和临朐县玉米氮肥用量的区域控制来看，施氮量控制在20～25kg/667m^2 范围内，即可达到当前玉米对氮素的需求。

2．土壤速效磷丰缺指标及磷肥用量

通过本次田间试验数据分析，临朐县玉米土壤速效磷丰缺指标可以分为四级：极高、高、中、低，对应的磷肥用量如表5所示。

表5　临朐县玉米土壤速效磷丰缺指标及磷肥推荐用量表

土壤速效磷等级	相对产量	土壤有效磷含量（mg/kg）	磷肥推荐用量（kg/667m^2 P_2O_5）
极高	＞95％	＞40	不施
高	90％～95％	30～40	不施
中	75％～90％	10～30	3～4
低	＜75％	＜10	4～6

3．土壤速效钾丰缺指标及钾肥用量

通过本次田间试验数据分析，临朐县玉米土壤速效钾丰缺指标也可以分为四级：极高、高、中、低，对应的钾肥用量如表6所示。

表 6　　临朐县玉米土壤速效钾丰缺指标及钾肥推荐用量表

土壤钾等级	相对产量	土壤速效钾含量 (mg/kg)	钾肥推荐用量 ($kg/667m^2$ K_2O)
极高	>95%	>200	不施
高	90%～95%	150～180	不施
中	75%～90%	80～150	3～5
低	<75%	<80	5～7

五、耕地分级配方施肥施用方案

根据耕层地力情况，通过作物施肥指标体系，结合肥料效应和具体农作物需肥特点，提出如下方案：

(一)一级地、二级地作物配方施肥

临朐县一级地、二级地为粮食主产区，主要作物为小麦、玉米。

1. 小麦施肥技术

(1)小麦施肥特性：冬小麦生育期较长，大致每生产 100kg 需吸收 N 约 3kg，P_2O_5 1～1.5kg，K_2O 2～4kg，三者的吸收比例为 3∶1∶3。小麦氮素的吸收有两个高峰阶段：一是出苗到拔节阶段(越冬期和返青期)，吸收氮素占吸氮总量的 40%左右；二是拔节到孕穗阶段，占吸氮总量的 30%～40%。

(2)小麦施肥的总原则：以有机肥为主、化肥为辅。有机肥含有小麦生长发育所需要的各种营养元素，肥效长，并且有利于改善土壤结构，培肥地力。在有机肥不足的情况下，可采取秸秆还田的措施来补充。氮、磷、钾肥配合施用。氮、磷、钾三元素合理的比例因小麦产量水平和土壤养分含量的不同而不同。一般每亩产量在 400～500kg 的麦田，氮与磷的比例以 1∶(0.25～0.5)为宜。对于缺钾的土壤(耕作层土壤速效钾含量低于 80mg/kg)，应增施钾肥。另外，有机肥应作底肥，随机耕翻入耕层内。播前耧施磷肥，可提高磷肥的利用率。注意施用微肥。对锌、硼等微量元素缺乏或长期没有施用过的麦田，可作基肥每亩施硫酸锌 1～1.5kg、硼砂 0.5kg。对钙、镁、硫有缺乏倾向或长期不施过磷酸钙的麦田，可选用有过磷酸钙的施肥方案。微肥的施用以底肥为主，辅以追肥、拌种和叶面喷施等。

(3)施肥数量：一般每亩施有机肥 3000kg 左右，纯氮(N)15～18kg，五氧化二磷(P_2O_5)6～8kg，缺钾地块每亩施氧化钾(K_2O)4～6kg，锌肥 1.2kg。

(4)具体施肥方法

配方施基肥：有机肥、磷肥、钾肥、微肥全部。施用时最好顺沟条施，及时深翻，也可在耕地前均匀撒施于地表，然后翻耕入土。

普施种肥：种肥可迅速满足幼苗对养分的需要，对形成壮苗非常有利。使用时要重视种和肥分开施用，以免烧种。适宜作种肥的主要品种有：优质复合肥、磷酸二铵。用量一般为 3～5kg 为宜。

巧施追肥：追肥一般以氮肥为主。返青期至起身期：长势健壮、群体合理和旺长、群体过大的麦田，返青期至起身期一般不追肥、不浇水，追肥可延迟到小麦起身至拔节期进行；麦苗长势弱、群体过小的可适当提前追肥，第一次在返青期，每亩施尿素5～7kg，第二次在拔节后，视苗情长势每亩施尿素5～10kg。追肥最好开沟深施后盖土，不宜撒施，以防挥发。磷、钾肥底施不足的，也要通过追肥补充，但追施磷、钾肥应尽量提前到返青期，最好选用复合肥，可隔行串施或穴施，深度为7～10cm。土壤水分不足时，追肥后要及时浇水。

叶面追肥：主攻品质，增加粒重。在小麦生长后期，根系吸收能力差，呈现出早衰趋势的麦田，进行叶面追肥更直接有效。开花灌浆期用1.5%的尿素溶液和0.4%的磷酸二氢钾溶液50kg/667m^{2}左右叶面喷洒1～2次，能增加粒重、改善品质，同时能有效防治干热风危害。

2. 玉米施肥技术

玉米需肥特性：夏玉米是高产作物，需肥量大，每生产100kg需吸收N 2.5～2.7kg，P_2O_5 1.1～1.4kg，K_2O 3.2～3.8kg，三者比例为1∶0.36∶0.95。玉米幼苗生长慢，吸收也少，拔节期到开花期生长加快，吸收氮素占总吸收量的44.88%，穗期吸收氮素占总吸收量的32.31%，之后养分吸收减慢。夏玉米从拔节期到穗期是施肥的关键时期，对增加产量非常重要。

基肥，氮、磷、钾含量比例为16∶13∶14的专用肥，每亩施50kg，硫酸锌每亩施1～1.5kg，开沟施用并覆土。在小麦收获后，结合浅耕灭茬，麦秸直接施入或留高茬，每亩以200～300kg为宜，且应配合施入少量氮肥。

追肥，宜采用"前重后轻"方式，施氮量定为20kg/667m^2，大喇叭口期追施尿素每亩15kg/667m^2。

（二）三级地、四级地作物配方施肥

临朐县三级地、四级地为粮食主产区，主要作物为小麦、玉米，特点是水浇条件差，土壤养分含量偏低，农作物产量不高。

1. 小麦施肥技术

小麦增产的主要限制因素是土壤肥力问题。增施有机肥及氮、磷肥可有效地培肥地力，提高小麦产量。综合生产实践的经验，小麦施肥应掌握以下技术要点：

（1）有机肥与无机肥配合施用

施用有机肥既可增加土壤的养分供给，又可改善土壤的理化性质，有利于土壤蓄水量的提高。但有机肥养分含量低，供肥能力弱，随着小麦产量的提高，不能满足高产的要求，因而就需要增施速效化肥以保障养分供给，以无机换有机，扩大有机物质的循环基础，迅速提高地力，增加产量。

（2）氮、磷肥配合施用

薄田多缺磷，一般施磷肥的增产作用大于施氮肥的增产作用，但氮、磷肥配合施用，互作效应显著。因此，小麦施肥必须氮、磷肥配合，并加大磷肥的比重，氮元素与磷元素的比例一般以1∶1为宜。如以尿素和过磷酸钙计，每施1kg尿素，要配合施用4kg过磷酸钙。

(3)采用“一炮轰”的施肥方法

小麦由于没有水浇条件，追肥效果差。可以把全部肥料，包括有机肥、氮肥、磷肥、钾肥等在耕地时作底肥一次性施入，施肥深度一般控制在20cm左右。据实践发现，小麦将全部肥料作底肥一次性施足，效果比后期追肥好。但冬前麦苗可能呈现旺长趋势，应注意控制冬前小麦群体。

(4)储备性施肥

常年土层厚的旱地在较大的施肥量范围内，随施肥量增加小麦产量也会提高。因此，为提高地力，所施肥料除满足当季小麦生长需要，还应使土壤养分有所盈余；新开垦的旱薄地应尽量多施肥料，特别是磷肥，待地力提高后再适当减少，以降低成本。

(5)具体施肥方法

在每亩施有机肥2000kg以上的基础上，氮、磷、钾化肥配合施用，以获高产。目标产量在每亩300以上的地块，化肥施用总量为：纯氮10～12kg，磷(P_2O_5)8～10kg，钾(K_2O)5kg。上述总施肥量中，将全部的有机肥、磷肥、钾肥和70%～80%的氮肥，施作底肥。于第二年春季返浆期开沟追施剩余的20%～30%的氮肥(或者小麦返青后借雨追施)。

根据上述施肥用量，秋种可使用以下化肥作底肥。

每亩施磷酸二铵(或磷酸一铵)18～22kg，尿素8～13kg(或碳酸氢铵22～35kg)，氯化钾8kg。

每亩产量低于300kg的旱薄地，每亩施优质有机肥2000kg以上的基础上，化肥施用总量取以上施肥量的低限，可不施钾肥。过去施肥量高于推荐施肥量高限的、土壤肥沃的选施肥量的低限，相反，选高限。

对旱地小麦，春季要结合降雨及时追肥。若无降雨可将尿素用水溶解后，开沟施用。一般每亩施用尿素5～7.5kg，主要是分布在寺头、九山、沂山、柳山、龙岗、东城中东部、辛寨南部和东部、五井南部等乡镇(街道办事处)的沙土地和丘陵旱地。

2. 玉米施肥技术

基肥：氮、磷、钾含量比例为16∶18∶10的专用肥每亩施50kg，硫酸锌每亩施1～1.5kg，全部基施。

追肥：大喇叭口期追施尿素，每亩施15～18kg。

(三)五级地、六级地作物配方施肥

五级地、六级地主要作物是花生、黄烟、红薯等作物，以抗旱为主。

花生配方施肥：花生施肥总体上应把握：重施基肥，适量追肥，有机肥为主，化肥为辅，大量、中量及微量元素相结合。

1. 基　肥

用量一般占施肥量的80%左右，中等地力地块一般每亩施优质农家肥2000～3000kg，硫酸铵10kg，过磷酸钙20～25kg，硫酸钾15kg。有机肥施用量少时，把有机肥和化肥混合均匀，再集中条施在垄下；有机肥施用量多时，可以在整地起垄前撒施耙匀，然后起垄；也可以把2/3的有机肥撒施，1/3有机肥与化肥混匀，再集中条施在垄下。如检测钙不足，可每亩施5～6kg石膏粉。

2. 种　肥

根据基肥情况，可用10kg磷酸二铵作种肥。一定注意种、肥隔离。

3. 追　肥

苗期追肥以氮为主，出苗后15～20天，结合中耕每亩追尿素3～5kg；花针期重追一次肥，每亩施尿素3～5kg，过磷酸钙10～15kg，硫酸钾3～5kg。

4. 微量元素肥料

花生对钼较敏感，在苗期和盛花期喷施0.1%～0.2%的钼酸铵溶液，可促进增产和根瘤固氮，也可以每亩用2g钼酸铵（配成0.1%～0.2%的溶液）拌种。此外，花生对硼肥也较敏感，可在起垄时每亩施0.5kg的硼砂，也可以用0.2%的硼砂溶液喷施。

六、有机质及中微量元素的配方施肥

临朐县粮田主要存在氮、磷、钾施用比例不协调的问题，如协调施肥，在不增加肥料投入成本的情况下，产量可增加10%。

（一）有机肥的平衡施用

土壤有机质是否平衡，取决于两个因素：一是土壤矿质化，二是有机质的腐殖化。要维持土壤有机质的平衡，必须保持投向土壤有机质的量，即施用有机肥的多少。增加有机肥的用量是培肥地力的一条重要措施，首先要充分利用好当地资源，增加有机质的投入；其次是增加粮田有机肥数量，注重有机肥的质量，避免含有重金属的有机肥进入土壤，造成土壤环境污染。

通过下列途径可以增加有机质含量，以培肥低产土壤：(1)搞好“沃土工程”的实施。增施有机粪肥，堆肥、沤肥、饼肥、人畜粪肥等都是良好的有机肥；鼓励、扶持利用工厂下脚料、作物秸秆等建设有机肥生产厂。(2)提倡秸秆还田。(3)粮肥轮作、间作，用地、养地相结合。随着农业生产的发展，复种指数越来越高，致使许多土壤有机质含量降低，肥力下降。实行粮肥轮作、间作制度，不仅可以保持和提高有机质含量，而且可以改善土壤有机质的品质，为土壤提供丰富的有机质和氮素，改善农业生态环境及土壤的理化性状。(4)增施商品有机肥。商品有机肥质量好但价格偏高，群众目前只是在日光温室、塑料大棚及少部分露地菜上应用，大田作物极少施用。可根据实际情况，结合国家的有关政策，积极引导和鼓励农民施用有机肥，不断提高地力，提升农产品品质。

（二）钙、镁、硫的平衡施用

从耕地地力调查的情况看，作物所必需的中量元素钙、镁、硫基本不缺乏。因为临朐大部分土壤是由钙质岩风化而来的，钙质岩含有丰富的钙和镁，硫的含量也较高，岩石风化后，这些养分会释放出来。从化验结果看，有效钙、镁、硫的量均在较高的范围内。而在目前，有些地区的作物却出现缺中量元素的现象，造成缺乏的主要原因并不是土壤含钙量低，而是由于种植方式不同和施肥措施不得当造成的。像果树根系常年在一个区域内生长，如土壤管理不善，可能会出现缺素的症状。而在平原地区，缺素的地块多为种植经济作物的地块，这些地块之所以缺乏中量元素，主要是大量元素的施用量不当造成的。种植有些经济作物，种植者一次投入大量氮、钾肥，磷肥常年过量施用。这样，磷会固定钙、镁元素，氮和钾的过量会影响作物对钙、镁的吸收，所以会出现缺乏这些元素的症状。因此，目前在临朐大部分地区没有必要大力提倡施用中量元素肥料。

（三）微量元素的平衡施用

从这次耕地地力调查的情况看，临朐县今后微量元素的施用主要考虑锌和硼，其他微量元素是否施用应根据作物及土壤情况而定。这是因为在临朐的大部分土壤中，有效硼和锌的含量均较低，所以，前些年未施用过锌和硼的土壤，可以施用一定量的锌肥和硼肥，锌肥每亩的用量一般为 1kg，最大用量不能超过 2kg；硼肥每亩用量一般为 1kg，最大用量不能超过 1.5kg，且需要隔年施用。对于铜，现土壤中有效铜含量大大超过缺乏临界值，所以没有必要施用。临朐大部分土壤呈中性和微碱性反应，这对作物来讲不利于对铁的吸收，部分对铁敏感的作物，尽量施用一些有机的、螯合态的铁，硫酸亚铁可以为叶面喷肥，作为辅助措施来解决缺铁问题。锰的含量同铁的含量有相似之处，暂时不需要施用。

专题报告四　临朐县耕地改良利用分区

耕地是农业生产和农业可持续发展的重要基础。临朐县自1983年第二次土壤普查以来，随着农村经营体制、耕作制度、作物品种、种植结构、产量水平和肥料施用等方面的显著变化，耕地利用状况也发生了明显改变。近年来，虽然对部分耕地实施了地力分析，但对中低产耕地状况及其障碍因素等缺乏系统性、实用性的调查分析，使耕地利用与改良难以适应新形势下农业生产发展的要求。因此，开展耕地地力调查评价，摸清中低产耕地状况及其障碍因素，有的放矢地开展中低产田耕地的科学改良利用，挖掘区域耕地的生产潜力，具有重要的意义。

一、耕地改良利用分区原则与分区系统

（一）耕地改良利用分区原则

耕地改良利用区划的基本原则是：从耕地自然条件出发，主导性、综合性、实用性和可操作性相结合。按照因地制宜、因土适用、合理利用和配置耕地资源，充分发挥各类耕地的生产潜力，坚持用地与养地相结合，近期与长远相结合。以土壤组合类型、肥力水平、改良方向和主要改良措施的一致性为主要依据。同时，考虑地貌、气候、水文和生态等条件以及植被类型，参照历史与现状等因素综合考虑进行分区。

（二）耕地改良利用分区系统

根据耕地改良利用原则，将影响耕地利用的各类限制因素归纳为耕地自然环境要素、耕地土壤养分要素和耕地土壤物理要素，将全县耕地改良利用划分为3个改良利用类型区：耕地自然环境条件改良利用区、耕地土壤培肥改良利用区、耕地土体整治改良利用区，并分别用大写字母E、N和P表示。各改良利用类型区内，再根据相应的限制性主导因子，续分为相应的具体改良利用亚类。

二、耕地改良利用分区方法

（一）耕地改良利用分区因子的确定

耕地改良利用分区因子是指参与评定改良利用分区类型的耕地诸属性。由于影响的因素很多，根据耕地地力评价，遵循主要因素原则、差异性原则、稳定性原则、敏感性原则进行了限制主导因素的选取。考虑与耕地地力评价中评价因素的一致性，考虑各土壤养分的丰缺状况及其相关要素的变异情况，选取耕地土壤有机质含量、耕地土壤有效磷含量、耕地土壤速效钾含量、耕地土壤有效锌含量和耕地土壤有效硼含量因素作为耕地土壤养分状况的限制性主导因子；选取灌溉保证率、坡度和有效土层厚度作为耕地自然环境状

况的限制性主导因子;选取耕层质地条件和土体构型作为耕地土壤物理状况的限制性主导因子。

(二)耕地改良利用分区标准

依据农业部《全国中低产田类型划分与改良技术规范》,根据山东省各县区耕地地力评价资料,综合分析目前全省各耕地改良利用因素的现状水平,同时针对影响临朐县耕地利用水平的主要因素,邀请具有土壤管理经验的相关专家进行分析,制订了耕地改良利用各主导因子的分区及其耕地改良利用类型的确定标准。具体分级标准如表1所示。

表1 耕地改良利用主导因子分区标准

耕地改良利用区划	限制因子	代号	分区标准
耕地土壤培肥改良利用区(N)	有机质(o,g/kg)	No	<12
	有效磷(p,mg/kg)	Np	<15
	速效钾(k,mg/kg)	Nk	<100
	有效锌(zn,mg/kg)	Nzn	<0.5
	有效硼(b,mg/kg)	Nb	<0.5
耕地自然环境条件改良利用区(E)	灌溉保证(i,%)	Ei	灌溉保障率低于50%
	坡度(s,度)	Es	>10°
	有效土层(d,cm)	Ed	<60cm
耕地土体整治改良利用区(P)	耕层质地(t)	Pt	砂土、沙壤、粗骨土
	土体构型(c)	Pc	土体中有障碍层次

(三)耕地改良利用分区方法

在GIS支持下,利用耕地地力评价单元图,根据耕地改良利用各主导因子分区标准在其相应的属性库中进行检索分析,确定各单元相应的耕地改良利用类型,通过图面编辑生成耕地改良利用分区图,并统计各类型面积比例。

三、耕地改良利用分区专题图的生成

(一)耕地土壤培肥改良利用分区图的生成

根据耕地土壤养分限制因素分区标准把临朐县耕地有机质分为两类,即有机质改良利用区和有机质非改良利用区,有机质改良利用区用代号No标注;同样,有效磷改良利用区用代号Np标注,速效钾改良利用区用代号Nk标注,有效锌改良利用区用代号Nzn标注,有效硼改良利用区用代号Nb标注。编辑生成耕地土壤培肥改良利用分区图(见图1)。

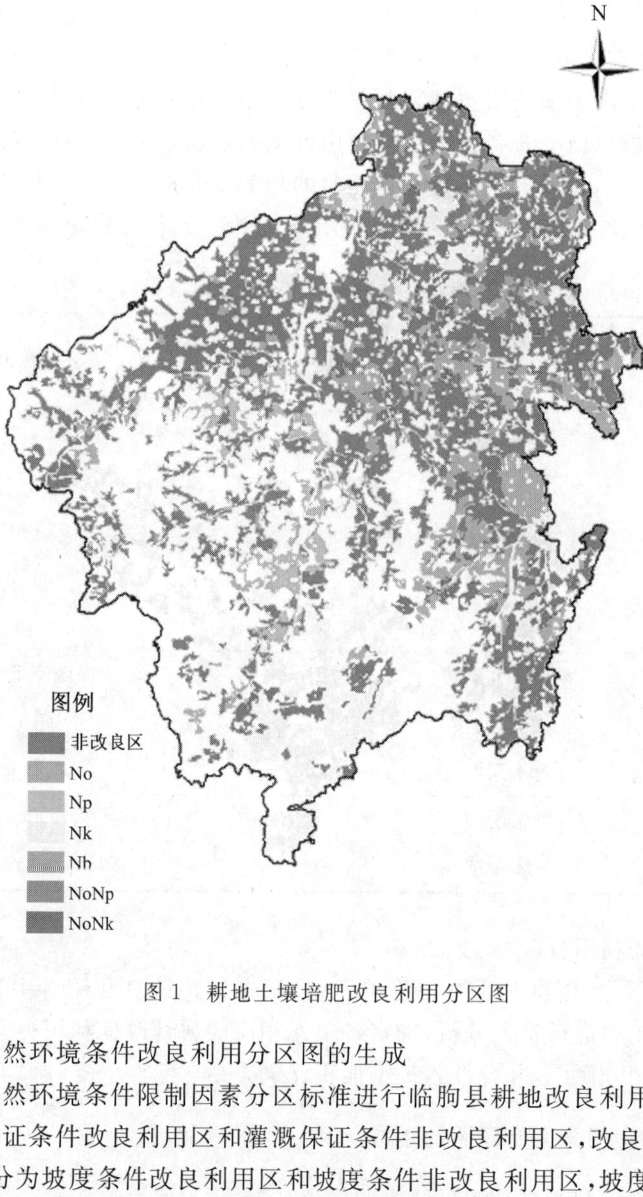

图1　耕地土壤培肥改良利用分区图

(二)耕地自然环境条件改良利用分区图的生成

根据耕地自然环境条件限制因素分区标准进行临朐县耕地改良利用分区。灌溉保证条件分为灌溉保证条件改良利用区和灌溉保证条件非改良利用区，改良利用区用代号 Ei 标注；坡度条件分为坡度条件改良利用区和坡度条件非改良利用区，坡度条件改良利用区用代号 Es 标注；有效土层厚度分为有效土层改良利用区和有效土层非改良利用区，有效土层改良利用区用代号 Ed 标注。标注结果如图 2 所示。

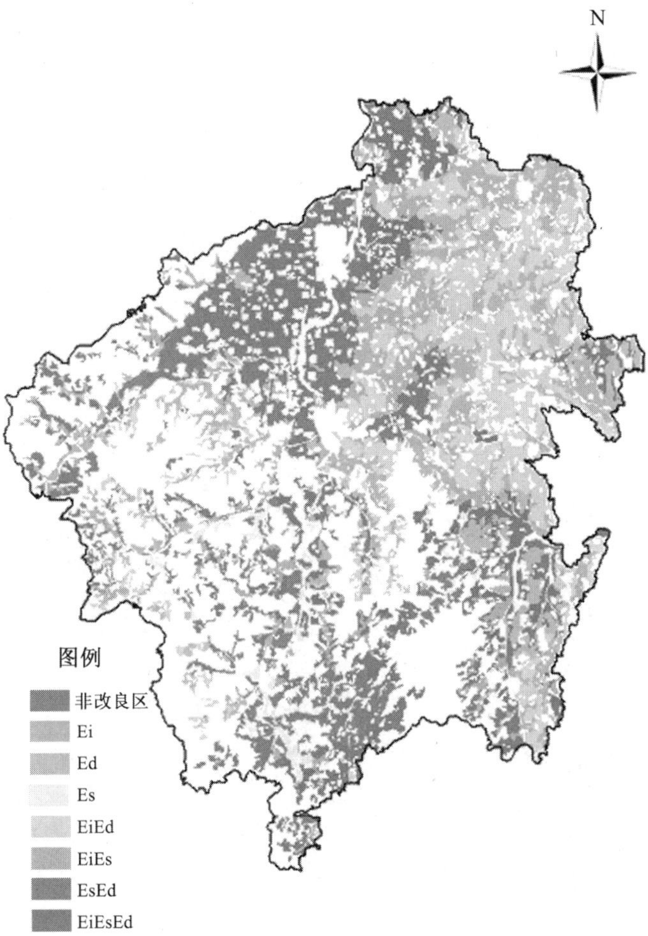

图 2 耕地自然环境条件改良利用分区图

（三）耕地土体整治改良利用分区图的生成

根据耕地土地条件限制因素分区标准，耕地耕层质地条件改良利用区用代号 Pt 标注，耕地土体构型改良利用区用代号 Pc 标注。在 GIS 下检索生成耕地土体整治改良利用分区图（见图 3）。

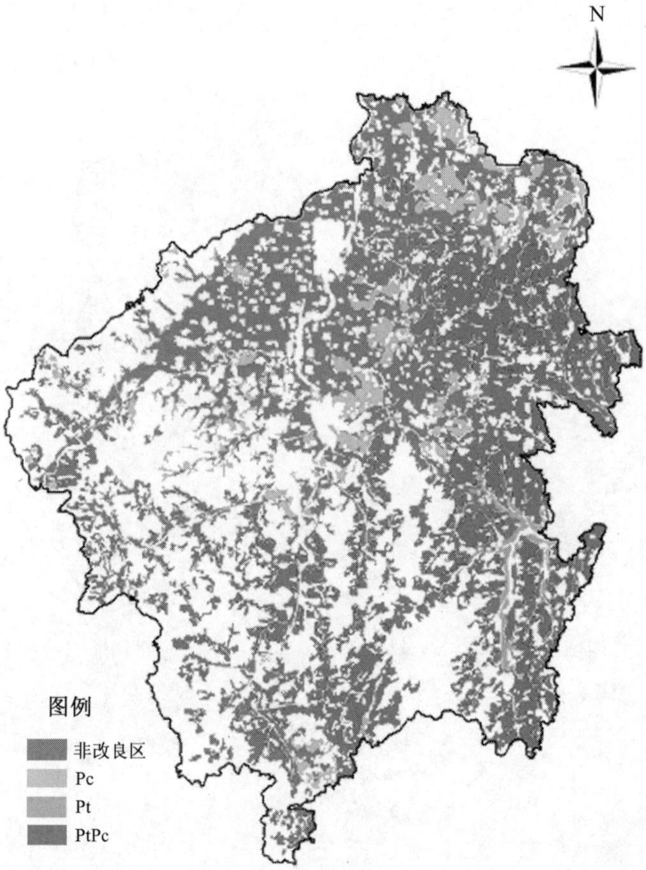

图 3　耕地土体整治改良利用专题图

四、耕地改良利用分区结果分析

(一)耕地土壤培肥改良利用分区面积统计及问题分析

临朐县耕地土壤培肥改良利用区各改良利用类型面积及其比例如表 2 所示。

表 2　临朐县耕地土壤培肥改良利用分区面积统计表

改良利用分区	No	Np	Nk	Nb	NoNp	NoNk	非改良区
面积(hm^2)	8954.2	2907.65	9482.2	223.15	495.33	3064.86	33040.61
百分比(%)	15.39	5	16.3	0.38	0.85	5.27	56.8

由图 1 和表 2 可以看出,临朐县土壤主要养分状况总体较好,非改良区主要分布在城关、东城、冶源,辛寨、龙岗部分地块,耕地面积为 33040.61hm^2,占耕地总面积的 56.8%。

其中缺乏有机质的主要分布在寺头、辛寨、五井、沂山、柳山、冶源一带，耕地面积为12514.39hm^2，占耕地总面积的21.51%；缺乏钾素的主要分布在城关、东城、九山、沂山、柳山，耕地面积为12547.06hm^2，占耕地总面积的21.57%；缺乏磷素的主要分布在寺头、五井、九山，辛寨、柳山一部分，耕地面积为3402.98hm^2，占耕地总面积的5.85%；缺乏硼素的主要分布在九山、沂山，柳山、五井一部分，耕地面积为223.15hm^2，占耕地总面积的0.38%。缺乏单一养分的耕地面积为21567.2hm^2，占耕地总面积的37.07%；同时缺乏两种养分的耕地面积为3560.19hm^2，占耕地总面积的6.12%。同时缺有机质、有效磷，主要在寺头、五井、辛寨一部分；同时缺有机质、有效钾，主要在柳山、沂山，冶源、东城一部分。全县锌素含量较高，不需培肥改良。可以看出，临朐县土壤养分的特点是耕地中单一养分缺乏较普遍，主要是有机质、速效钾在不同地区有不同程度的缺乏，需要进行不同程度的培肥改良。

从各类型面积比例看出，临朐县耕地土壤培肥改良的主要方向为增施钾肥和微肥，同时应注重有机肥料的施用，逐步提高土壤有机质和钾素含量。

（二）耕地自然环境条件改良利用分区面积统计及问题分析

临朐县耕地自然环境条件改良利用区各改良利用类型面积及其比例如表3所示。

表3　　临朐县耕地自然环境条件改良利用分区面积统计表

改良利用分区	Ei	Ed	Es	EdEi	EiEs	EsEd	EiEsEd	非改良区
面积(hm^2)	11348.48	3266.82	1409.07	14748.05	2919.39	2781.29	6399.95	15294.95
百分比(%)	19.51	5.62	2.42	25.35	5.02	4.78	11	26.29

由图2和表3可以看出，临朐县耕地自然环境条件相对较差，由于自然环境条件受地势影响较大，因此北部地形坡度较小的地区明显好于南部山区。在对临朐县耕地自然环境条件分析的基础上，得出只有26.29%的耕地面积不需改良，主要分布在城关、东城、冶源，辛寨、沂山、龙岗部分地块；需要改良的耕地主要分布在临朐县的中东部和南部地区。其中灌溉保证水平需要提高的耕地面积为35415.87hm^2，占耕地总面积的60.88%，主要分布在柳山、冶源，辛寨、沂山、寺头、龙岗部分地块；有效土层厚度需要改善的耕地面积为27196.11hm^2，占耕地总面积的46.75%，主要分布在辛寨、寺头、柳山，九山、沂山部分地块；坡度条件需要改善的耕地面积为13509.7hm^2，占耕地总面积的23.22%，主要分布在辛寨、柳山、沂山，冶源部分地块。单一自然条件需要改善的耕地面积为16024.37hm^2，占耕地总面积的27.55%；多种自然条件需要改善的耕地面积为26848.68hm^2，占耕地总面积的46.15%。灌溉保证水平需要提高和坡度条件需要改善的主要在柳山、九山、沂山；灌溉保证水平需要提高和有效土层厚度需要改善的主要在辛寨、寺头冶源，九山、沂山一部分；有效土层厚度需要改善和坡度条件需要改善的主要在五井、九山、沂山；三者同时改善的主要在五井、九山，柳山、辛寨一部分。临朐县耕地自然环境条件改良利用的主要方向为改善耕地灌溉条件，尤其是南部山区的灌溉条件，提高灌溉保证率；其次是有效增加土层厚度，防止水土流失，保护耕层土壤。

(三)耕地土体整治改良利用分区面积统计及问题分析

临朐县耕地土体整治改良利用区各改良利用类型面积及其比例如表4所示。

表4　临朐县耕地土体整治改良利用分区面积统计表

改良利用分区	Pc	Pt	PtPc	非改良区
面积(hm^2)	6516.77	955.13	20673.47	30022.63
百分比(%)	11.20	1.64	35.54	51.61

由图3和表4可以看出,临朐县耕地土体结构整体较好,不需改良的耕地面积为30022.63hm^2,占耕地总面积的51.61%,主要分布在城关、东城、冶源,五井、龙岗部分地块。需要改良的面积主要分布在临朐县中东部地区和南部山区。耕层为沙壤、砂土,或者耕层中含有石渣土、粗骨土等障碍性层次。其中耕层质地较差的耕地面积为21628.6hm^2,占耕地总面积的37.18%,主要分布在五井、九山,柳山;土体构型较差的耕地面积为27190.24hm^2,占耕地总面积的46.74%,主要分布在五井、冶源,辛寨、城关。单一条件较差的耕地面积为7471.9hm^2,占耕地总面积的12.84%;两种条件都较差的耕地面积为20673.47hm^2,占耕地总面积的35.54%,主要分布在龙岗、九山,柳山、寺头。

总之,对于北部地区宜采取秸秆还田、增施有机肥料等措施,来改善偏沙的土壤表层质地,对于南部山区,除采取上述措施,还应采取深耕等措施来改善不良的土体结构,这将是临朐县耕地土体整治改良的主要方向。

五、耕地改良利用对策及措施

(一)加大农业资金和科技投入,改良土壤

耕地是人类最基本的自然资源,而耕地的数量和质量,直接关系到人类生存和社会发展。临朐县是一个人多地少、耕地质量差、后备资源极其匮乏的农业县。地减人增的矛盾发展到今天,耕地不仅成为临朐县解决"三农"问题的重大难题之一,而且也是当前和今后一个时期的主要问题。农业是自然风险和市场风险并存的弱势产业,保护农业健康是国民经济发展中面临的重大问题。资金投入不足已成为农业生产发展的主要制约因素。要从讲大局、保稳定的角度抓好耕地质量建设的投入,建立政府主导、社会参与、市场运作、多元投入的机制,运用市场机制配置资源,本着"取之于土、用之于土"的原则,从土地出让金收益中拿出不低于20%的资金用于农业土地开发和耕地质量建设,防止"占优补劣"。要对开发、整理的新增耕地加大地力培肥建设,提高新开发、新整理耕地的质量,确保其农业综合生产能力。积极探索农业投入集中安排使用的新机制,努力将各级、各类、各项农业投入向农业基础设施、重点新村建设、农业示范园区、农业优势产业基地和重点龙头企业集中,充分发挥农业投入的聚集效益和规模效益。

要达到农业增产的途径就要增加耕地投入,加快中低产田改造,不断提高耕地的质量,从而提高耕地利用的经济效益。临朐县宜进一步加强对耕地改良利用的投入,通过对耕地的改良逐步消除制约耕地生产力的限制因素,培肥地力,改善农业生产条件和农田生态环境。

(二)实行配方施肥,做到用养结合,增施有机肥料,培肥地力

临朐县在耕地改良利用上重利用,轻培肥,重化肥,轻有机肥,化肥区域分配不平衡、施用不合理,过量或盲目施用现象到处存在,不仅造成化肥肥效下降和资源浪费,而且导致环境污染,破坏耕地物理性状和土壤微生物生存环境,造成土壤物理肥力和生物肥力衰退。虽然全县化肥的施用量逐年增加,但有机肥投入量却逐年减少,且投入的化肥以氮、磷肥为主,引起土壤养分特别是速效钾和微量元素含量的下降和矿质养分的失衡,导致耕地肥力下降。全县普遍存在养分含量偏低和微量元素特别是有效硼含量偏低等限制性因素。因此,要充分利用中低产耕地调查评价成果,科学指导化肥的调配,采用科学优化平衡施肥,重视合理增施钾肥和微肥,不断培肥地力,实现中低产耕地资源的永续利用。实行有机肥与无机肥相结合,保证土壤有机质含量稳中有增。持续提高中低产耕地的基础地力,为农作物生长创造高产基础;做到用土与养土妥善结合起来,广辟有机肥源,重视有机肥的施用,提倡冬种绿肥和施用有机、无机复混肥。实行化肥施用在地区之间、作物之间基本平衡。根据土壤供肥性能、作物需肥规律,平衡施用,实现"科学、经济、环保"施肥,在促进粮食增产、农业增效和农民增收的同时,不断改良土壤,培肥地力。

(三)注重农田基本设施建设,改善灌溉条件

(1)要搞好现有水利设施的维护、保养和使用管理,提高利用率。健全灌溉工程,改善灌区输水、配水设备,加强灌溉作业管理,改进地面灌溉技术,采用增产、增值的节水灌溉方法和灌溉技术。应加强水利建设,修筑田埂,防止水土冲刷;安排好水利规划,修好水渠,制止渗漏,加强管理,提高引灌水的利用率。

(2)进一步开挖地下水,人工富集天然降水,增加灌溉水源,扩大灌溉面积。建造大、中、小型蓄水池、塘等蓄水体系,将集纳雨水、拦截径流和蓄水有效结合起来,在作物需水的关键时期进行灌溉,解决作物的需求和降水错位的矛盾,以充分发挥水分的增产效果。实现自然降水的空间聚集,改善区域农田的土壤水分状况,推广节水灌溉技术,改善和扩大灌溉面积。

(3)改善土壤结构,增加土壤的蓄水能力,通过对土壤增施有机物料(如施用有机肥、秸秆还田等)和应用土壤改良剂,改良土壤结构,增强土壤结构的稳定性,提高土壤对降水的入渗速率和持水量。

(4)保障资金投入,强化管理责任。要加大资金投入保障力度,保证水利工程配套设施建设,发挥好灌区供水调控作用。要明确渠道管理人员,加强管理,保证渠道正常运行。在充分发挥现有水利工程作用的同时,加强控制性骨干水利工程建设,提高水资源的调节能力。

(四)搞好流域综合治理,改善生态环境

临朐县山多、滩多、沟多,这是一个大优势。因此,必须靠山吃山,充分利用和发挥山区资源优势,大力开展小流域综合治理,治水保土,保护好自然资源,改善生态环境和农业生产条件,建立起良性循环系统,要在决不放松粮食生产的前提下,积极开展多种经营,发挥较高的生态效益、经济效益和社会效益,这是临朐县经济发展的一条根本出路。南部山区耕地土壤限制性因素主要为土层薄,水土流失严重,要从调整土地利用结构和建设基本农田起步,改广种薄收为集约经营,改单一经营为农、林、牧、副全面发展,因地制宜,全面

规划，综合治理，连续治理，实行生物措施与工程措施相结合，坡地治理与沟道治理相结合，田间工程和蓄水保土耕作相结合。在不宜种粮的粗骨土、棕壤性土和褐土性土上，因地制宜地大力发展果、药土特产，在土层较厚的地方，可以发展果粮间作，以尽快提高经济效益，在交通不便的山区选种板栗、银杏等。在土层薄、水土流失严重的地方，应先种草、养畜，发展牧业生产。

根据临朐县资源优势以及生态环境的特点，因地制宜地利用耕地资源，通过合理轮作、科学间套种等措施，提高复种指数，努力提高耕地资源的利用率；注重多物种、多层次、多时序、多级质能、多种产业的有机结合，农、林、牧、副、渔并举，建立生态型可持续农业系统，达到经济、生态和社会效益的高度统一。

要利用现有耕地资源提高农业的综合生产能力，从抓耕地质量建设入手，有效调整农业产业结构，实现由“藏粮于仓”向“藏粮于地”的根本转变，确保临朐县粮食安全和其他农产品的有效供给，促进农民增收、农业增效，农村全面建设小康社会。

主要参考文献

［1］ 山东省土壤肥料工作站.山东土壤,北京:中国农业出版社,1994

［2］ 山东省土壤肥料工作站.山东土种志,北京:农业出版社,1993

［3］ 潍坊市土壤肥料工作站.潍坊市土壤(内部资料),1987

［4］ 高祥照,马常宝,杜森.测土配方施肥技术,北京:中国农业出版社,2005

［5］ 临朐县第二次土壤普查办公室.临朐县土壤志(内部资料),1984

［6］ 临朐县统计局.临朐县统计年鉴(内部资料),1999～2010

［7］ 临朐县国土资源局.农村土地利用现状二级分类面积汇总表、土地利用现状(内部资料),2009

［8］ 临朐县水利局.山东省临朐县小型农田水利重点县建设工程(内部资料),2009

［9］ 临朐县气象局.历年气象资料(内部资料),2010

［10］ 岳玉德、李涛.青州耕地,济南:山东大学出版社,2004

附 图

临朐县土地利用现状图

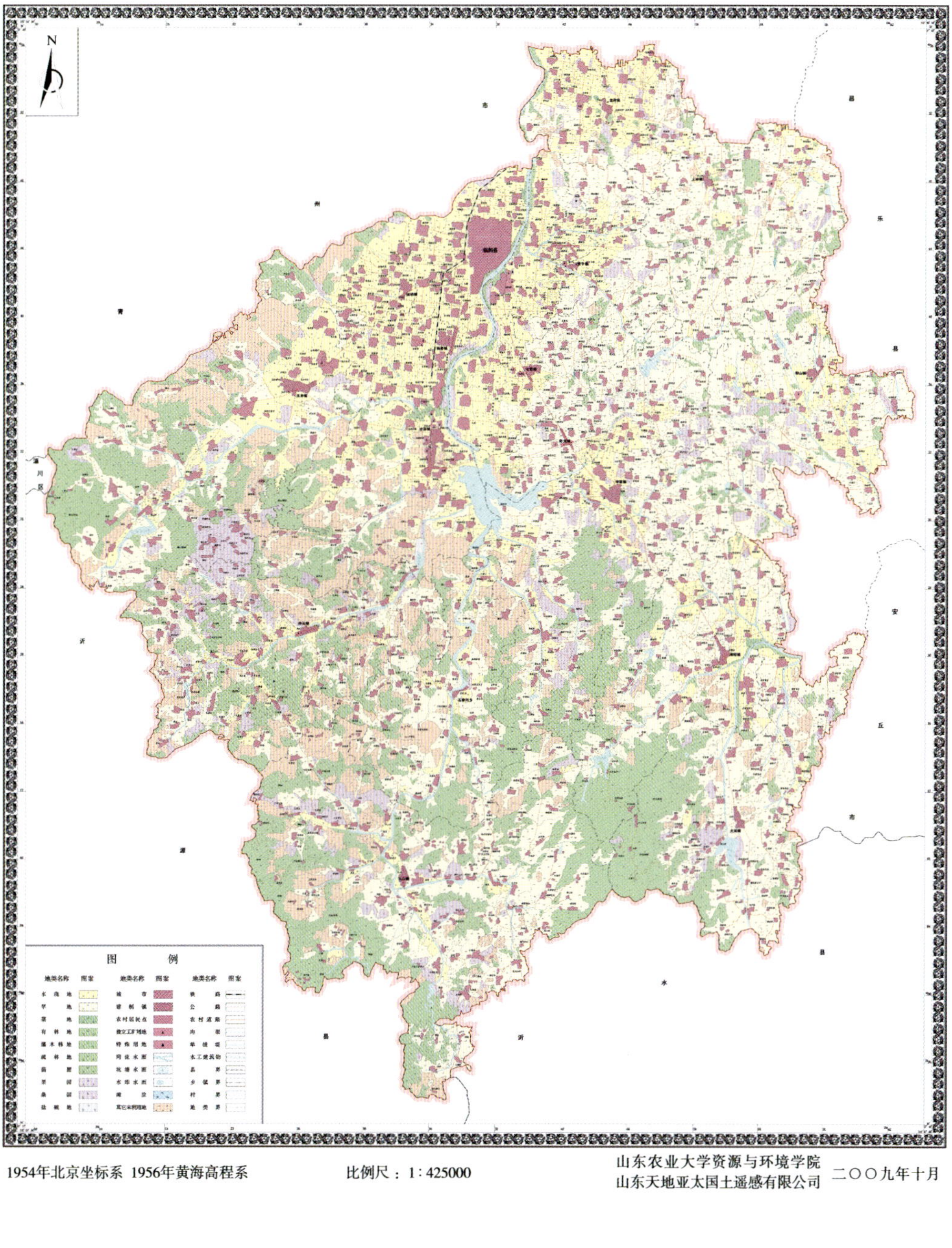

1954年北京坐标系 1956年黄海高程系　　比例尺：1∶425000　　山东农业大学资源与环境学院

山东天地亚太国土遥感有限公司　二〇〇九年十月

临朐县耕地地力评价等级图

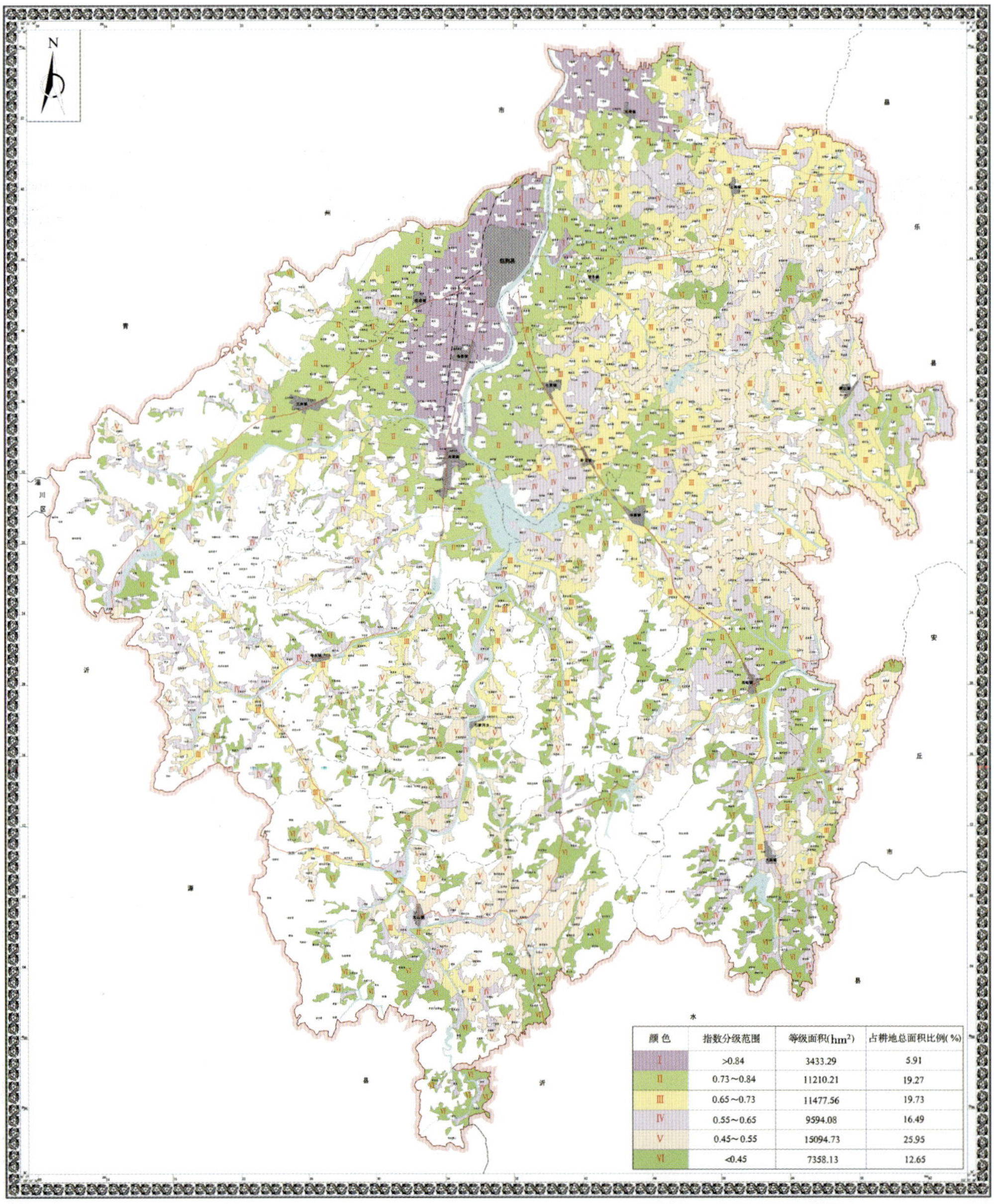

颜色	指数分级范围	等级面积(hm^2)	占耕地总面积比例(%)
Ⅰ	>0.84	3433.29	5.91
Ⅱ	0.73～0.84	11210.21	19.27
Ⅲ	0.65～0.73	11477.56	19.73
Ⅳ	0.55～0.65	9594.08	16.49
Ⅴ	0.45～0.55	15094.73	25.95
Ⅵ	<0.45	7358.13	12.65

1954年北京坐标系 1956年黄海高程系　　比例尺：1:425000

山东农业大学资源与环境学院
山东天地亚太国土遥感有限公司　二〇〇九年十月

附 图

临朐县土地利用现状图

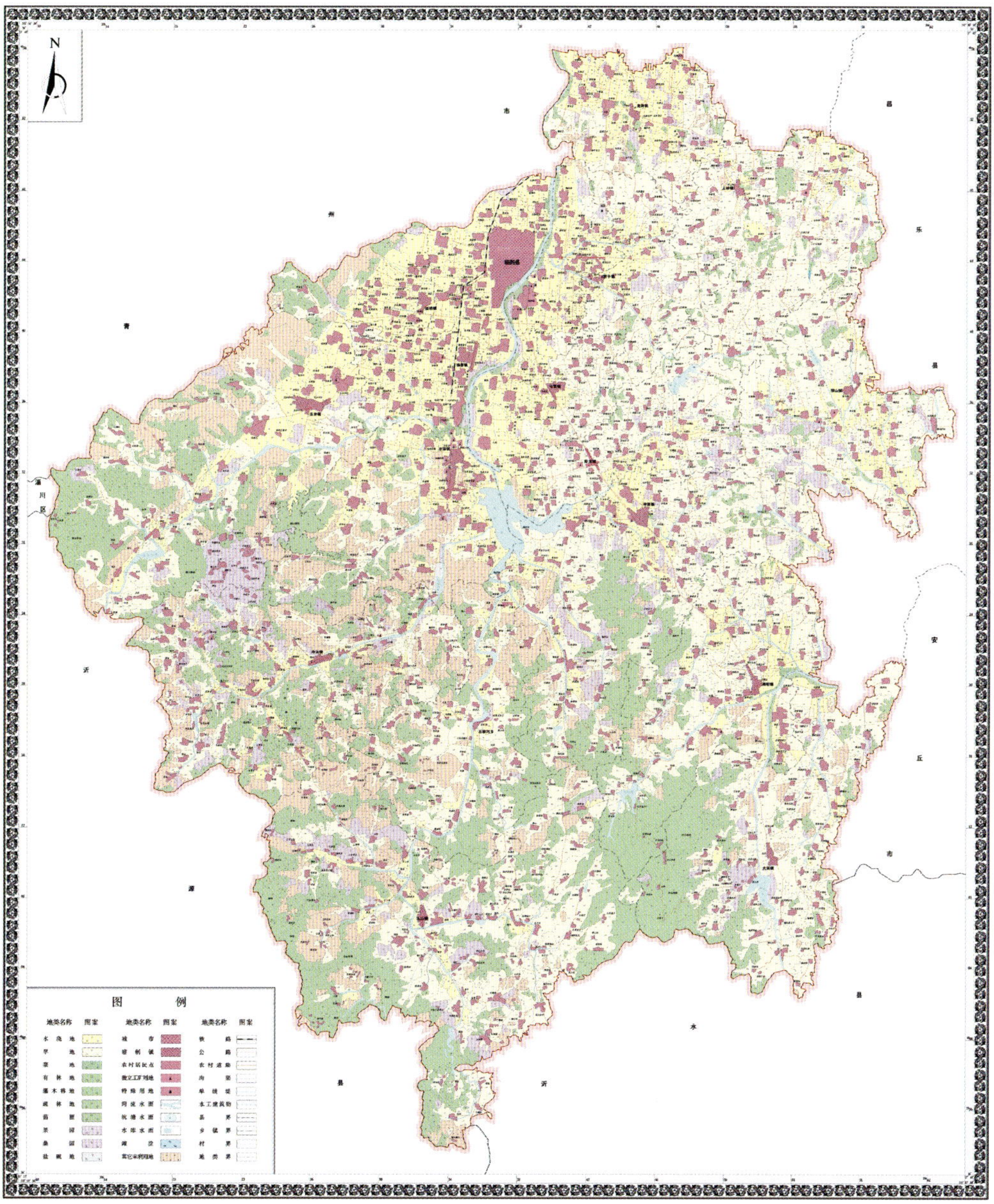

1954年北京坐标系 1956年黄海高程系 比例尺：1∶425000

山东农业大学资源与环境学院
山东天地亚太国土遥感有限公司 二〇〇九年十月

临朐县耕地地力评价等级图

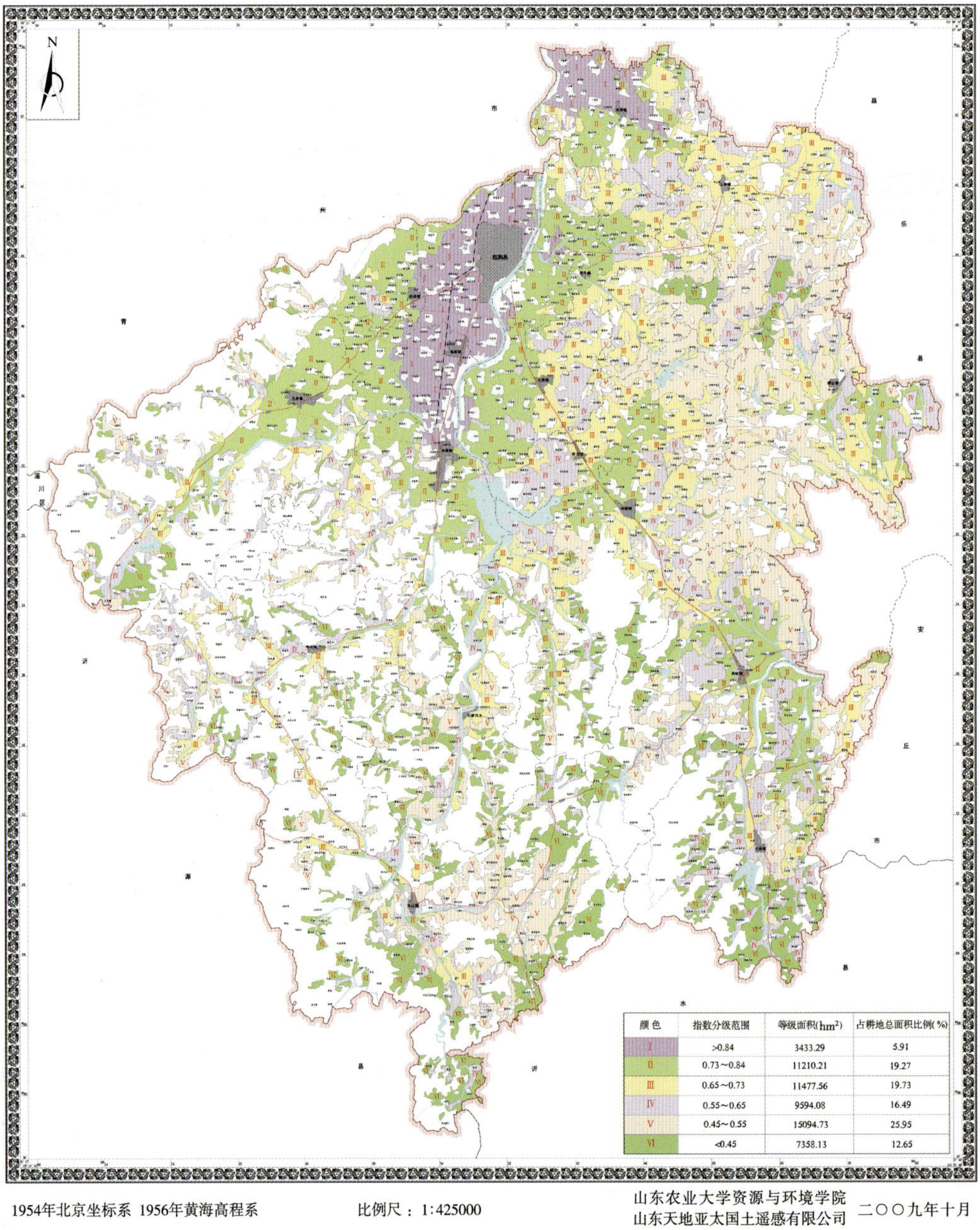

颜色	指数分级范围	等级面积(hm^2)	占耕地总面积比例(%)
Ⅰ	>0.84	3433.29	5.91
Ⅱ	0.73～0.84	11210.21	19.27
Ⅲ	0.65～0.73	11477.56	19.73
Ⅳ	0.55～0.65	9594.08	16.49
Ⅴ	0.45～0.55	15094.73	25.95
Ⅵ	<0.45	7358.13	12.65

1954年北京坐标系 1956年黄海高程系　　比例尺：1:425000　　山东农业大学资源与环境学院
山东天地亚太国土遥感有限公司　二〇〇九年十月

临朐县耕地地力调查点点位图

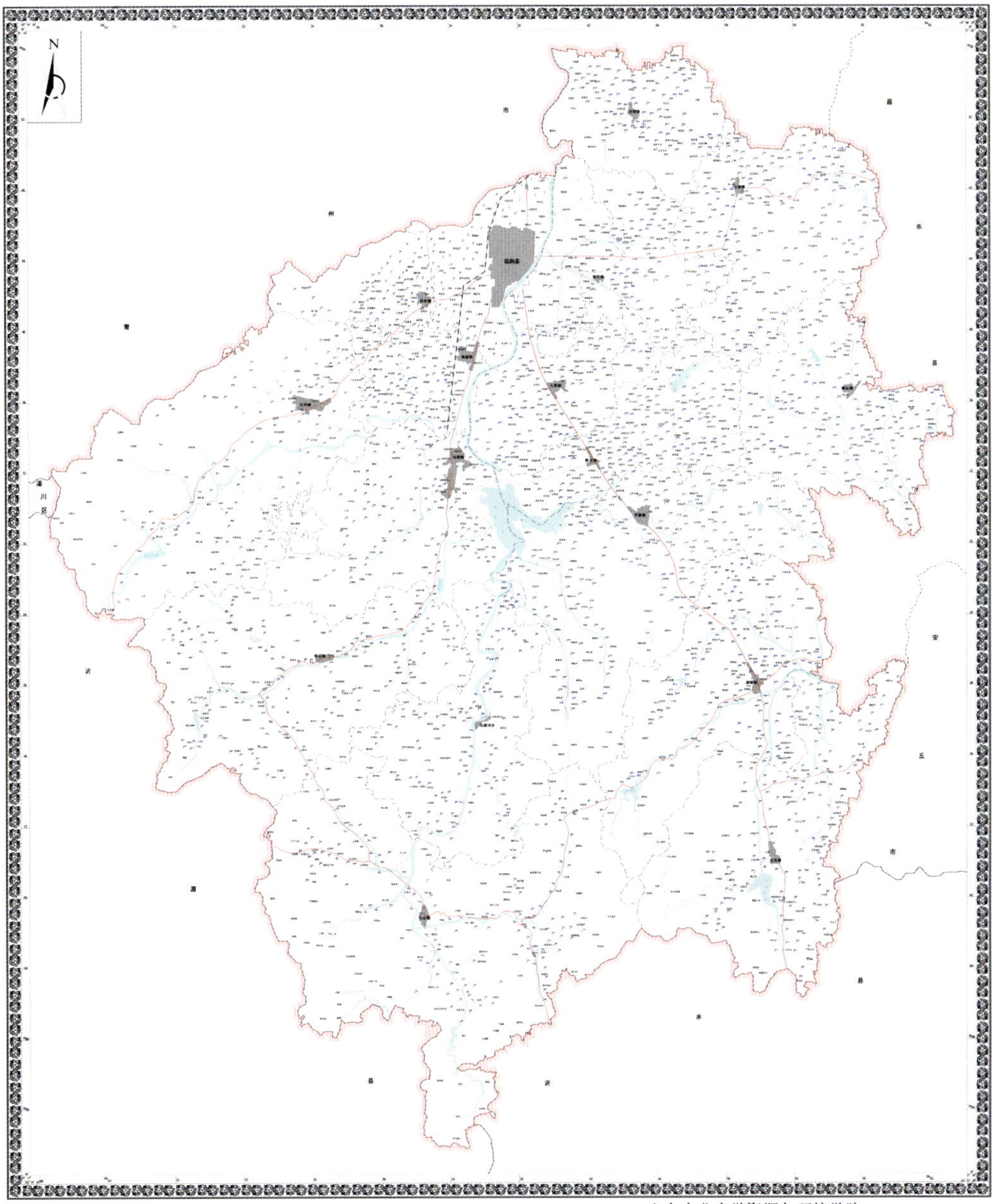

1954年北京坐标系 1956年黄海高程系 比例尺：1∶425000

山东农业大学资源与环境学院
山东天地亚太国土遥感有限公司 二〇〇九年十月

临朐县地貌图

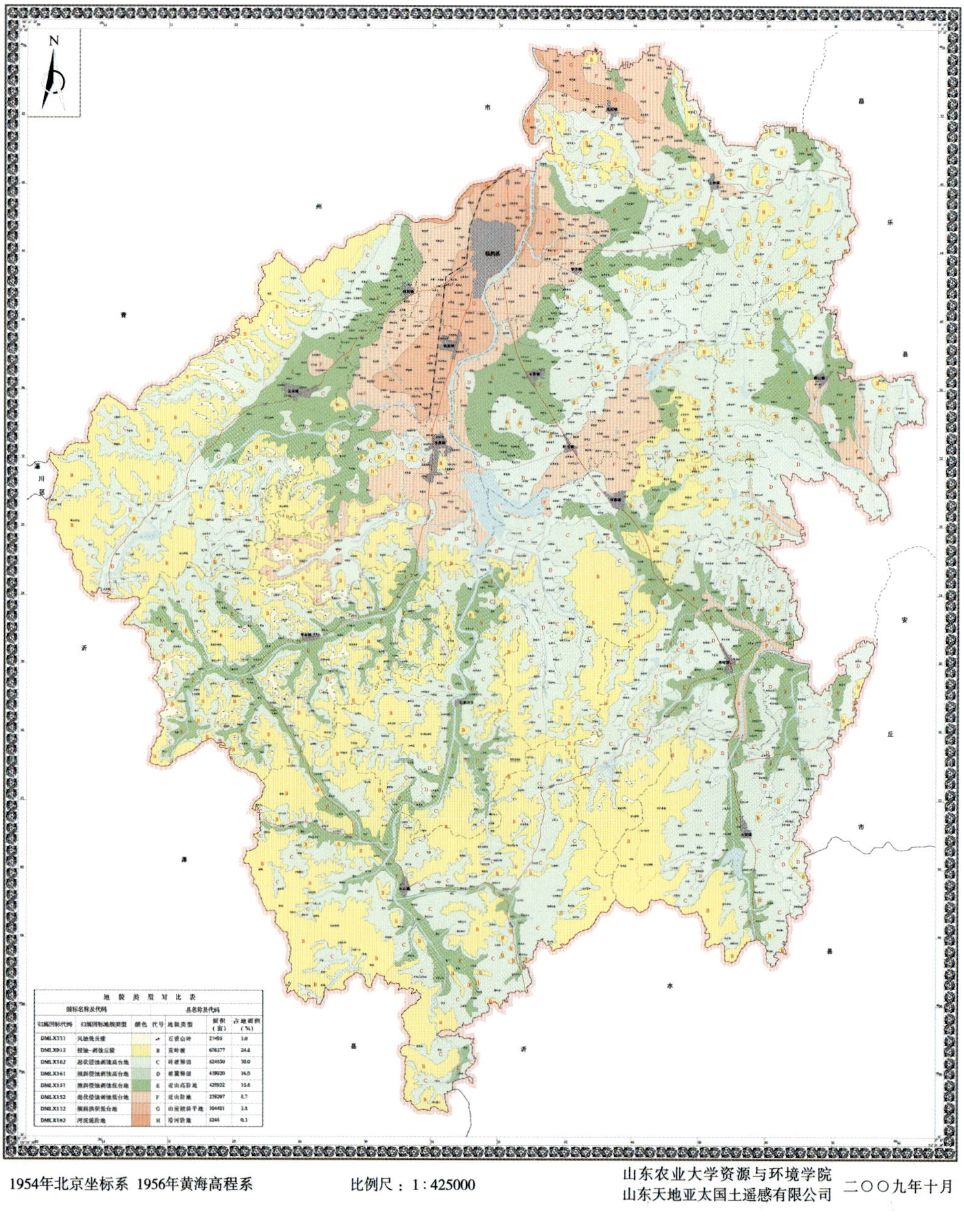

1954年北京坐标系 1956年黄海高程系　　比例尺：1:425000　　山东农业大学资源与环境学院 山东天地亚太国土遥感有限公司　二〇〇九年十月

临朐县灌溉分区图

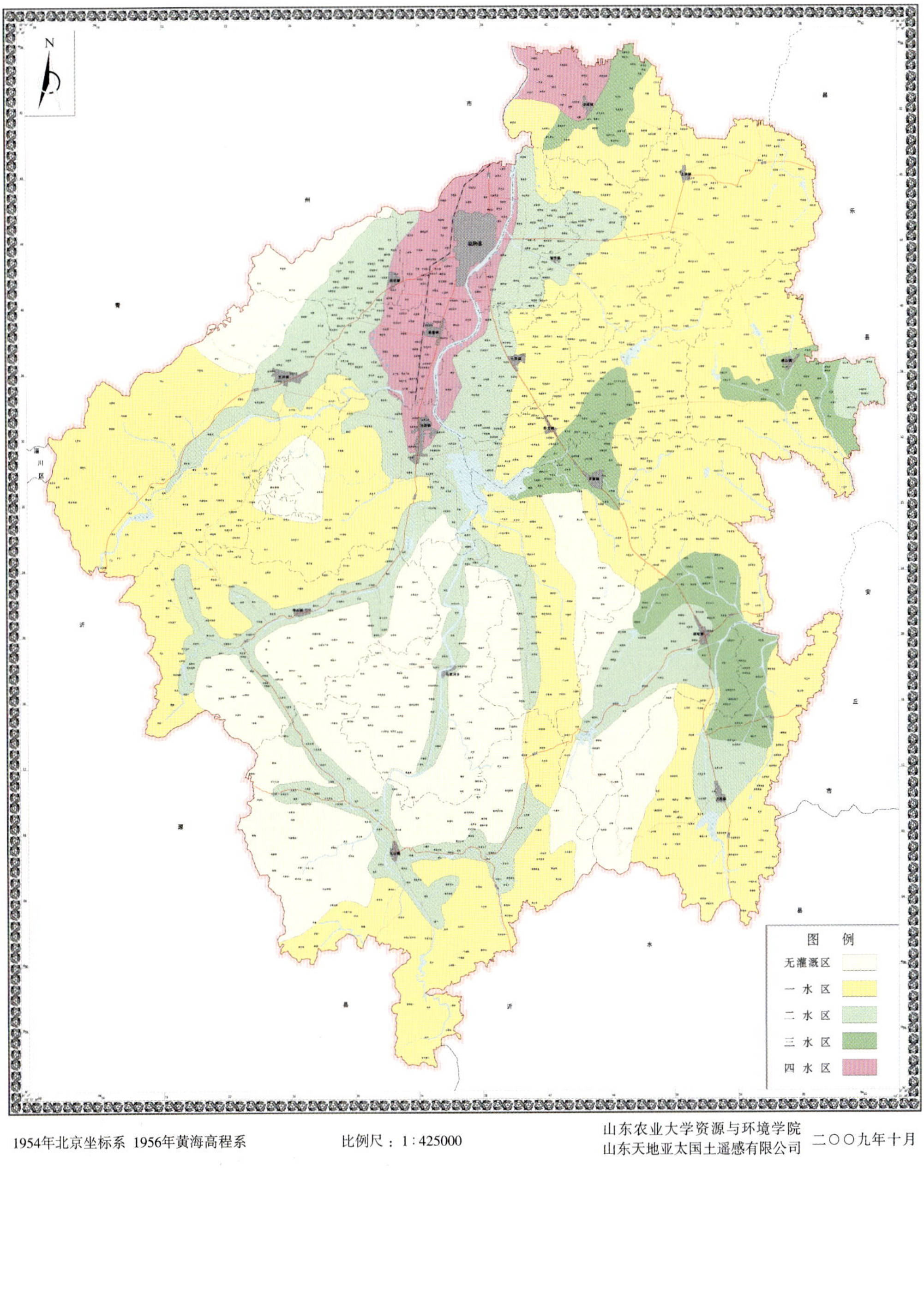

1954年北京坐标系 1956年黄海高程系　　比例尺：1∶425000　　山东农业大学资源与环境学院 山东天地亚太国土遥感有限公司　二〇〇九年十月

临朐县坡度图

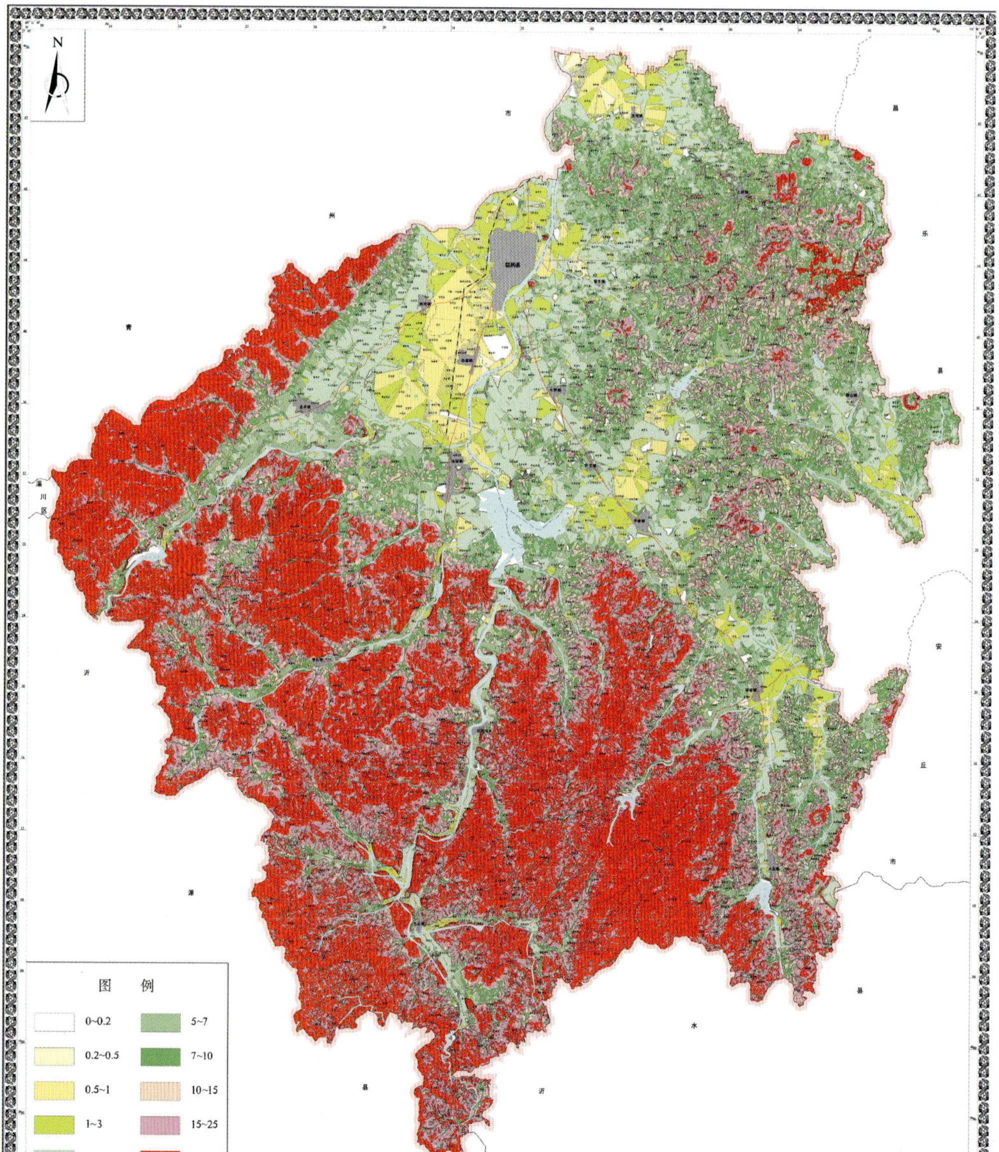

1954年北京坐标系 1956年黄海高程系

比例尺：1∶425000

山东农业大学资源与环境学院
山东天地亚太国土遥感有限公司 二〇〇九年十月

临朐县土壤有机质含量分布图

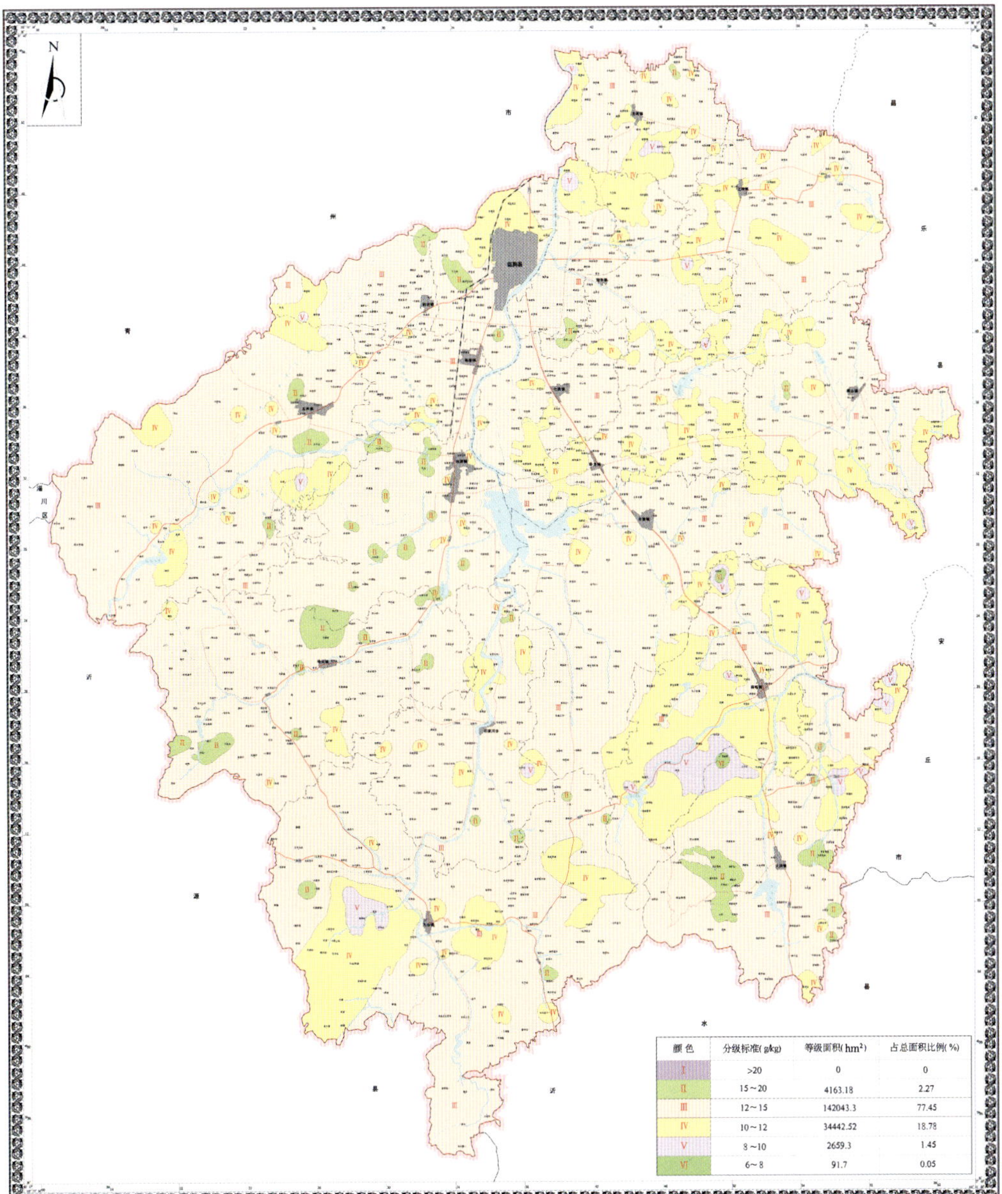

颜色	分级标准(g/kg)	等级面积(hm²)	占总面积比例(%)
Ⅰ	>20	0	0
Ⅱ	15～20	4163.18	2.27
Ⅲ	12～15	142043.3	77.45
Ⅳ	10～12	34442.52	18.78
Ⅴ	8～10	2659.3	1.45
Ⅵ	6～8	91.7	0.05

1954年北京坐标系 1956年黄海高程系　　比例尺：1∶425000

山东农业大学资源与环境学院
山东天地亚太国土遥感有限公司　二〇〇九年十月

临朐县土壤pH分布图

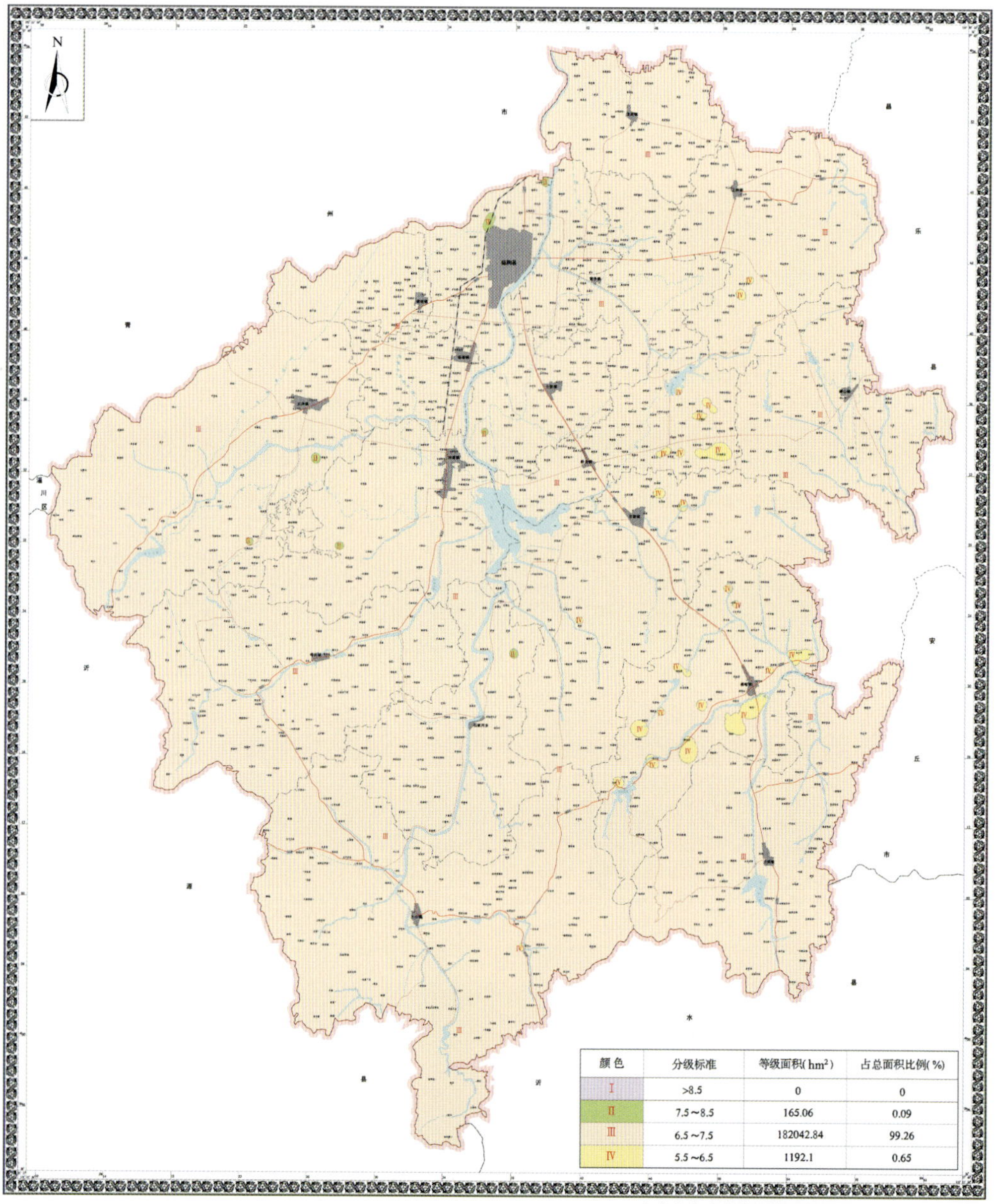

颜色	分级标准	等级面积(hm²)	占总面积比例(%)
Ⅰ	>8.5	0	0
Ⅱ	7.5～8.5	165.06	0.09
Ⅲ	6.5～7.5	182042.84	99.26
Ⅳ	5.5～6.5	1192.1	0.65

1954年北京坐标系 1956年黄海高程系　　比例尺：1∶425000　　山东农业大学资源与环境学院　山东天地亚太国土遥感有限公司　二〇〇九年十月

临朐县土壤全氮含量分布图

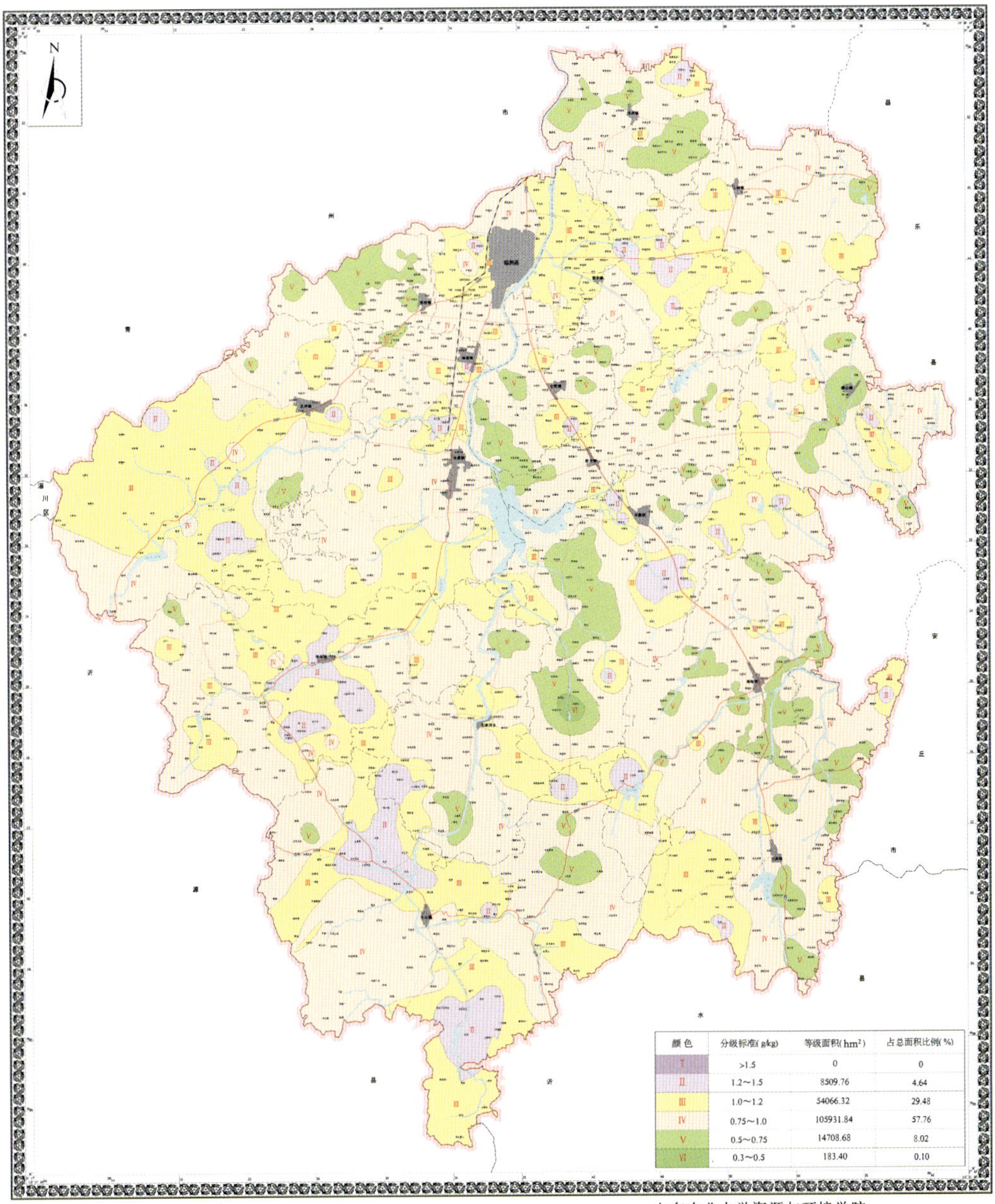

颜色	分级标准(g/kg)	等级面积(hm²)	占总面积比例(%)
Ⅰ	>1.5	0	0
Ⅱ	1.2～1.5	8509.76	4.64
Ⅲ	1.0～1.2	54066.32	29.48
Ⅳ	0.75～1.0	105931.84	57.76
Ⅴ	0.5～0.75	14708.68	8.02
Ⅵ	0.3～0.5	183.40	0.10

1954年北京坐标系 1956年黄海高程系　　比例尺：1∶425000

山东农业大学资源与环境学院
山东天地亚太国土遥感有限公司　二〇〇九年十月

临朐县土壤碱解氮含量分布图

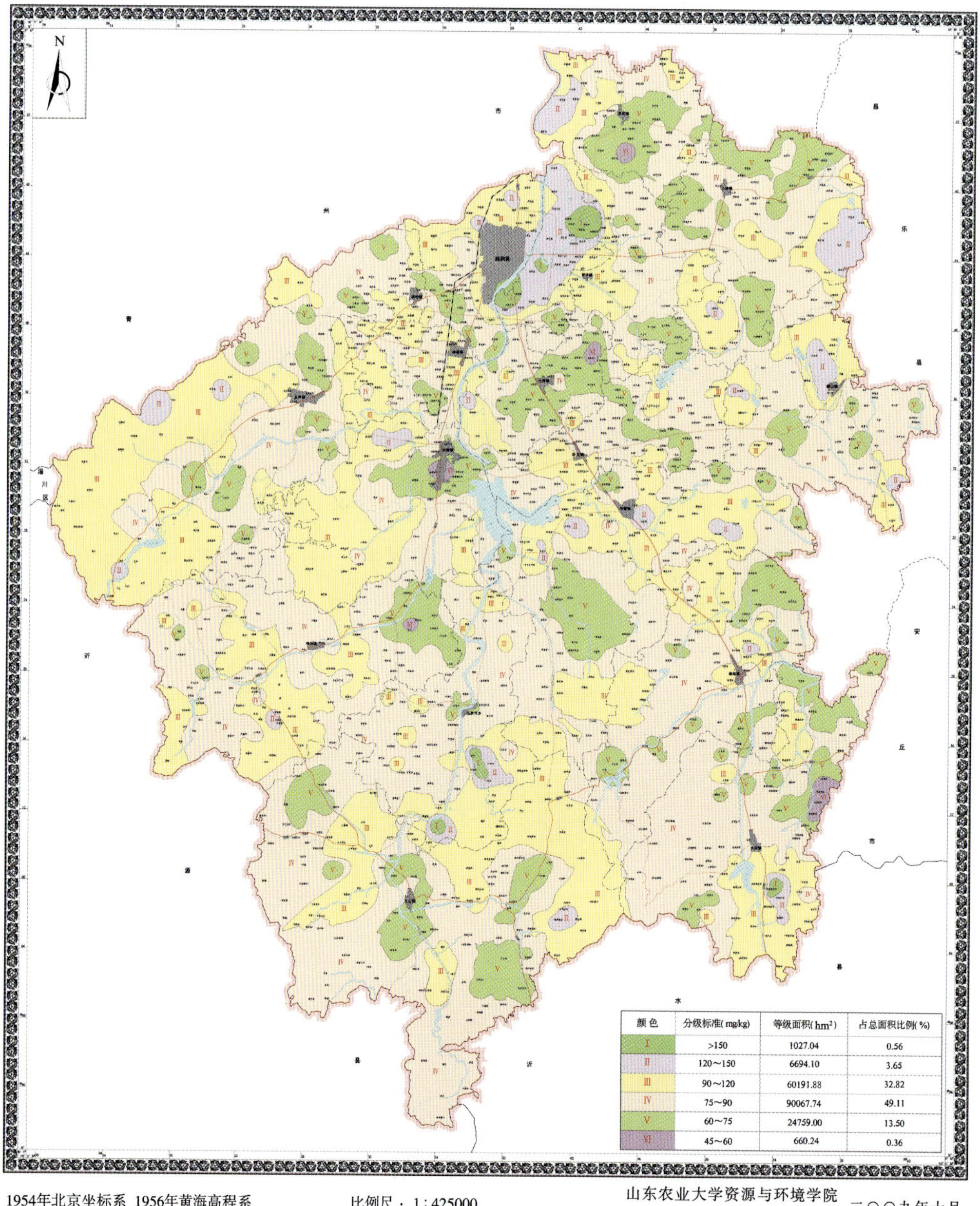

颜色	分级标准(mg/kg)	等级面积(hm²)	占总面积比例(%)
Ⅰ	>150	1027.04	0.56
Ⅱ	120～150	6694.10	3.65
Ⅲ	90～120	60191.88	32.82
Ⅳ	75～90	90067.74	49.11
Ⅴ	60～75	24759.00	13.50
Ⅵ	45～60	660.24	0.36

1954年北京坐标系 1956年黄海高程系

比例尺：1∶425000

山东农业大学资源与环境学院
山东天地亚太国土遥感有限公司 二〇〇九年十月

临朐县土壤有效磷含量分布图

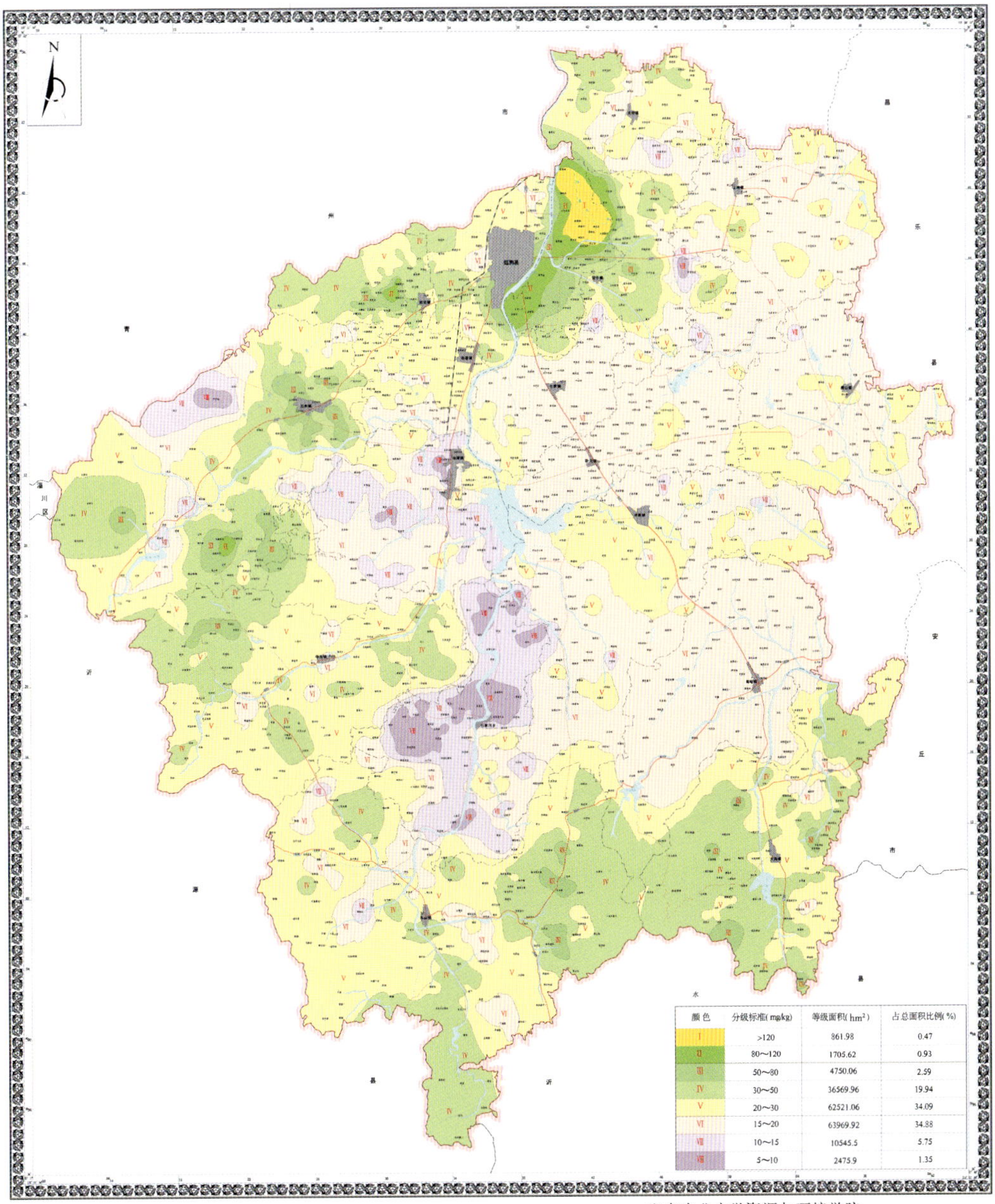

颜色	分级标准(mg/kg)	等级面积(hm²)	占总面积比例(%)
Ⅰ	>120	861.98	0.47
Ⅱ	80～120	1705.62	0.93
Ⅲ	50～80	4750.06	2.59
Ⅳ	30～50	36569.96	19.94
Ⅴ	20～30	62521.06	34.09
Ⅵ	15～20	63969.92	34.88
Ⅶ	10～15	10545.5	5.75
Ⅷ	5～10	2475.9	1.35

1954年北京坐标系 1956年黄海高程系　　比例尺：1: 425000

山东农业大学资源与环境学院
山东天地亚太国土遥感有限公司　二〇〇九年十月

临朐县土壤速效钾含量分布图

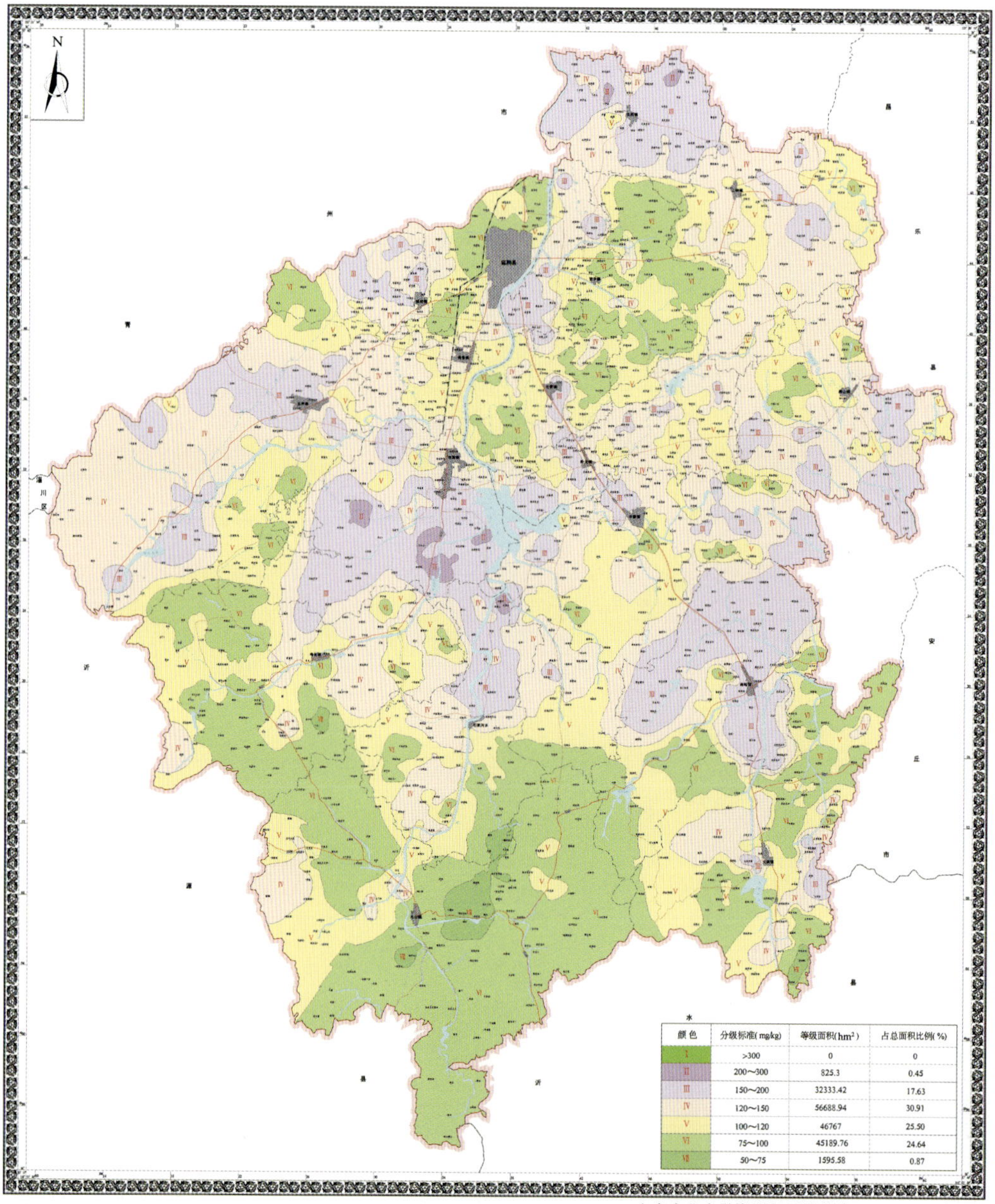

颜色	分级标准(mg/kg)	等级面积(hm^2)	占总面积比例(%)
Ⅰ	>300	0	0
Ⅱ	200～300	825.3	0.45
Ⅲ	150～200	32333.42	17.63
Ⅳ	120～150	56688.94	30.91
Ⅴ	100～120	46767	25.50
Ⅵ	75～100	45189.76	24.64
Ⅶ	50～75	1595.58	0.87

1954年北京坐标系 1956年黄海高程系

比例尺：1∶425000

山东农业大学资源与环境学院
山东天地亚太国土遥感有限公司
二〇〇九年十月

临朐县土壤缓效钾含量分布图

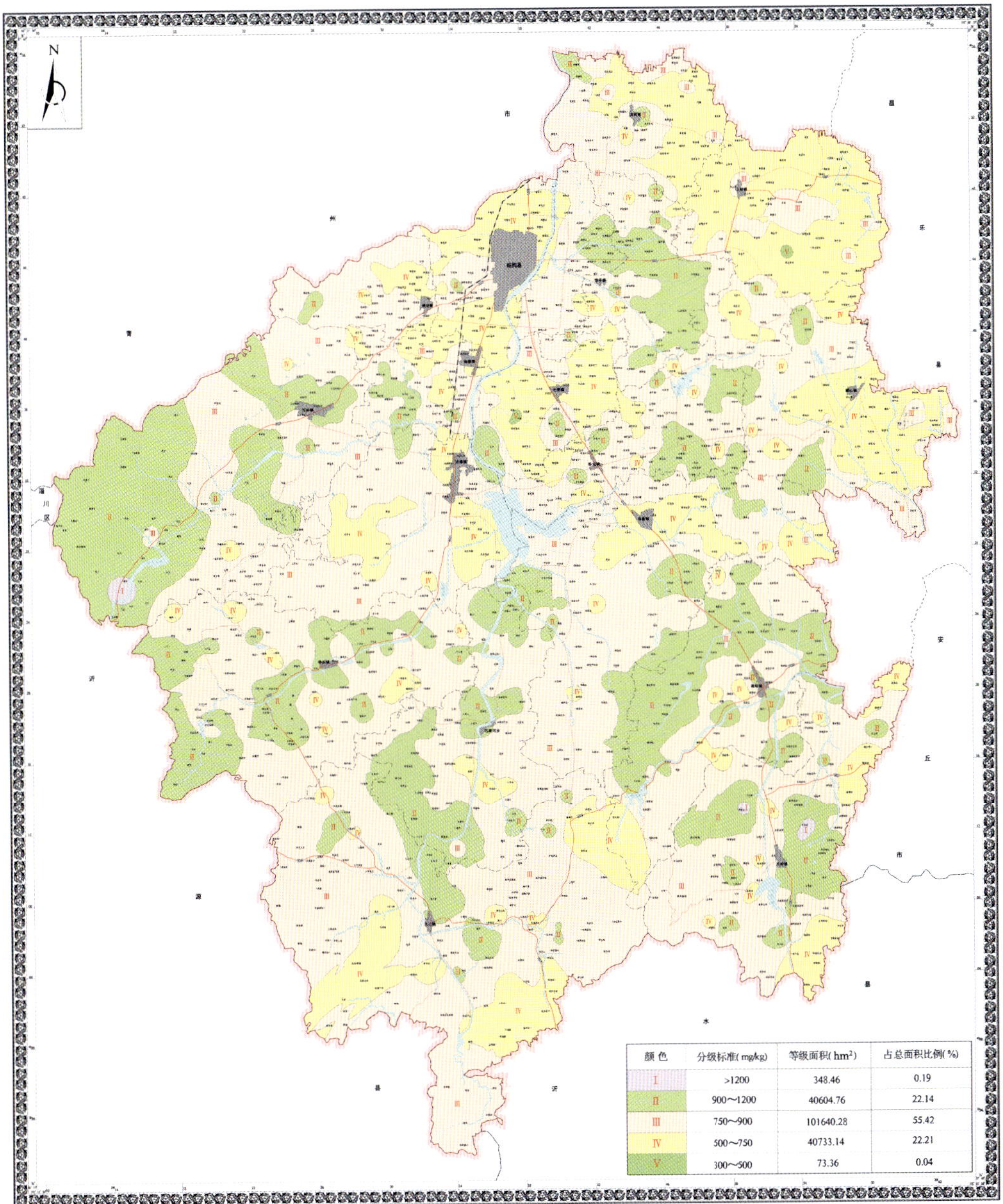

颜色	分级标准(mg/kg)	等级面积(hm^2)	占总面积比例(%)
Ⅰ	>1200	348.46	0.19
Ⅱ	900～1200	40604.76	22.14
Ⅲ	750～900	101640.28	55.42
Ⅳ	500～750	40733.14	22.21
Ⅴ	300～500	73.36	0.04

1954年北京坐标系 1956年黄海高程系　　比例尺：1∶425000

山东农业大学资源与环境学院
山东天地亚太国土遥感有限公司　二〇〇九年十月

临朐县土壤有效锰含量分布图

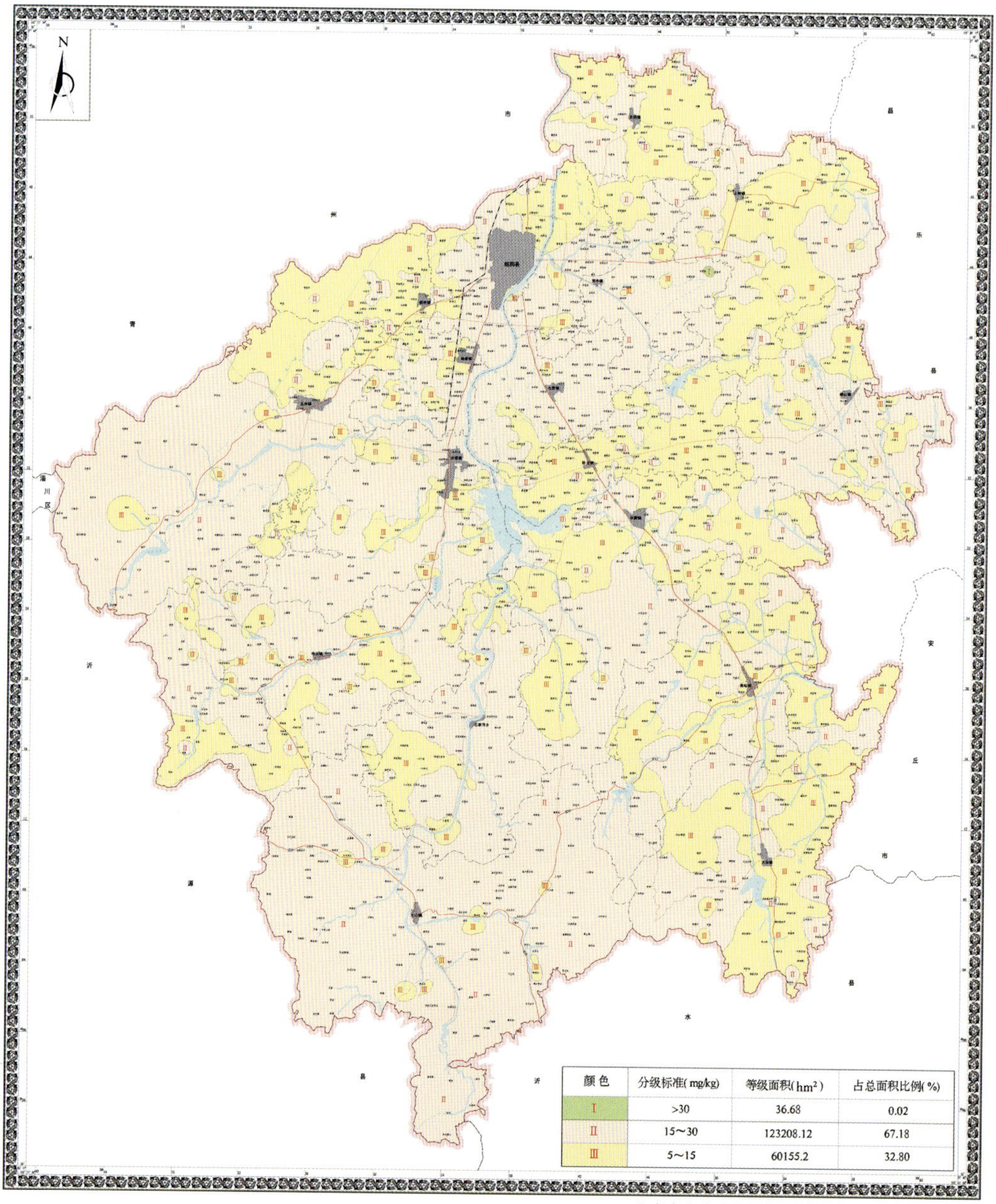

颜色	分级标准(mg/kg)	等级面积(hm^2)	占总面积比例(%)
Ⅰ	>30	36.68	0.02
Ⅱ	15～30	123208.12	67.18
Ⅲ	5～15	60155.2	32.80

1954年北京坐标系 1956年黄海高程系　　比例尺：1∶425000

山东农业大学资源与环境学院
山东天地亚太国土遥感有限公司　二〇〇九年十月

临朐县土壤有效硼含量分布图

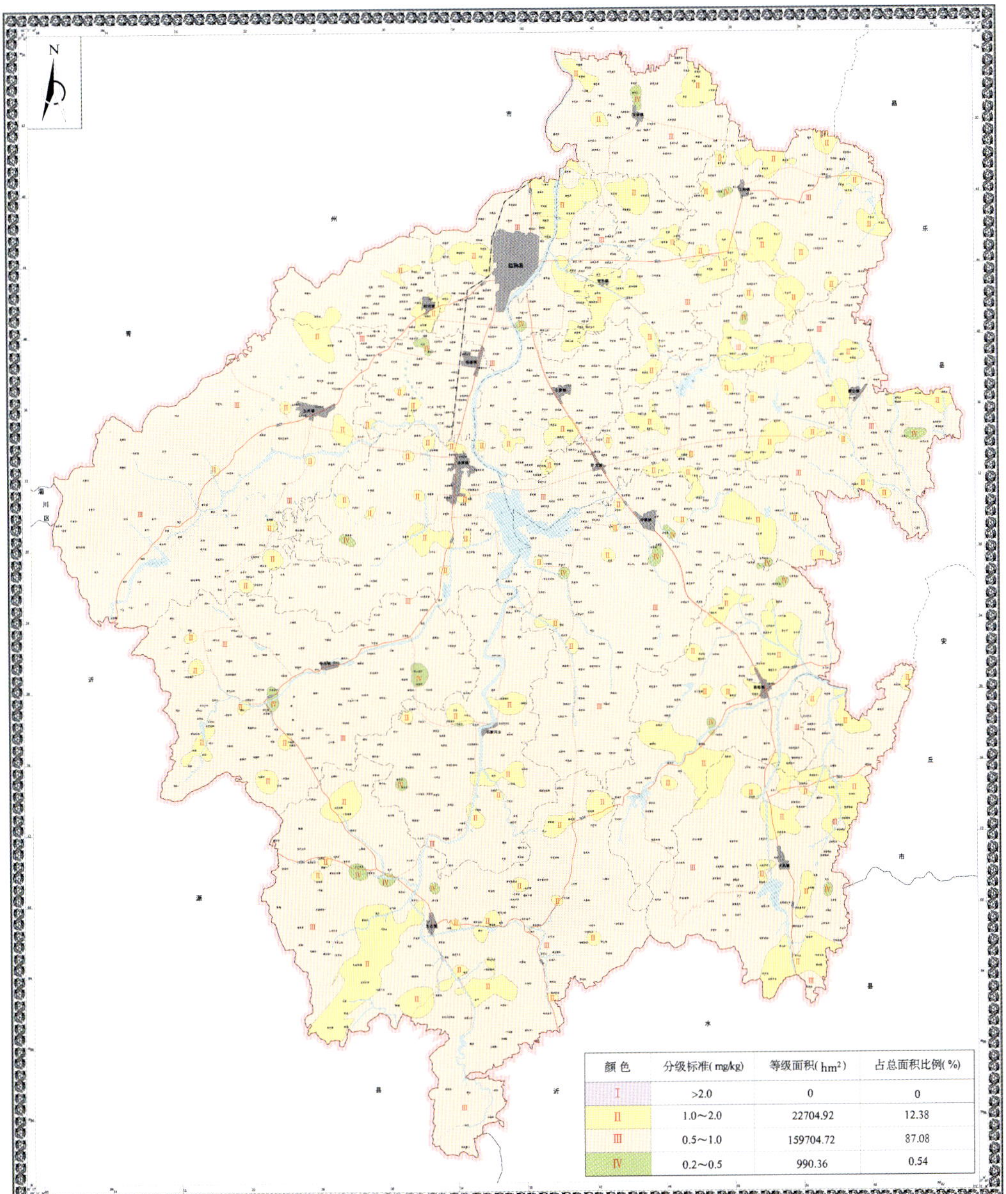

颜 色	分级标准(mg/kg)	等级面积(hm^2)	占总面积比例(%)
Ⅰ	>2.0	0	0
Ⅱ	1.0～2.0	22704.92	12.38
Ⅲ	0.5～1.0	159704.72	87.08
Ⅳ	0.2～0.5	990.36	0.54

1954年北京坐标系 1956年黄海高程系　　比例尺：1∶425000

山东农业大学资源与环境学院
山东天地亚太国土遥感有限公司　二〇〇九年十月

临朐县土壤有效铁含量分布图

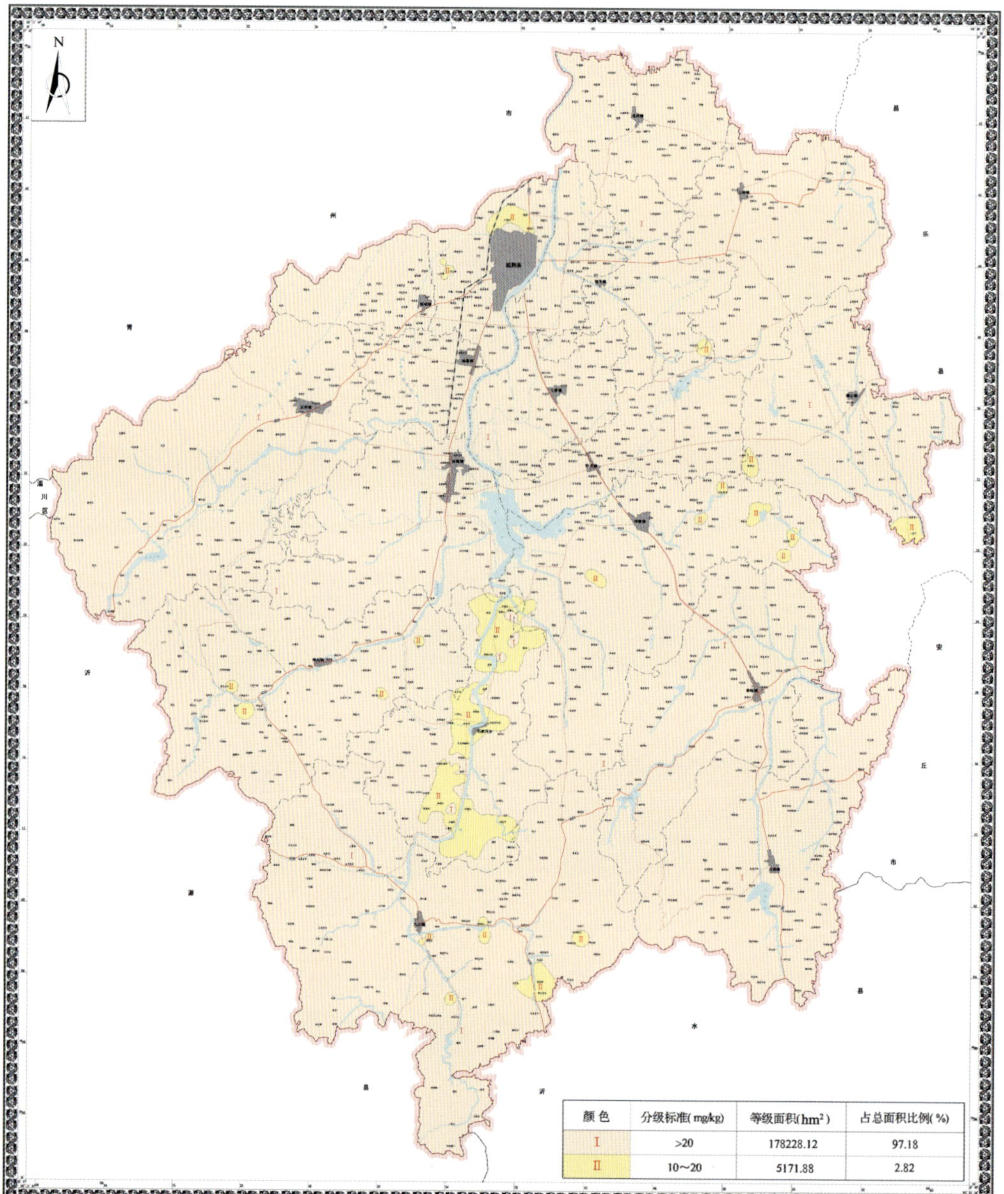

颜色	分级标准(mg/kg)	等级面积(hm²)	占总面积比例(%)
Ⅰ	>20	178228.12	97.18
Ⅱ	10～20	5171.88	2.82

1954年北京坐标系 1956年黄海高程系

比例尺：1∶425000

山东农业大学资源与环境学院
山东天地亚太国土遥感有限公司 二〇〇九年十月

临朐县土壤有效铜含量分布图

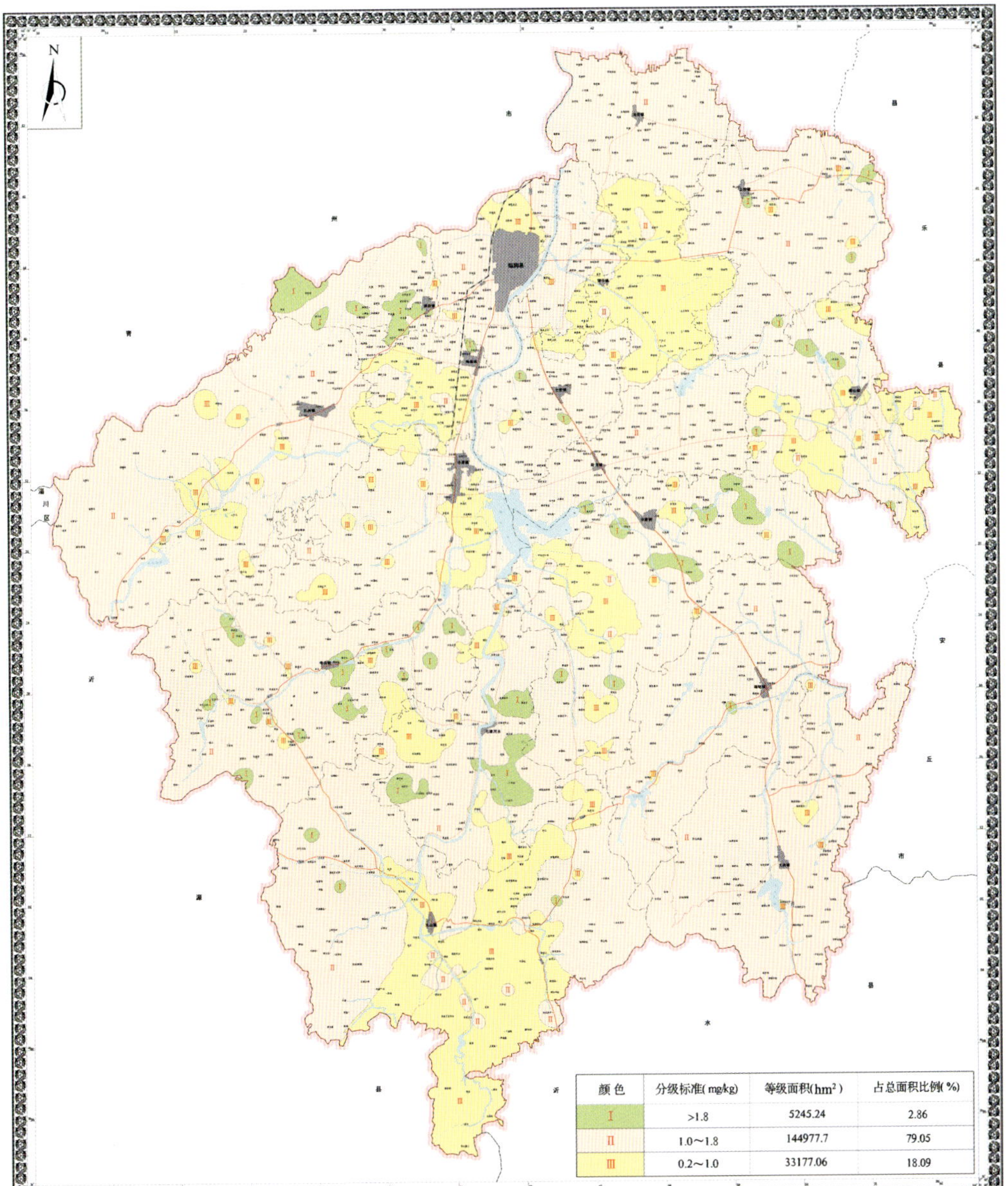

颜色	分级标准(mg/kg)	等级面积(hm^2)	占总面积比例(%)
Ⅰ	>1.8	5245.24	2.86
Ⅱ	1.0～1.8	144977.7	79.05
Ⅲ	0.2～1.0	33177.06	18.09

1954年北京坐标系 1956年黄海高程系　　比例尺：1∶425000

山东农业大学资源与环境学院
山东天地亚太国土遥感有限公司　二〇〇九年十月

临朐县土壤有效锌含量分布图

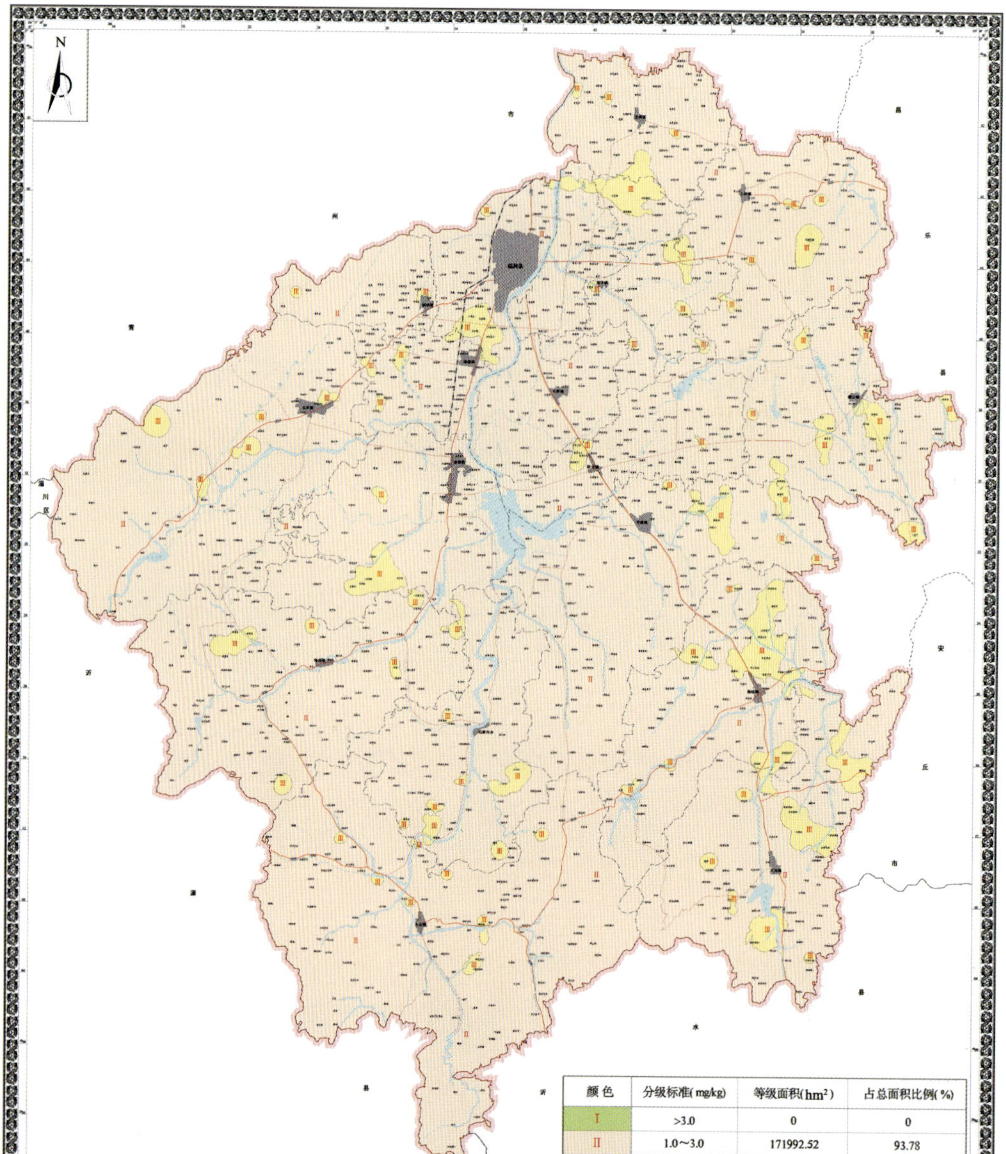

颜色	分级标准(mg/kg)	等级面积(hm^2)	占总面积比例(%)
Ⅰ	>3.0	0	0
Ⅱ	1.0～3.0	171992.52	93.78
Ⅲ	0.5～1.0	11407.48	6.22

1954年北京坐标系 1956年黄海高程系　　比例尺：1∶425000

山东农业大学资源与环境学院
山东天地亚太国土遥感有限公司　二〇〇九年十月